| 光明社科文库 |

古代锤馗图像研究

李　炅◎著

光明日报出版社

图书在版编目（CIP）数据

古代锺馗图像研究 / 李旻著 .-- 北京：光明日报
出版社，2020.4

ISBN 978 - 7 - 5194 - 5647 - 4

Ⅰ.①古… Ⅱ.①李… Ⅲ.①神—图案学—研究—中
国—古代 Ⅳ.① B933 ② J522.1

中国版本图书馆 CIP 数据核字（2020）第 037732 号

古代锺馗图像研究
GUDAI ZHONGKUI TUXIANG YANJIU

著　　者：李　旻

责任编辑：曹美娜　黄　莺　　　　责任校对：李　荣
封面设计：中联学林　　　　　　　特约编辑：张　山
责任印制：曹　诤

出版发行：光明日报出版社
地　　址：北京市西城区永安路 106 号，100050
电　　话：010-63139890（咨询），010-63131930（邮购）
传　　真：010-63131930
网　　址：http://book.gmw.cn
E - mail：caomeina@gmw.cn
法律顾问：北京德恒律师事务所龚柳方律师

印　　刷：三河市华东印刷有限公司
装　　订：三河市华东印刷有限公司
本书如有破损、缺页、装订错误，请与本社联系调换，电话：010-63131930

开　　本：170mm×240mm
字　　数：262 千字　　　　　　　印　　张：15.5
版　　次：2020 年 4 月第 1 版　　印　　次：2020 年 4 月第 1 次印刷
书　　号：ISBN 978 - 7 - 5194 - 5647 - 4

定　　价：88.00 元

序

所谓"民俗艺术",系指依存于民俗生活的各种艺术形态,作为传承性的下层艺术现象,它又指民间艺术中能融入传统风俗的部分。"民俗艺术"往往作为民俗传统的象征符号和民俗生活化的原生艺术,在岁时节令、人生礼俗、民间信仰、社会交际、衣食住行、消遣娱乐等方面被广泛应用。

民俗艺术学是以"民俗"和"艺术"为研究对象的交叉学科,它旨在建立民俗艺术研究的理论体系,并在学科发展的语境下构建艺术学总体框架中的一个重要分支,使其具有独立学科的性质。民俗艺术学的研究对象是民族的和地方的具有传承性的各种艺术现象,包括传统的民俗艺术观念、民俗艺术的审美习惯、民俗艺术的作品、民俗艺术的传承人、民俗艺术的基本理论、民俗艺术的应用理论、民俗艺术的发展史和学术史、民俗艺术批评、民俗艺术的产业化、民俗艺术市场等理论与实践领域。

本研究主题选择中国古代人物画和民间绘画中的驱鬼大神——锺馗,属于民俗艺术专题。锺馗是许多画家喜欢描绘的对象:不仅文人爱在岁末年初或失意时涂抹之;一些皇帝也曾描绘其形象,作为年末的礼品赏赐给臣子;坊间民间画工常将其描绘在大门或屏风上,民间年画铺更常见其身影。

锺馗及其图像作为学术界的研究对象,自明代以来吸引了多位学者的关注,尽管对于其起源仍存有分歧,但也形成了一些共识:锺馗是古代傩文化发展到一定阶段的产物,属于民俗信仰,是以暴制暴的巫术心理的体现。出现在唐末的锺馗传说,缘于锺馗出现于唐明皇梦中、除掉小鬼而治愈唐明皇疠疫,从而使吴道子描绘其图像为主体,对于锺馗形象的完善具有推动作用,是后世锺馗戏剧和当代影视创作的源泉。

古代巫傩仪式中的方相氏、巫觋及门神等因素,是锺馗传说及其图像产生的基础。锺馗图像是中国美术史研究中关注度较高的题材,学术界对其研究已取得一定的成果,但仍有深入研究的空间。从民俗艺术的角度研究锺馗图像,从中探寻族群信仰的心理变迁和文化内涵的演进,在学术上具有一定的开创价值。

钟馗的产生不是单一社会或文化因素作用的结果，而与驱傩仪式中的方相氏、神荼和郁垒、巫医及瘟神等民间信仰有关，是民间造神运动的结果。它的出现还受到戏剧、中医等因素的影响，被驱除的疫鬼形象反映了中国古代的鬼神观念。据考证，钟馗图像最早出现在盛唐初期皇帝赏赐臣下的腊日礼物中。作为钟馗图像的祖型，其图像内容为"舞钟馗"，用于室内或门上悬挂以驱除群厉。钟馗小妹／出游系列图像，用手卷的方式描绘了现实生活中钟馗"打夜胡"等驱傩活动，为钟馗图像的"构拟祖型"。中唐以后出现的钟馗传说，受到同时代民俗和其他传说的影响，作为对钟馗信仰的阐释和再创，其主要情节为：唐明皇生病不愈，钟馗显灵于唐明皇梦中，捉住作祟疫鬼并抉目啖之，唐明皇梦觉病愈，诏吴道子图写钟馗神威。文献著录中，由吴道子开创的"钟馗样"，描绘了传说中钟馗捉鬼抉目的情节，为钟馗图像的基本型。日本现存平安晚期的钟馗图《辟邪绘》和元代刻本中钟馗插图，均表现了钟馗击鬼的动作，是"钟馗样"曾经存世的实例。岁末绘制和悬挂这种主题的图像在宋代成为民俗。在图像传承过程中，产生了世俗衍生型——"祈福钟馗""午日钟馗"，反映了古代吉祥文化和民俗变迁的影响；而另一类衍生型——"寒林钟馗"的出现，由文人画家创作，表现独立于寒林山水中的钟馗，体现传说中钟馗举子身份和经历对文人画家的吸引。清代出现的"醉钟馗"，只出自文人画家之手，描绘醉酒的钟馗，是文人"期有所遇"心态的自然表露。这些图像的出现和演变，均受到同时代宗教信仰、民俗活动、艺术风格等因素的影响。

钟馗图像在传承中经历着变迁，由用于驱除厉鬼的画作演变为反映不同人群心理需求的民俗美术作品；从单一的岁时民俗节物泛化为族群日常生活中习见的创作题材。"禳祸祈祥"的民俗心理是其演化的主要动因，图像所具有的"灵验性"成为受众对其接受的重要标准。有关钟馗的其他艺术形态，如钟馗小说、钟馗戏剧均以钟馗传说的情节为基础，借鉴了钟馗图像的人物造型，其新增的情节也丰富了后世钟馗图像的表现内容。《儿童戏舞钟馗》在五代的出现，标志"舞钟馗"已成为玩具，反映了钟馗信仰从娱神向娱人的转变。明代以来，吉祥文化的繁荣和文人画家的创作，促成了钟馗图像的世俗化和多样化。在艺术风格方面，民间美术中的钟馗形象，由于依照前代粉本而造型稳定，保留了"钟馗样"的造型特点。文人及职业画师所绘制的作品，风格多样且表现力丰富，反映出与同时代人物画相似的风格特征。

陶思炎

目 录
CONTENTS

绪　论

第一节　研究目的

钟馗[①]，作为中国古代家喻户晓的捉鬼之神，充满了矛盾和神秘的因素。

在古代民间信仰中，钟馗既是驱除疠疫的善神，也是祈福迎祥的吉神。在传说中，他虽名为进士出身，但在现存古代科举记录中却没有发现他的名字。古代腊月岁除之日，宫廷和官衙的门户上会出现他的图像，而寻常百姓家也会在后门上张贴印有钟馗的年画。在传说中钟馗的形象丑陋、凶恶，是驱除恶鬼的大神，在民间风俗中他化身为乞丐装扮成"打夜胡"的主角，又传说他是触阶而亡的屈死鬼。历史岁月中，钟馗传说演变出数量众多的钟馗戏剧和钟馗小说，在当代又在影视作品中得以再现。对于钟馗的起源，古代学者考证他由一只驱鬼的桃木椎演变而来，而现代学者大都认为他与古代傩仪中的"方相氏"相关。作为民间捉鬼大神，钟馗虽然在元代已被收录于道教神祇体系中，元代秦子晋刊《三教连相搜神广记》卷下已有钟馗条目[②]，却罕有自己专属的庙宇[③]，一般仅作为配祭陈列于各地城隍庙中；在水陆画中，他也仅是地狱判官中的一员。依据钟馗传说，他需要经历一次悲剧性死亡后，通过梦中显灵的方式才能确立其捉鬼神祇的身份。在戏剧故事中，他大多以嫁妹的身份出现。在当代的影视剧中，钟馗依然作为正义化身的捉鬼大神。总

---

① 钟馗在古代文献中作"鍾馗"，而"钟"由"鐘"字简化而来，故本书不作钟馗。国内刊物大多作"钟馗"，影视创作中也以"钟馗"为主。

② （元）秦子晋．三教连相搜神广记 [M]．北京：北京图书馆出版社，2006．

③ 在江西省萍乡市，尚存有全国唯一的钟馗庙。

之，历代有关锺馗传说的情节虽不复杂，但其渊源和形象的形成却难觅其详。

早在南北朝时期，就有人以"锺馗"为人命名。成书于唐初的《刊谬补缺切韵》中就有"锺馗，神名"的条目。自唐代中叶以后，锺馗的事迹和图画就散见于多种文献和画史论著中，不过，除了民间的驱傩文外，正史中鲜有记录。唐代末年有锺馗为唐明皇李隆基治疟病零星的传说，到了北宋，著名学者沈括将这个传说详细地记录下来，成为后世锺馗戏剧和锺馗小说的来源。

一、选题的思考

有关古代锺馗画研究，在学术界并不是一个全新的课题。许多古代学者就已研究过锺馗的起源，当代也有相当学者关注这一课题。至于锺馗图像的研究，也有专著和论文面世。本书以古代锺馗图像作为研究选题，乃基于以下几点考虑。

首先，古代锺馗图像作为典型的民俗艺术，反映了古人的鬼魂观念。在当代艺术史的研究中，以锺馗为代表的鬼图像，尽管在宋代已成为独立的画科[①]，迄今仍停留在将其作为古代漫画进行论述，忽视了其作为民俗艺术的原有功能。虽然鬼魂并不存在，但鬼魂信仰和鬼魂禁忌却广泛地流传于民间，作为中国民俗事象中的鬼魂形象已经存在了几千年，但其研究并没有得到很好的展开。

作为中国古代较早出现的形象之一，鬼魂形象有着特定的内涵。有学者曾说，"了解一个民族，不能不了解其鬼神观念"[②]，此言极是。《尔雅·释训》云："鬼之为言，归也。"在原始思维的支配下，古人产生了各种各样的鬼魂观念，这些观念曾在中国古代文化中发挥着重要的作用，不论在文学、艺术、信仰，或者日常生活中都有它们的影子。在传说中，锺馗作为由冤屈致死之鬼演变而来的捉鬼大神，与鬼的形象密切相关。在传统的创作观中，因鬼无现实的依据，锺馗似乎很容易被表现，因此许多文人都在岁末年初，或在日常生活闲暇之余，涂抹锺馗。然而，在美术史上成功塑造锺馗形象的画家并不多，毕竟艺术表现不如想象那么容易。鬼是人们驱避的对象，属于虚无的非物质幻象，因此对部分研究者而言，研究锺馗可能并无重要的学术价值。然而，鬼魂图像以有形的视觉形象承载了古人无形的恐惧、敬畏及禁忌、信

---

① 成书于宣和二年的《宣和画谱》将锺馗氏与鬼神分为一科，见《宣和画谱》卷一。

② 陈平原. 神神鬼鬼 [M]. 上海：复旦大学出版社，2005：1.

仰等行为观念，已成为中华民族文化视觉传承中不可或缺的一部分，其创作手法和观念也是人类非物质文化遗产的一个重要内容。因此，锺馗图像的研究可能会促使人们对于中国古代鬼神图像研究的重视。

其次，锺馗一直是文人画家、职业画师和民间画工喜爱的题材，有大量的锺馗图像存世。在这些图像中，锺馗都被塑造成相同或近似的面孔，其视觉形象特征十分明显，很容易被辨识。是什么原因导致了历代画家对于锺馗的创作有着如此的相同或类似形象？早期的锺馗图像是如何描绘其形象的？这种形象又是如何影响后来的图像？对于锺馗这样一个富有奇特形态特征的典型人物，为什么会成为经常被描绘的对象，其产生和演变是缘于艺术家的创新，抑或有其他原因？这些都值得深入探讨。作为一位诞生于中古时期的神祇，锺馗的身份为何会带有中国传统文人士大夫的影子，许多学者曾做出了探索，本书也尝试从民俗心理变迁的角度进行解释。

现存丰富的锺馗图像，反映了古人的心理需求和愿望。这些作品滋养了后继创作者的创造力，激发了更多的艺术创作。从中窥探民族艺术创作的规律，是本书研究的出发点。

因锺馗与原始巫术、民俗信仰有关，容易产生误解和偏见，一些研究者脱离作品原有的社会背景和民俗内涵，因而得出相对简单的结论。对于《锺馗捉鬼》《五鬼戏判》等锺馗图像，他们多以当代漫画评论的观点，以批判现实、借鬼讥讽时世的角度去认识这些作品，这是对锺馗图像存在着相当的误读。因此，尽量还原锺馗图像产生的历史语境，推测作品原有的创作动机和意义，成为本书的另一个研究目的。本书尝试在艺术学的框架下，运用民俗艺术研究的方法分析探究这些锺馗图像，以拓展艺术学研究的范畴。

本书主要选取以视觉艺术形态存在的锺馗及鬼魂形象进行研究，将这些图像放在其当时产生的背景下进行思考，期望梳理出这些图像的造型规律和转换观念，以期对当代的艺术创作提供一定的参考。

二、着重解决的问题

在美术史方面，本书着重解决以下几个问题。首先，通过文献材料梳理现有图像，确定锺馗图像的早期形态及其表现的内容；然后再讨论早期形态对于后世衍生图像产生和演变的影响。其次，解决锺馗图像的分类问题。依照图像表现内容对古代锺馗图像进行分类，这种分类所依据的是图像所对应的民间传说和民俗信仰。最后，试图找到影响锺馗图像演变的社会和文化等诸多因素，并且讨论这些因素如何影响其他衍生图像的产生和演变。

在民俗艺术研究方面，像锺馗这样反映民俗心理或民间信仰的题材还有很多，如麻姑献寿、张仙送子、八仙庆寿、洪厓出游等。通过研究像锺馗这样体现族群民俗心理变迁的艺术品，试图探索出一种民俗艺术的研究方法，并期望运用这一方法对其他类似题材加以研究。

第二节　研究对象

本书研究的对象，指古代锺馗图像，即由古代文人画家、民间工匠、宫廷画师等创作的，以锺馗为主要表现对象的视觉形象，包括描绘于绢、帛、纸、瓷器等平面媒材上的绘画、版画，各种材质的雕塑，以及傩戏面具等。

与唐宋以来流行的锺馗传说相比，文献中的锺馗图像出现得更早。从现存唐代初期和中叶的三篇谢表中，可以看到锺馗图像最早是作为腊日皇帝赏赐大臣礼物出现的。唐代张彦远的《历代名画记》就著录了吴道子有《十指锺馗》传世[1]。吴道子作为传说中描绘锺馗的第一人，其图式在五代被称为"锺馗样"，被后世画家和画工所竞相模仿。唐代末年，周繇的《梦舞锺馗赋》已经具有后代锺馗传说大体的内容。

五代以后，锺馗的影响力迅速渗透到了社会的许多阶层，成为从宫廷画师到民间画工竞相描绘的对象，出现了大量的锺馗图像[2]。从南唐到西蜀，画院中攻画鬼神的画家，在年终时都要"例进锺馗"[3]，他们描绘的锺馗几乎都是对"锺馗样"的重述，但对其动作有不同侧重的描绘，表现了不同画家对于锺馗啖鬼动作不同的理解。锺馗和小妹的身影继续出现在民间的傩仪"打夜胡"中，形成了另一组锺馗图像主题——"锺馗出游／嫁妹"；《宣和画谱》中还著录了另一种主题的锺馗图像——"寒林锺馗"，可能是表现站立在寒林山水中的锺馗。在同时代的儿童游乐用具中，也出现了以"舞锺馗"命名的玩具。

在戏剧方面，《锺馗爨》出现在宋代宫廷演出的剧目中，成为后世锺馗戏

① （唐）张彦远．历代名画记 [M] // 于安澜．画史丛书：第一册．上海：上海人民美术出版社，1961：275.

② 从附录统计表一中，可知五代有16幅锺馗图著录于文献。

③ （宋）黄休复．益州名画录 [M] // 吴孟复．中国画论：卷一．合肥：安徽美术出版社，1995：215.

剧的前身。在民间，绘有锺馗形象的纸马也作为礼品来馈赠主顾；在年末的桃符铺上，锺馗画作为门神被出售。可以说，岁除之日悬挂锺馗画在宋代已成为全国普遍流行的岁时民俗。在医药方面，锺馗图画甚至作为一种药引出现在宋代的药方中，用于治疗疟疾和难产。在宋代，锺馗形象具有的威力使术士将"舞锺馗"形象作为捕鼠机的造型。随后，在其他一些宗教题材的绘画中，锺馗也现身其中，如在道教三官之一的《地官出游图》中，甚至在描写屈原诗歌的《九歌图》中，也有他的身影。悬丝傀儡的"锺馗"形象在当时广为流行，并被许多画家绘入《婴戏图》中。

在元代，锺馗图像的重点转为表现出游系列，并呈现不同的面貌。受到同时代人物画发展的影响，出现了以墨笔表现锺馗形象的画作，龚开的《中山出游图》、颜辉的《锺馗元夜出游图》是其中的代表。而明代以降，锺馗图像出现较大的转变。首先，在主题上有了极大的拓展，代表祈福迎祥观念的题材成为锺馗图像创作的主流，原来图像中被驱除的小鬼或转变为锺馗捉鬼的助手，或演化为童子，或化为蝙蝠出现在画面中；明代末年以后，锺馗画的创作时间转变为端午节前后为主。其次，锺馗图像的表现美术门类从绘画拓展到雕塑、版画，材质从单一的绢或纸延伸到陶瓷、竹、木。最后，参与锺馗图像创作的人群也扩大到社会的每一个阶层，上至皇帝，下到普通画工都有锺馗画作存世。作为民俗艺术的典型，锺馗图像在岁时民俗应用上也出现改变，从岁末年初贴挂于门户，衍生出端午节在房屋正堂中悬挂锺馗图像。从传世作品来看，清代以来是锺馗图像创作新的高峰期，大量的文人画家、宫廷职业画师、民间画工创作了大量的锺馗图并传世[①]。此时锺馗图所表现的内容，已不局限于前代的几种类型，而是拓展到日常生活的各个方面。清代中期以后，其创作时间已无限制，锺馗图从单纯的岁时节令物品，逐渐演化为表现族群内部不同需求和文化内涵的民俗艺术。

作为本书研究对象的"古代锺馗图像"，其资料的时间下限为清末，即20世纪初，部分画作迟至民国。

一、主要题材

在本书中，锺馗图像指以锺馗为主要表现对象的图像资料，以及具体描

---

① 参见附录2所收录的现存古代锺馗画，清代锺馗图的数量最多，这与锺馗题材的拓展和年代较近有关。

述锺馗图像的文献资料。在图像资料的选择中，首先是确认其人物形象是否能够被辨识为锺馗，其次则依据款识或题跋来确定其题材是否属于锺馗图像。从图像的角色构成来看，有以单一角色表现锺馗形象的，如《锺馗图》《寒林锺馗》《醉锺馗》《锺馗门神》《锺馗读书》《锺馗祈福》等；也有以锺馗为主要角色，配以小鬼、小妹、侍从、婴孩等其他角色的，如常见的《锺馗击鬼》《锺馗嫁妹》《舞锺馗》《锺馗出游》《中山出游》《五鬼闹判》《锺馗婴戏》等。锺馗图像的媒材涵盖了纸、绢、玉、陶瓷、竹、木、泥等，形式有手卷、画轴、壁画、版画、圆雕、浮雕，以及面具、脸谱等，其中以绘画为主①。在文献资料中，本书主要从一些古代的美术文献如《历代名画记》《益州名画录》《图画见闻志》《宣和画谱》《画继》《图绘宝鉴》《佩文斋书画谱》《秘殿珠林石渠宝笈》（初编、继编、三编）等画史、画录、画论中，选取有关锺馗画描述的文字资料；同时，还从志书和类书中寻找，如《太平广记》《太平御览》《东京梦华录》《梦粱录》《繁胜录》《武林旧事》等，此外，也充分利用了古代及当代学者相关的研究成果。

从共时性的角度来看，本书所涉及的锺馗图像以中国古代汉族地区的民俗艺术品为主。但锺馗图像的创作范围不局限于中国，一些国外艺术家创作的锺馗图像，如日本的锺馗图，因创作年代久远，具有相当价值，也成为本书的主要材料。

二、次要题材

在有些画作中，锺馗也作为配角出现，如《地官图》《婴戏图》《九歌图》等图像中的与锺馗相似的形象。与锺馗图像有直接或间接关系的其他图像，如古代画像石中的"神荼""郁垒"；敦煌藏经洞中发现的《降魔成道图》《地藏十王图》，海内外所藏的《搜山图》等图像中鬼的形象，以及傩戏中的跳锺馗面具等，则作为本书研究的次要资料。

三、辅证题材

民间年画贴挂的使用特点，使古代的年画作品保存下来很少。不过，在

① 在附录的统计表2中，搜集了国内外博物馆所藏的中国古代锺馗绘画以及国内（含香港）艺术市场上的锺馗图。这些图像数量众多，有些作品可能为后世作家托名之作，反映了锺馗作为一种传统题材的广泛性，也反映出锺馗像祖本的影响。由于本书并不涉及作品的真伪，因此只是将其作为锺馗图像广泛性的证据收录。

当代一些木版画的制作和销售地，仍见有相当数量表现锺馗的年画或纸马。尽管这些材料在时间上属于当代，但由于民间美术具有相对稳定的特点，其粉本可能有上百年的历史或更长的时间，因此在研究中，这些材料可作为古代锺馗图像的辅证资料。

现代专业画家创作的锺馗画，在表现锺馗形象时，体现出两种趋势。一部分艺术家延续古代的传统，如著名的溥儒，在人物造型上保留了相当多传统锺馗的形象元素：满脸络腮胡须，一副凶神恶煞、丑陋的面孔；在构图上也与前辈画家的作品相类似，很大程度上反映了古代锺馗图像的影响，因此也作为本书研究的辅证材料。而另一些艺术家则改变了传统锺馗绘画中的人物特点和构图特征，有的用西方现代艺术手法来表现传统锺馗题材，这部分作品只保留了"锺馗"名称，与本书所讨论的锺馗图像差距较大，故不列入本书的研究范围。

第三节　研究方法

由于锺馗图像所包含的视觉元素，并不止是由锺馗单一元素构成，还包括其他人物角色和道具，如果只从人物画的角度进行单一的美术史研究，或只从民俗学方面考证其传说，就可能会得出相对简单的结论。因此，本书研究时所采用的方法就不局限于单一学科的研究方法，而是采用多学科综合的研究方法。

从学术的角度来划分，研究方法一般可分为四种：一为指导性的研究方法；二为形式逻辑的研究方法；三为各门学科能共同使用的方法；四是各自学科独立的研究方法。其中，形式逻辑的规律主要指论文的观点保持前后一致，互不冲突，因此，形式逻辑也是最基本的研究方法。而演绎法、归纳法、分析与综合的方法，历史的方法，观察的方法，比较的方法，实验的方法，等等，是各学科在研究中都可用的共同的研究方法。对于艺术学架构中的民俗艺术研究，其学科性质、研究对象和具体任务，决定了其较适合使用具有实践性或实证性的研究方法。

一、资料搜集的方法

本书涉及许多图像资料和文献资料，主要通过两种方式来获取：一是文献资料搜求法，二是田野采风法。

（一）文献搜求法

锺馗传说的情节虽不复杂，却包含着丰富的内涵，除直接反映锺馗图像的成因，又与古代民俗心理有关，还涉及医学、宗教信仰等其他因素。与传说相比，锺馗信仰在古代文献中语焉不详，加上古代学者对于锺馗的探索大多散见于各种笔记中，因此，寻找这些资料只能通过文献搜求法来实现。

文献搜求法在性质上属于定量分析法，是利用第二手资料的一种重要研究方法，也叫历史资料法。它通过搜集历史上各种图像资料、地方志文献、笔记、小说等文献著作和其他历史资料，筛选与锺馗图像相关的资料，并对这些资料进行分类、统计，从量的方面揭示锺馗图像产生的相关民俗信仰动因，从而归纳出其发展的线索。

图像的搜求，也依赖于文献检索。古代的锺馗绘画传世不多，明代以前的作品已相当罕见，大多数资料收录在各种画史、画论等书画文献中。不少现存资料藏于一些海外博物馆和私人手中，因此，这些资料只能通过网络检索和公开出版物去获取。本书收录的锺馗图像，大多源于网络和公开出版物。由于一些技术方面原因，现存海外的锺馗图像资料引用较少。①

（二）田野采风法

锺馗图像至今仍见于专业画家和民间画工的创作实践中，如安徽省灵壁县，就有大量以锺馗为创作题材的画家，该县还以锺馗故乡自居，尽管它与传说的锺馗故里相差甚远。在天津市杨柳青、河南省开封朱仙镇、山东省潍坊杨家埠、山西省临汾、江苏省苏州桃花坞等民间年画基地，依然印制具有传统形态的锺馗年画。在当今的艺术市场上，锺馗画依然是创作的重要题材。② 这些作品基本延续了锺馗图像的传统。锺馗的形象具有相对稳定性，特别是一些民间锺馗作品，仍保留了早期锺馗图像的特征，较好补充了文献资料的不足。与锺馗图像相关的民俗活动，如一些地方的"菩萨巡游"民俗活动中，出现了以判官形象出游的锺馗，反映了锺馗在民众中依然享有一定的

---

① 对于海外的锺馗图像和文献资料，国内很难得到。一是海外网站上的资料索取相当困难。对于收集有大量锺馗图像的台北"故宫博物院"和国内各大博物馆，很难获得其数码影像，只能通过一些出版物看到部分图像。这些图像或是局部，或缺少题跋，对于本课题的研究，实为憾事。

② 截止2006年7月14日，据不完全统计，在中国艺术市场上（含香港）与锺馗相关的艺术品拍卖共有1908次，大多数为清代和当代艺术家创作的作品。

信仰基础。加上在一些地方保留的皮影戏、傀儡戏"五鬼闹判"、地戏或傩戏"跳锺馗"等，也是本书需要考察的对象。研究民俗活动和民间艺术的创作，只能通过现场考察的方法来获取第一手资料，并通过实地感受和访谈、观察，了解普通民众的真实需求和接受态度，在一定程度上补充文献上的不足。

二、本书研究运用的方法

本书在论证中，主要借助图像学的方法，以图像分析锺馗画；同时采用"原型—母题"民俗学分析方法，通过讨论锺馗图像系列中一些主题类型相同或相似的作品，以探讨其图像祖型和"异文"的发展线索。

（一）图像学的方法

图像学（iconology）研究是对"再现性"美术作品内容的历史探究，确认作品题材以及从题材而产生的意义，探究其演变的原因和文化内涵。因此，图像学的方法是本书最主要的研究方法。

图像学研究的目的，"在于发现和解释艺术图像的象征意义，揭示图像在各个文化体系和各个文明中的形成、变化及其所表现或暗示出来的思想观念"①。图像学由图像志（iconography）发展而来。图像志一词是由希腊语 eikon（图像）和 graphein（书写）这两个词派生而来，从字面上理解"图像志"就是"图像书写"或"图像描述"。在古希腊专指对视觉艺术的描述和阐释，古希腊菲洛斯特拉斯（Philostratos）曾在其作品中描述了艺术作品的内容②。20世纪初，德国学者阿比·瓦尔堡（Aby Warburg，1866—1924）将艺术作品放在更为广阔的文化历史背景进行阐释，发展成为后来被称作图像学研究的方法。与图像志比较，图像学更强调对图像的理性分析，iconology 的后缀 logy 有思想和理性的意思，图像学研究绘画主题的传统、意义及与其他文化发展的联系。最重要的图像学家欧文·潘诺夫斯基（Erwin Panofsky，1892—1968）发展了瓦尔堡的思想，并建立一套图像志与和图像学的理论体系。他在《图像志与图像学——文艺复兴艺术研究导言》一文中对图像学的方法进行了原则性的阐述。这个原则就是确认艺术品是从历史的长河中涌现出来，因此也只有放在历史的长河中才能得到合理的解释。美术史的考察首先应从艺术的自身语言开始，逐步进入一个历史的氛围，最后实现对意义的阐释。后来，他

① 中国大百科全书·美术卷 [M]. 北京：中国大百科全书出版社，1998：823.
② 常宁生. 艺术史的图像学方法及其运用 [J]. 世界美术，2004，1：70–76.

在《视觉艺术的意义》一书中，对图像志和图像学做了更为系统的阐述。潘诺夫斯基把这个过程分为三部分，即前图像志（pre-iconography）描述、图像志（iconography）描述与图像志阐释三个阶段。

前图像志阶段主要描述一件艺术品基本的物理事实与视觉事实，即一件艺术品最基本的视觉元素。它包括画面或雕塑的形式因素，包括构图、线条、色彩、材料及技术手段，通过对这些事实的仔细观看，为后面正确的解释提供充分条件。

图像志描述阶段的目的是描述"再现性"艺术作品的"主题"。此阶段涉及对艺术品图像的知识性解释，弄清楚人物身份，故事内容，历史背景和传统脉络，以及某种表现方式的某种约定俗成的规范，等等。如果说前一阶段是美术史研究的准备阶段的话，图像志阶段则正式进入了对作品的分析。因此，研究者必须具备关于艺术主题广博的知识，知晓同一主题在历史上所呈现出的不同的表现方式。由于对于各种主题的描绘形成了一定的传统，相同的主题在其图像表现上的相似性也很明显。这些主题在后代经常以一些术语出现，这些术语代表了更为复杂的内容。在本书研究范围内经常出现的主题术语包括"锺馗捉鬼""锺馗小妹""醉锺馗"等。在这一阶段，应辨认出图像中各种人物的身份和角色，而对于一些抽象事物的辨认则要在下一阶段完成。在这一阶段中，还需要厘清作品的创作来源：是依据已有文献进行创作还是根据已存世的另一件作品仿制而成，或是两者共同作用的结果。

第三个阶段是图像志阐释。这一阶段主要目的是探寻在艺术作品中是否存在隐藏有代表了艺术家创作意图的意义。艺术品可能作为意义的无意识的承担者而超越作者在创作时自觉意识的东西；这个层次包含了根据基本的文化原理来进行意义的分析。通过历史的与现实的材料，把艺术家与作品置于具体的文化环境，实现意义的互证，即从构成作品存在条件的关系网络（文化、政治、经济、宗教、社会惯例与风俗等）中来证明作品所从属的特定世界观，同时也从作品的意义上返回到对整体历史条件的认识。

那些反映锺馗形象的图像，包括文人及宫廷画家所创作的绘画作品，民间画工和普通匠人制作的面具、年画、壁画、木雕、玉雕、陶瓷等物件，大都会依照其师传进行绘制。无论其身份如何，大都遵守传统的样式，在没有新粉本的前提下，是不会轻易改动其师传的样式。正如 E.H. 贡布里希（E.H.Gombrich，1909—2001）在《论装饰》一书里曾说的，艺术家总爱修改既有母题，而不愿创新。这一方面是因为创造出新的形象比较困难，另一方面即使有新的形象或情景创造出来，短时间内也很难被社会所接受，修改、丰富或简化一个既有的类型，比创新一个新的类型相对更容易。因此，在运用图像学方法考察锺馗图像时，也存在同样的问题：包括绘画、雕塑、版画、面具等在内的"图像"，包括一些文人的艺术创作在内，都可能包含着一种"程式性"的东西，这种"程式性"的稳定性会很高，可能会延后于其诞生时代数百年。因此，在研究中，不能片面强调和夸大图像与时代的直接关系和作用。

正是这些具有程式性的创作观，产生了相当数量相似的锺馗图像，为研究者推测前代图像提供了研究的可能。

（二）"原型—母题"研究方法

民俗学是一门研究民俗事象及其生活文化传承的社会科学。从1846年英国学者汤姆斯（W.J. Thoms，1803—1885）将 Folklore 作为新的词语提出以来，对于民俗有很多的定义，汤姆斯将民俗定义为关于民众知识的学问（Folklore 由单词"民众"folk 和"知识"的词缀 lore 构成），而当代学者大都认为，民俗是指一定人群内部世代传承的行为模式[①]，其特点是传承性、模式性和群体性。民俗学界一般将民俗材料粗略地划分为观念（ideas）和信仰（beliefs），传统（traditions），叙事（narratives），民间传说（folk-sayings）和民间艺术（folkarts）。受西方早期民俗学研究传统的影响，早期的中国民俗学研究主要针对民间（folk）进行资料搜集、整理和研究，以1922年北京大学《歌谣周刊》创刊和20世纪20年代末中山大学创办《民俗周刊》为标志，此时研究对象特别强调农民和无产者。20世纪中叶以后，由于社会和政治等方面的原因，民间文学的研究得到特别的扶持和发展。在当今其他社会学科的影响下，当代世界民俗学的研究对象已不将"民间"（Folk）局限于农民和无产者。阿兰·邓迪斯（Alan Dundes，1934—2005）在《世界民俗学》中文版序中指出，"所有人群——无论其民族、宗教、职业如何，都可以构成一个独特的民间，并具有值得研究的相应民俗"[②]。

对于民俗艺术，许多研究者将其等同于民间艺术，认为两者没有区别。当代艺术学家张道一先生认为，民俗艺术是传承性的民间艺术，强调其传承

---

① 陶思炎.应用民俗学 [M].南京：江苏教育出版社，2002：1.

② ［美］阿兰·邓迪斯.世界民俗学 [M].上海：上海文艺出版社，1990：2-3.

性和民间性，陶思炎先生也持相似的观点①。本书认为，民俗艺术与民间艺术是研究者不同的分类②，应包含广义和狭义两个方面的定义。狭义民俗艺术指在一定族群内部民俗事象中的艺术形式或行为，包括静态的艺术成果和动态的展演两种方式的艺术。广义的民俗艺术是指一定族群内部所有反映民俗生活或民俗心理的艺术品或艺术行为，包括一定族群内部所有成员创作或展演的艺术形式。这里所指的族群，是民俗艺术的享用者和创作者，包括民间画工、宫廷画师、文人画家。因此，作为反映民俗生活和民俗心理的艺术品，具有功能性、传承性和变迁性等特征。民俗艺术的功能性表现为民俗艺术首先是具有巫术或实用的功能，其审美功能则次之；其传承性既表现为在一定的时期内重复出现的题材，也表现在人物造型、动作情节等方面所具有的程式性；其变迁性指民俗艺术产生后，并非一成不变，而是随着民俗的变迁而产生演变，或消亡，或更加丰富多彩。本书所研究的锺馗图像，既有属于民间艺人创作的门神、竹雕、瓷画等民间艺术品，也有由文人艺术家、职业画师创作的锺馗图。

本书所运用的民俗学研究方法主要指借鉴神话研究的"原型—母题"研究法。"母题"一词，是对英文"Motif"的音译，其词根为"Moti"，意为运动、能动的意思。在微软百科对其定义中有四层含义：①建筑设计中重复出现的设计、形状和模式；②手工艺品中重复出现的装饰：如一件衣服，或一种风格中的装饰；③文学作品中重要的并时常重现的主题或观念；④音乐作品中构成主干，并围绕其发展的一种显著重复出现的音乐片段。③在人类文化传统中，某种文化因子一经产生，就不断地复制和再现，并随着历史的发展而世代传承，这种传承性的文化因子被称为"母题"。从以上英文的"母题"定义

---

① 陶思炎.民俗艺术学 [M].南京：南京出版社，2015.

② 民间艺术是主要以艺术创作者的身份和艺术作品的使用对象来划分的艺术类型，而民俗艺术主要指存在于一定族群内部，反映其民俗生活的艺术和艺术形式。

③ Encarta dictionary：

1.Architecture design repeated design：a repeated design，shape，or pattern. *Also called motive.*

2.craft sewn or printed decoration：a decorative repetitive design sewn into or printed on something such as a piece of clothing，or a single example of the pattern.

3. Literature theme in a work of literature：an important and sometimes recurring theme or idea in a work of literature. *Also called motive.*

4.Music prominent sequence of notes：a short prominent sequence of notes forming the basis for development in a piece of music. *Also called motto.*

中，可以看出在各种艺术体裁的研究中，学界普遍采用"母题"一词作为学科术语。如在欧洲文学中，研究者发现在悲剧文学作品中不断出现的"弑父"的主题。在音乐中，"母题"又指某种具有独立性格且重复出现的最小结构片段，如1500—1750年的巴洛克风格音乐。在美术作品中，"母题"常表现为一种独特的图案或主题，如"吉庆有余""麒麟送子"和本书讨论的锺馗图像系列等。

本书所研究的对象是古代的锺馗图像，在这些图像中，锺馗是反复出现的形象元素，而其他形象如鬼、小妹等也具有相对的稳定性，因此，本书借用研究神话传说的研究方法，对锺馗图像进行分析和归类，构拟其图像的祖型（Prototype，也称原型），然后引入"母题"（Motif）的概念，确认其形象、情节和情境等元素，梳理出锺馗图像主题的演变轨迹，期望建立锺馗图像主题的演进线索。

第四节　研究的预期目标

本书选取中国古代美术中具有象征意义的锺馗图像作为研究对象，期望通过探讨其主题类型和视觉形象的变迁，从中探寻图像形成和演变的线索，并尝试厘清锺馗图像所蕴含的民俗活动和民俗观念，探明锺馗图像所形成的民俗传统，以及这些传统对其他民俗活动的影响。

首先，从文献记载中分析最早出现的锺馗图像的视觉元素，然后从锺馗图像主题类型演化过程中，探究其演变的各种因素。在此基础上分析锺馗传说产生的相关因素，然后确立锺馗传说所对应的锺馗图像，分析其主要视觉形象的特征。其次，从文献和现存的图像中分析锺馗图像与民俗活动的关联，并通过梳理锺馗图像演变的脉络，分析图像中各个角色的变化，以及这些图形所传达的文化内涵。最后，推导出在锺馗图像的形成和演变过程中，存在着的不同发展脉络。本书预期研究目的，即期望在前人研究的基础上，通过研究锺馗图像的产生和演变，寻找其变化的深层原因。

以下两个表格为本书的结构图表。结构图表–1展现了锺馗图像与锺馗信仰、锺馗传说的关系[①]：锺馗图像与锺馗传说都来源于锺馗信仰。结构图表–2反映了锺馗图像产生、演变过程中与戏剧、小说、医药、傩仪等其他因素的关系。

---

① 此图表结构由南京博物院前院长梁白泉先生提出，他认为民俗信仰、民间传说是民俗图像的基础。

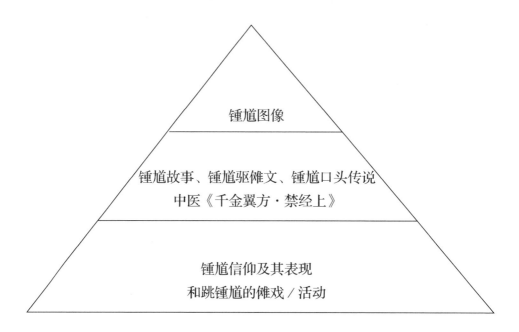

结构图表 –1　锺馗图像与信仰和传说的关系

结构表－2　钟馗图像与相关因素关系表

时代＼类别	唐以前	唐 初期	唐 中期	唐 晚期	五代	宋 北宋	宋 南宋	元	明	清
傩仪（驱傩活动）		钟馗、白泽驱傩	进夜胡／狐	儿郎伟驱傩文		打夜胡	打野胡		打夜胡、照虚耗、打春牛	跳钟馗、跳灶王、赶毛狗、照／赶虚耗
戏剧		参军戏				"舞判"（《东京梦华录》）	钟馗爨	《钟馗捉鬼》	宫廷杂剧《庆丰年五鬼闹钟馗》、昆曲《天下乐》	蒲松龄《钟妹庆寿》《钟馗吓鬼》
宗教	《太上洞渊神咒经》							《新编连相搜神广记》	《三教搜神大全》	
医学	（汉代）《五十二药方》		《千金翼方·杂经上》				《圣济录》		李时珍《本草纲目》收《简便方》	四川省绵竹流传年画门神烧成灰治疗难产

15

（续表）

时代 / 类别	唐以前	唐 初期	唐 中期	唐 晚期	五代	宋 北宋	宋 南宋	元	明	清
文学/文献　诗、诗赋、对联等		张说《谢赐锺馗及历日表》	刘禹锡《为淮南杜相公谢赐锺馗历日表》《为李中丞谢锺馗历日表》	周繇《梦舞锺馗赋》			张耒《柯山集》卷七《锺馗》《梁楷〈鬼〉》	顾嗣立编《元诗选》收录萨都剌题马麟《锺馗图》等、陈方等题《中山出游图》	凌彦仲《题锺馗图》等	
小说									《锺馗全传》	《斩鬼传》《平鬼传》
文学/文献　史、志、书					欧阳修编《新五代史》卷六十七，吴越世家第七	《东京梦华录》《梦溪笔谈》《石物纪原》《家林燕语》	《梦粱录》《武林旧事》《西湖老人·繁胜录》			《海宁县志》（康熙十四年修）五月悬锺馗画像。《清嘉录》
画史、论、品				《历代名画记》	《益州名画录》《五代名画补遗》	《图画见闻志》《画史》《宣和画谱》	《画继》《画品》《云烟过眼录》	《画鉴》	《图绘宝鉴》	《清河书画舫》《佩文斋书画谱》《秘殿珠林石渠宝笈》（初编、续编、三编）等

（续表）

类别＼时代	唐以前	唐 初期	唐 中期	唐 晚期	五代	宋 北宋	宋 南宋	元	明	清
图像 画史及其他文献记载			玄宗朝，吴道子绘《十指锺馗》		蒲师训、赵忠义、黄筌、周文矩、董源《锺馗图》	赵昌、石恪、孙知微等《锺馗小妹》《锺馗氏图》等	梁楷《锺馗》、颜辉《锺馗》等《锺馗元夜出游》等	王振鹏《锺馗送嫁》、王蒙《寒林锺馗》等	李士达《寒林锺馗》、钱毂《午日锺馗》、文征明《寒林锺馗》	华嵒《午日锺馗》、金廷标《锺馗探梅图》等
图像 传世作品 宫廷、文人画					顾闳中《锺馗出游》		龚开《中山出游图》等	王蒙《寒林锺馗》等	叶澄《锺馗夜游》、张渥《锺馗小妹》、朱见深《柏柿如意》等	金农《醉锺馗》、黄慎、罗聘等《锺馗图》，高其佩《锺馗》，任伯年变相《锺馗杀鬼》、任颐《锺馗杀鬼》等
图像 传世作品 民间										河南朱仙镇、天津杨柳青等年画门神《锺馗》

第一章 锺馗及其图像研究的梳理

第一节 锺馗起源的研究

成书于唐中宗神龙二年（706年），由王仁昫主编的《刊谬补缺切韵》中就有"锺馗，神名"条目，是现存已知最早指出锺馗为神祇的文字，但这种信仰似乎仅限于中原和江南地区。据黄休复著的《益州名画录》记载，到了五代的西蜀，蜀主孟昶对于梦中所见大鬼，已不知其名和故事。到了宋代，锺馗的真实身份已无人知晓。沈括在《梦溪笔谈》中记录锺馗传说时，已存有疑虑。在《梦溪笔谈·补笔谈》卷三中写道：

> 皇祐中，金陵上元县发一冢，有石志，乃宋征西将军宗悫母郑夫人墓。夫人，汉大司农郑众女也。悫有妹名锺馗。后魏有李锺馗，隋将乔锺馗、杨锺馗。然则锺馗之名，从来亦远矣，非起于开元之时。开元之时，始有此画耳。"锺馗"字亦作"锺葵"。①

在这段文字中，沈括列举了前代以"锺馗"命名的人，认为其名由来已久。这种观点影响到后人，许多人在观看锺馗图像时也表达相似的观点，元代韩性在其《题龚翠岩中山出游图》中认为："辟邪作字魏迄唐，殿前吹笛行中踉跄。飞来武士蓝衣裳，梦境胡为在缣缃。中山九首弥荒唐，犹可为人被

---

① （宋）沈括. 梦溪笔谈·补笔谈 [M]. 上海：上海书店出版社，2002：269. 此段文字前半部分与《梦溪笔谈》另一段文字相同"岁首画锺馗于门，不知起自何时。皇祐中金陵发一冢，有石志，乃宋宗悫母郑夫人，宗悫有妹名锺馗，则知锺馗之设亦远"。同上书，第202页。

不祥，是心画师谁能量？……"①后来的学者，大都以沈括《梦溪笔谈》文字中"锺馗亦作'锺葵'"作为研究锺馗起源的依据。

一、古代学者的探索

对于锺馗的研究，古代学者大都从锺馗名字的探究来确定其起源，即从"锺馗"的发音入手，查证其意义。他们的结论，基本上可分为"器物说""字义说"和"人名说"三种。其中"器物说"所依据的就是沈括有关"锺馗"亦作"锺葵"之说。

（一）"器物说"和"字义说"

"器物说"有多种解释，其中以古代用作驱妖逐邪的"木椎说"为主要代表。此说最早由明代学者杨慎（1488—1559）提出。杨慎在其《丹铅总录》卷十三"锺葵·锺馗·终葵"条中首次将"锺馗"与正统的《周礼》联系起来，提出锺馗"实无其人"，明代所绘锺馗图和锺馗嫁妹皆由附会而来，并由"锺馗"—"锺葵"—"终葵"之工切音反—"椎"，推导出锺馗为木椎之说。他从音韵学角度推导出"终"与"葵"二字反切，即"终"字声母与"葵"字韵母相拼，发"椎"音，"椎"即为大木棒，而大木棒在上古时期为驱鬼之用。《考工记》中的"锺馗"二字通"终葵"，后来人们遂将其人格化，由此产生了锺馗驱鬼的传说。杨慎写道：

> 俗传锺馗起于唐明皇之梦，非也。盖唐人戏作锺馗传，虚构其事，如毛颖、陶泓之类耳。北史尧暄本名终葵，字辟邪，后世画锺葵于门，谓之辟邪，由此傅会也。宋宗悫妹名锺葵，后世画工作锺馗嫁妹图，由此傅会也。但葵、馗二字异耳。又曰，终葵，菜名。《周礼·考工记》：大圭终葵首。注，终葵，椎也。疏：齐人谓椎为终葵。《礼记·玉藻》：天子搢珽。注：挺然无所屈也，或谓之大圭，长三尺，杼上锺馗首，于杼上又广其首，方如椎头，是谓无所屈，后则恒直。②

杨慎的观点成为后世讨论的重点。与杨慎同时代的郎瑛（1467—1566）

---

① （明）顾嗣立.元诗选：二集下.五云漫稿[M].北京：中华书局，1987：873.

② （明）杨慎.丹铅总录：卷13[M]//郑尊仁.锺馗研究.台北：秀威资讯科技股份有限公司，2004：21.

在其《七修类稿》引用《宣和画谱·释道门四》"杨蜚"条中"又说尝得六朝古碣于墟墓间，上有锺馗字，似非始于开元也"的文字，证明沈括的推测。[①]而后，胡应麟（1551—1602）曾在《少室山房笔丛》讨论了杨慎的观点，引《考工记》中"大圭终葵首"文字，指出人以终葵为名，后讹为锺馗。他认为杨慎的观点并无确切的证据。锺馗之名，当起自六朝，而流传中的"捉鬼"传说，则源于六朝之前。他以《正韵》中"葵亦作揆"、《左传》中"殷人七族有终葵氏"、《尔雅·释草篇》中有"终葵、中馗"二草名、《集韵》中"馗、夔、逵"等字可通用，认为"锺馗"与"终葵"二者之间并无必然的联系。他则从"夔"字来解释：夔，山鬼。孔丛子所谓土石之怪。夔，魍魉是也。穷治邪鬼，故称终夔耳。[②]胡应麟的观点是从"终夔"的字义解释"终结魍魉鬼怪"的"字义说"，与杨慎相似之处都是从"锺馗"的通假字入手，但结论却有所不同。

清代学者顾炎武《日知录》对锺馗的起源有精辟的论述，他引马融《广成颂》中"犟（原注，同挥）终葵，扬关斧（原注，博雅作终葵）""盖古人以椎逐鬼，若大傩之为耳[③]"。他并不相信锺馗现身唐玄宗梦中的传说。

"器物说"另一种解释则认为与菌类有关。明代李时珍以《尔雅·释草篇》中有"中馗菌，小者菌"的条目，认为锺馗是一种菌类。注云：

> 地草也，似盖今江东名为土菌，亦曰馗厨，可啖之。疏曰："释曰此辨菌之大小异名也，大者名中馗，小者即名菌。"

如从字音和字形的角度来看，此菌名与"锺馗"的相似度更高。郑尊仁先生认为，古代学者并未以此作为锺馗的起源，其原因是因为此菌在字义与锺馗相去甚远，而"终葵"反切就是"椎"，古人以椎击鬼，才贴近于锺馗的传说。[④]

清代学者赵翼在《陔馀丛考》卷35中，对明代学者有关锺馗的解释做了整理，支持顾炎武对锺馗的解释，即锺馗起源于终葵（椎）。

---

① 按《宣和画谱》成书在《梦溪笔谈》之后，此段文字与沈括记载的文字相似，应是从其辑录而来。如以此文字来证明沈括的学说，属于重复论证。

② 转引自《名家翰墨》第29期《名家画锺馗特集》中《锺馗资料汇编》，香港：名家翰墨出版公司，1992：84.

③ 同上引。

④ 郑尊仁.锺馗研究[M].台北：秀威资讯科技股份有限公司，2004：36.

（二）人名说

"人名说"所依据的亦与沈括的猜测有关，在《补笔谈》中他列举了前代史书所载的以"锺馗"命名的人，并认为锺馗起源可能很早。唐代王仁昫在成书于唐中宗神龙二年（706年）的《刊谬补缺切韵》中明确指出："锺馗，神名。"但对于其是何方神祇并没有说明。郎瑛（1487—1566）在《七修类稿》中，提及他在读《北史》时，"有尧暄本名锺葵，字辟邪"，并将沈括的文字和《宣和画谱》中的文字联系起来，认为锺馗实为锺葵传写之误，其捉鬼情节也由尧暄字辟邪转化而来。清代学者赵翼也在《陔余丛考》中记载"古人名字，往往有取佛仙神鬼之类以为名者"，目的是压鬼拒邪、健壮长寿。魏献文帝时有大将杨终葵，北齐武帝时有宦官宫锺馗，隋朝宗室有杨钟葵、汉王部将有乔钟葵，表明自汉朝以后，朝野很多人以钟葵、锺馗为名。北宋高承在《事物纪原》中，更把锺馗说成是唐代武德年间遭奸人所陷，应举不捷的读书人①。清初学者金植在《不下带编》中甚至把锺馗的出生地也记述得一清二楚，"锺（馗）乃灵璧人（今安徽省灵璧县），至今后裔在焉"②。这与大多数传说中锺馗为中山（终南山）人氏之说相异，不被灵璧籍以外的画家或研究者所认同。但是，这则记载将锺馗的故乡变异为灵璧县，使其在清中叶后成为锺馗画主要的创作基地，且延续至今。

此外，另一种锺馗起源的解释将其与28宿中的奎（魁）星联系起来。其中除字音上的相似性以外，魁星奇特的外形与锺馗的外貌也有相通之处，锺馗应试不中，后被封为进士的经历也与魁星崇拜中主管文运神祇的身份契合。持这种观点的多出现在元代以后的戏剧、小说中，如《天下乐》中就有这样的说法。

二、当代学者的成果

当代学者对于锺馗的起源研究，在古代已有的两大类解释之上，提出了一些新论述。在"人名说"方面，依旧有学者侧重于从音韵转化的思路来进行推导，其中以何新和王正书为代表。

何新认为：古代研究者多从"锺馗"发音上寻找原因，按照"锺馗—终葵（切音）为'椎'"的线索，从而得出锺馗为"木椎"的结论。与古代研究

---

① （宋）高承.事物纪原：卷八 [M].北京：中华书局，1989：427.

② （清）金植.不下带编：卷六 杂缀兼诗话六 [M].北京：中华书局，1982：65.

者的结论——锺馗来源于"椎"或"终葵"不同，他认为锺馗本来就是人名。在《文史新考·锺馗考》一文中，他认为锺馗的原型，是商汤时的贤相仲傀，其名在《尚书》《左传》《荀子》中又作"仲虺""中归""中垒"。因商人事鬼，凡政官都兼巫祝，仲傀为巫相而兼驱鬼之方相。傀者，面具也。驱鬼必戴面具，面具之形甚多，因而发生仲傀多首的传说。仲傀以同音演变为仲虺，虺乃神话中的怪蛇，于是仲虺又演变为九首巨蛇之"雄虺"（《天问》）、食魅之"雄伯"（《后汉书·礼仪志》），连《山海经》佚文中阅领众鬼的"郁垒"实际上也是仲傀与雄虺传说的又一变形，郁垒即中垒的变称。从而得出由驱鬼之巫相的真人仲傀，变为食鬼怪兽锺馗的结论。古人命名常以字释名，锺馗之"馗"乃"九首"合文，《天问》："雄虺九首"，则仲虺以"虺"作名，而"馗"——九首，为其人本字。

何新在其书《诸神的起源》附录三《锺馗的起源》一文中，在原有观点上有所修正：提出锺馗乃古代龙神——鳄鱼神之变相的观点，并在其网站上完整地公布其推导的线索[①]。他认为古今画家喜绘锺馗，而鲜有识其源者。[②]他以古代传说中雷神"形象狞厉，鸟首人身"，推导其乃镇鬼之厉神，为雷鬼，即为钟鼓之鬼。钟鼓为天鼓，名为中鬼、钟鬼或东鬼，而钟鬼转音即为锺馗。然后他重复前面的研究成果，即传说中殷贤相"仲虺"为锺馗的别名。汉人

---

① 原文如下：今画家喜绘锺馗，而鲜有识其源者。宋沈括《笔谈》云：俗传说以为唐明皇时落第进士，终南人。殊不知唐明皇时宰相张说曾云：锺馗传说，来源至少不晚于六朝，至唐时则失考也（《岁元谢赐锺馗及历日表》）。近世有学者或据《考工记》，以为锺馗即终葵，"大椎"也（终葵合音读椎）。又说鬼畏椎，遂人格化而为锺馗。其说胜处，是不泥于以锺馗为真人之名氏，而试图从语源上寻其根源。唯此说仍知其一而不知其二。所谓"鬼畏椎"说实出无稽。盖古语"椎"与"槌"通。所谓大椎者，亦大槌也。上古传说中有鼓神，鼓神即手操大椎（缒）者也。又，中国古神话以鼓神与雷神为一体，雷神亦手操斧斤（斧斤亦锥形）者。雷神，俗称雷公雷鬼，其形狞厉，鸟首人身，正乃镇鬼之厉神也。雷鬼，即击钟鼓之鬼。钟鼓者，天鼓也。其本名当作中鬼、钟鬼或东鬼（东鬼即东方神勾芒）。而"钟鬼"转音即为锺馗也。又，锺馗之名早见诸于姓氏，《左传》记殷遗民七族有终葵氏，当为造钟鼓者族姓。而贤相名"仲虺"，亦为锺馗之别语。《诗经》言"雄虺九首"。九，鬼古音义皆同源。九首即鬼首，馗字正是九首合文。而汉人注《诗经》，谓雄虺即蜥蜴。余尝考古之神龙，即传说中雷神，真相乃鳄鱼之神（大蜥蜴）变相。又古人以龙虎为同类，鳄鱼老虎古皆称大虫，大虫即雄虺。鳄鱼神演变为龙神、雨神、雷神、社稷神，及辟邪、霹雳、镇鬼之神，春节正月元旦舞龙，民俗以虎为辟邪物，皆源于此信仰也。近年湖北出土梁代画砖中有雷鬼击连鼓图，马王堆出土帛画中有土神镇鬼图，土神之形有鳞、翼、尾、角、锐爪，此当即今日所见较早之锺馗图。而其实，亦皆乃龙神——鳄鱼神之变相也。

② 古代画家喜绘锺馗，其原因是多方面的，知道其源头肯定不多，但在明代王世贞所著《弇州山人稿》中收录题钱榖《锺馗移家图》画跋，对于杨慎的观点有所了解。

注《诗经》称雄虺即蜥蜴。然后以他对于中国古代神话研究的成果，得出结论：锺馗为传说中雷神，与龙神、雨神、社稷神以及辟邪、霹雳、镇鬼之神，都是由鳄鱼之神（大蜥蜴）变相而来。

何新的研究以"锺馗"——"仲虺"转化为基础，考证仲虺为驱鬼之方相，并将郁垒也纳入到其变形中。后来的结论重复了他对中华图腾——龙的结论，即龙神由鳄鱼神演化而来，从而得出锺馗是古代中华图腾——鳄鱼转化而来的结论①。

王正书认为，锺馗其人及历代驱鬼辟邪的观念，实起源于上古巫术，他是由先古位居祝融之号的重黎衍生而来。重黎在上古史中有重黎、重回、句芒等称呼，句芒在传说中又被描绘成介于天地、神人之间的负有特殊使命、生有特殊形貌的人物，其使命之一便是居巫职，有《史记·天官书》记载可证。到了商代，秉其职而取其名的是仲虺，实际上仲虺即重回（重黎）的音转。至于"终葵"，本指一种椎形体，由于重黎在从事神巫职能时所戴羽冠取自此形，故在商代约定俗成为从事巫职的标记。商代通行以职为氏，所以由仲虺形成的族系也被称为"终葵氏"。到了周代，这个神职集团又改称"方相氏"。方相氏的得名与终葵氏相同，都从上古神巫头部的装束引申而来，区别在于"终葵"源自羽冠，"方相"源自面具。这种以方相氏为中心的驱鬼风俗，一直沿袭至唐代。要之，自上古时代的神巫重回，到商周时代的仲虺、终葵氏和方相氏，都是锺馗的原型，无论在性质上或称谓上都是一脉相承的②。

此说与何新的见解相比有相似之处，只是将锺馗的来源更往上溯自重黎。台湾学者郑尊仁先生认为，以上解释都以神话传说中的"重黎"或"句芒"作为音韵转切的对象，而这两者本来就属于很难印证的传说人物③。如果自重黎以至仲虺、终葵、方相为一脉相承的话，为何汉至晋的文献中没有"终葵氏"的记载，而到南北朝时期出现以锺馗为名的北朝人，大部分都把"馗"写成"葵"，并没有九首的含义。

还有研究者在音韵转化的思路上走得更远。汪晓云在《"方相"与"锺馗"的发生学研究》④一文，开创性地将"方相"转化为"方向"，"锺馗"转化为"中鬼"，将"方向"与五行中"四方"联系起来，"中鬼"则对应"中"，然后联

---

① 这种观点是仁者见仁，智者见智。

② 王正书.锺馗考实[M]//中国民间文化，上海：学林出版社，1993：122.

③ 郑尊仁.锺馗研究[M].台北：秀威资讯科技股份有限公司，2004：28.

④ 汪晓云."方相"与"锺馗"的发生学研究[J].民族艺术，2005，（2）：45-51.

系中国人传统宇宙观念与空间观念，其出现的先后顺序对应了"四方"和"中"作为认识论意义上的先后顺序，也对应了人类社会历史的发展过程。其研究主要以中国传统观念中"四方"和"中"，加上五行阴阳观为原理，运用一些文献上的证据而得出结论。但这种研究方法由于在第一步的音韵转换时缺乏更多的证据支持而缺乏说服力。

而其他学者，不单纯从文献入手，而从民间信仰、古代驱傩活动进行综合研究，并依据20世纪重要的考古材料——敦煌文书来进行研究。

台湾学者胡万川先生的研究以其专著《锺馗神话与小说之研究》，对锺馗传说的内涵，锺馗信仰的起源以及现存的三部锺馗小说做了系统的研究，认为前人对于锺馗起源的研究，无论是源于"终葵"还是"锺葵"，或是"大圭"或"木椎"，都是经不起推敲的。他认为，流传于世的锺馗神话是附着于锺馗信仰的产物。先有锺馗信仰，然后才有锺馗神话，锺馗神话是锺馗信仰的解释。对于锺馗信仰的起源，他认为由古代驱疫逐祟的"大傩"转化而来，其主持人为"方相氏"，其形象为头戴奇丑鬼面具的祭师[1]，与后来出现锺馗的形象有一定的相似性。胡先生对于锺馗起源的看法，已经明确指出锺馗起源的复杂性，必须由民间信仰、民俗心理等多方面入手，而这些观点也成为本书讨论锺馗图像产生和演变的一个基础。[2]

民俗学家刘锡诚先生在其《锺馗信仰与传说》一文中，[3] 论述了锺馗传说和信仰，其观点也基本与胡万川先生的观点相似。他认为"锺馗是个亦人亦鬼亦神的传说人物"[4]，其信仰首先产生于民间，然后流传到宫廷，成为宫廷腊月的礼物，并依据流传海外的敦煌写本中的内容，将锺馗信仰的起点上推至晋代或更早的时间。他据伯希和（Paul Pelliot，1878—1945）文3552《儿郎伟驱傩文》记述"驱傩之法，自昔轩辕，锺馗白泽，统领居仙[5]，而得出锺馗是在岁末统领大众的"驱傩"之神。而敦煌写经"斯2055"《除夕锺馗驱傩文》

---

① 《周礼·夏官》中对方相氏的描绘："方相氏，掌蒙熊皮，黄金四目，玄衣朱裳，执戈扬盾，帅百隶而时傩，以索室殴疫。"

② 胡万川. 锺馗神话与小说之研究 [M]. 台北：文史哲出版社，1980.

③ 刘锡诚. 象征——对一种民间文化模式的考察 [M]. 北京：学苑出版社，2002：317-369.

④ 刘锡诚著《锺馗论》摘要，文见中国民俗网，此种观点与上引书相似。

⑤ 由于敦煌遗书的释读有很多种版本，各个版本之间在部分文字上存在相当的差异，本书所采用的敦煌遗书大多引自《法国学者敦煌遗书研究论文集》，少部分文字引自郑尊仁先生的《锺馗研究》。

则把锺馗描写成"着豹皮"、全身"朱砂染赤"的形象。这和方相氏"蒙熊皮"、全身"玄衣朱裳"相似，并且二者出现的目的都是逐除恶鬼。由此对比得出结论：锺馗是自远古傩仪之"方相氏"演变而来。这可能也是锺馗信仰之产生阶段在我国民间的原始风貌。刘锡诚先生根据李丰楙教授认为锺馗斩鬼最早记载于成书于唐高宗麟德元年（664年）的《太上洞渊神咒经》，以及任继愈、卿希泰等学者认为敦煌写本标号为伯2444的《太上洞渊神咒经》[①] 前十卷起源于两晋[②] 的研究成果，提出锺馗传说和锺馗信仰产生的年代可以上推至晋代或更早的时代，并在民间广为流传，后来被宫廷所吸收，成为驱傩仪式中的主角。刘锡诚先生认为，先民从交感巫术（模拟巫术）的心理出发，将传说中斩鬼的锺馗制作成画像。在岁除（除旧迎新）之际颁赐给官员们，作为镇鬼之灵物，则是从张说供职的唐玄宗朝才开始有记载的。这种年节悬挂锺馗像镇鬼的做法，得到了后世朝廷的认同，形成风俗，世代延续，并逐渐流到了民间。[③] 将锺馗信仰的时间上限定为晋代或更早，是当代研究中将锺馗起源时间上溯最早的推论。他认为"锺馗传说与锺馗信仰是共生的，二者相互交织，相互依存。锺馗信仰只有在传说的支持下，才得以不断发展；锺馗传说也由于有了锺馗信仰的附丽而得以世代传承"，但是这种观点对于研究锺馗图像主题的不同发展脉络会产生混淆。

　　而另一位民俗学者高国藩先生的研究与胡万川、刘锡诚先生的观点相似，从锺馗捉鬼信仰的产生、锺馗传说的发展、锺馗风俗变迁和影响、锺馗嫁妹的衍生等几个方面进行研究，提出锺馗驱傩风俗源于唐代，其流传地域随时间推移也从中原向东南转移。另外，他对于敦煌文书所记载的"进夜胡"风俗演变[④] 的考证也从另一个方面证明了锺馗信仰与驱傩活动有关。

　　香港学者刘燕萍的研究成果《锺馗神话的由来及其形象》[⑤]，基本上是对古代学者的观点进行了总结。她认为锺馗神话的记载，最早见于北宋沈括《梦溪笔谈》。锺馗是民间宗教中捉鬼、啖鬼、驱鬼逐疫的神瘟。她重复了古代研究者的结论，即锺馗并非实有其人，其由来可能由逐鬼法器"终葵"演变而来。

---

① 此卷大多学者认为写于五代。

② 此说由卿希泰在其《中国道教史》中提出，刘锡诚先生引用此观点作为其时间证据。

③ 刘锡诚. 象征——对一种民间文化模式的考察 [M]. 北京：学苑出版社，2002：325.

④ 高国藩. 敦煌古俗与民俗流变 [M]. 南京：河海大学出版社，1989：330–359.

⑤ 刘燕萍. 锺馗神话的由来及其形象 [J]. 宗教学研究，2001，（2）：35–39.

"终葵"为逐鬼之物，作为人名亦有辟邪之用，是有可能演变为真有锺馗其人的附会。此外，她提出锺馗的恐怖造型除了来源于在驱鬼意义上"以恶制恶"的效果外，其丑恶的外貌，亦有可能源自傩仪中的方相氏，这一点也与大多数研究者的结论相同。这个推论有其历史背景，因为锺馗在传统的宫廷傩与民间傩中，都扮演着人格神的角色。其貌寝之造型，亦有可能源自傩仪主持方相。另外，锺馗与门神神荼、郁垒，更有着一脉相连的降鬼属性。无论锺馗是否源自"终葵"、方相，抑或是神荼、郁垒，又或者是三者的融合，且研究者们已对有关锺馗的戏曲、小说中的锺馗形象进行了概括，其具有的"貌寝、正气凛然、为民除害"的形象特征，成为广受百姓拥戴、历代不衰的主要原因。

　　台湾学者郑尊仁先生2004年发表的关于锺馗研究的专著《锺馗研究》，是当前汉学界研究锺馗最完整的成果。在此书中，作者系统地总结了前人的研究成果，首先从锺馗名称入手，对最早的锺馗人名进行了梳理；并综合前人的讨论，对锺馗名称的来源从字、意、音方面进行了探讨。从唐代的锺馗，锺馗故事出现的内涵、信仰、传说、小说、绘画、医学、戏剧等各个方面进行论述，分析了锺馗故事演进过程中各种因素的作用，着重剖析了明代以后三本锺馗小说的人物角色、情节和结构，并描述台湾地区"跳锺馗"民俗活动。他认为锺馗本身只是驱傩仪式中的一员，产生的原因并非单一因素，而依附于多种民俗信仰和民俗活动而存在，因此锺馗具有"门神""瘟神""巫""方相氏"及"花神"等多种神明的属性。对于锺馗故事，他的观点是"一个民间信仰的解释故事"①。在其研究中，他分别讨论了锺馗与"傩""巫""瘟神""门神"和"花神"等民间神祇的关系，并强调早期锺馗故事中舞蹈的动作更接近于"巫"，而后来流传故事中的啖鬼驱鬼则侧重于"傩"。其对锺馗信仰的产生的论述与胡万川先生的观点相似，并认为锺馗传说是对锺馗信仰的解释，锺馗图像对于锺馗传说的传播起到了促进作用，锺馗戏剧由跳锺馗傩仪发展而来，锺馗小说出现时间最晚，在形象和情节上借鉴了锺馗传说的主要情节，明清以后锺馗图像受到其他锺馗艺术的影响。

　　还有学者从新近出土的考古学材料中的一种"木杖"入手，论证这种木杖就是古代学者所讨论的"终椎"，从而成为证明古代学者关于锺馗起源的

---

① 郑尊仁.锺馗研究[M].台北：秀威资讯科技股份有限公司，2004：40。在其书中，将本书所讨论的"锺馗传说"称为"锺馗故事"。

"木椎说"的实物证据①。表1–1为近年来国内学界对锺馗起源研究的相关论文。

表1–1　国内近年来锺馗起源、信仰或传说的研究

研究者	出版物题名和出版时间	专著／论文题目
胡万川	1980年5月	《锺馗神话与小说之研究》
李丰懋	《民俗曲艺》第39期，1986年	《锺馗与傩礼及其戏剧》
高国藩	《敦煌古俗与民俗流变》1989年12月	第10章《锺馗驱傩风俗》、第11章《进夜胡风俗》
王宝安 李玉亭	《临沂师范学院学报》2001年4月第23卷第2期	《终椎研索》
刘锡诚	《象征——对一种民间文化模式的考察》2002年	《锺馗信仰与传说》
何新	《诸神的起源》2002年第1版	《锺馗的起源》
刘燕萍	《宗教学研究》2001年第2期	《锺馗神话的由来及其形象》
王正书	《中国民间文化》1993年4月	《锺馗考实》
曹建南	《民俗研究》1994年第3期	《日本的锺馗信仰》
麻国钧	《戏剧——中央戏剧学院学报》1997年第2期	《日本的锺馗信仰·锺馗艺术与锺馗戏》
张虹	《明清小说研究》1998年第一期	《锺馗小说与锺馗形象漫议》
张乾元	《宿州师专学报》1999年第三期	《"锺馗"考》
郭志强 董国炎	《山西大学学报》（哲社版）2001年12月第24卷第6期	《论锺馗形象的演变》
刘振	《云南艺术学院学报》2002年第3期	《从〈闹锺馗〉看锺馗信仰》
汪晓云	《民族艺术》2005年第2期	《"方相"与"锺馗"的发生学研究》

小结

对于锺馗的起源，古代学者多侧重于从锺馗的名称入手来探索，得出锺馗与古代驱鬼的"大木椎"有关；或从字义解释入手，得出锺馗为"终结魑魅鬼怪"之意。现代学者大多从民间信仰、驱傩活动及古代传说等多方面进行综合研究，已逐渐达成一定的共识，认为锺馗的形象与远古"大傩之仪"中的驱傩神"方相氏"的形象有关，并受到"巫""医"等多方面因素的影响，

① 王宝安，李玉亭. 终椎研索 [J]. 临沂师范学院学报，2001，（23）2：47–48.

成为"傩仪说"。锺馗成为捉鬼驱傩神的信仰，可能形成于魏晋至南北朝时期，并具备了一定的形象特征，到唐代初期已成为一种具有影响力的神祇。

锺馗传说以锺馗作为驱除厉鬼神祇的信仰为基础，以锺馗现身于唐明皇梦中并治愈唐明皇痁病，吴道子奉诏画锺馗为主要情节。锺馗传说作为对锺馗信仰的解释，附会上一些神奇的因素和名人效应，使其信仰得以传奇化。因传说以唐明皇、吴道子等盛唐人物为主，因而它不大可能早于唐初期形成，而是大致在中晚唐成形，并在五代开始传播，最后在宋代广为流传。

第二节　锺馗图像的研究

对锺馗图像的文献记载首见于张说的谢表中，其时间大约在八世纪初期，可能与《刊谬补缺切韵》同时出现，而其他的文献对于锺馗图像的记载并不明确。

一、古代文献中的锺馗图像

古代文献中对锺馗图像多以记载锺馗传说为主，或著录画跋，对其来源的研究较少。

（一）古文献载录的锺馗图

由清代学者董诰主持编著的《全唐文》中，收录了三篇与锺馗图像有关的谢表和与锺馗传说有关的《梦舞锺馗赋》，其中以唐代初期文学家张说（667—730）所撰《谢赐锺馗及历日表》年代最早。在这篇谢表中，锺馗画出现在皇帝赏赐的礼品中。

> 臣某言：中使至，奉宣圣旨，赐臣《画锺馗》一及新历日一轴者。猥降王人，俯临私室，荣钟睿泽，宠被恩辉。臣某中谢，臣伏以星纪回天，阳和应律，万国仰维新之庆，九霄垂湛露之恩。爰及下臣，亦承殊赐：屏祛群厉，缋神像以无邪；允授人时，颁历书而敬授。臣性惟愚懦，才与职乖，特蒙圣慈，委以信任，既负叨荣之责，益怀非据之忧，积愧心颜，虽胜惕厉。岂谓光回蓬荜，念等勋贤，庆赐之荣，贱微常及，感深犬马，戴重邱山。无任感荷之至。①

---

① （清）董浩．全唐文 [M]．北京：中华书局影印本，1983：2255.

从这段文字可以看出，在张说任职期间，出现了在岁末新年来临之际，皇上将锺馗绘制成画幅，连同新历日一轴，"奉宣圣旨"颁赐给朝廷官员的行为。其目的在于悬挂在家里，可以"屏祛群厉，缋神像以无邪"。但这段文字对锺馗图和锺馗的形象并没有具体的描写。

年代稍晚的诗人刘禹锡（722—842）也撰写过两份同类性质的文书《为淮南杜相公谢赐锺馗历日表》和《为李中丞谢赐锺馗历日表》，记载了唐德宗年间颁发和使用锺馗画驱邪的风俗。

《为淮南杜相公谢赐锺馗历日表》云：

> 臣某言：高品某乙至，奉宣圣旨，赐臣《画锺馗》一、新历日一轴。星纪方回，虽逢岁暮，恩辉忽降，已觉春来。臣某中谢，伏以图写威神，驱除群厉。颁行律历，敬授四时。施张有严，既增门户之贵；动用叶吉，常为掌握之珍。瞻仰披寻，皆知圣泽。无任欣戴之至。①

《为李中丞谢赐锺馗历日表》载：

> 臣某言：中使某乙至，奉宣圣旨，赐臣《画锺馗》一、新历日一轴。恩降云霄，光生里巷。虽当岁暮，如煦阳和。臣某中谢。伏以将庆新年，聿修故事。缋其神象，表去厉之方；颁以历书，敬授时之始。微臣何幸，天意不遗，无任感戴屏营之至。

据刘禹锡的年表来看②，以前一份谢表名称"淮南杜相公"来推测，大约作于刘禹锡担任杜佑幕僚期间，即贞元十六年（800年）至十七年（801年）间③。以后一份历表名称"李中丞"推测，可能作于贞元十九年（803年）。相隔近一百年以后这种奉宣圣旨向朝廷官员们颁赐锺馗画的行为再次出现，反映这种随历日赏赐锺馗图像的行为没有消失，锺馗驱鬼的观念依然存在于人

---

① （清）董浩. 全唐文 [M]. 北京：中华书局影印本，1983：6068.

② 《刘禹锡年表》

③ 刘锡诚先生认为作于贞元二十一年，即805年，其依据是作者曾标明，但《全唐文》并没有注明。

们的日常生活中。刘禹锡对朝廷颁发的锺馗画像本身，做了比张说较多的描绘："图写神威，驱除群厉"。这一点反映出锺馗画的绘制方式是由画工描绘的，但其形制属于手卷还是立轴，尚难判断。刘锡诚先生根据"施张有严，既增门户之贵"，推测锺馗画贴在门上，但这段文字也可理解为增加赏赐接受者的门庭生辉，因此从以上文字中尚不能准确推导出锺馗图已经作为门神使用。

朝廷颁发的锺馗之像具有"神威"之貌，能使主人家增添"门户之贵"，加上可能民间信仰所赋予锺馗像的"捉鬼驱邪"象徵意蕴，因而才能具有祈求新岁平安、来年吉祥的功能。

《梦舞锺馗赋》为晚唐诗人周繇所作，主要表现了锺馗现身唐明皇梦中，跳神驱除病疠，唐明皇梦醒病愈，诏吴道子画锺馗的情节，成为后世锺馗传说的蓝本。

已知最早记录锺馗画的画史是张彦远的《历代名画记》。"吴道玄，阳翟人。……吴画《明皇受箓图》《十指锺馗①》传于世"②。对于这幅图像描绘的内容，由于画卷的湮失和缺乏可供参考研究的图像，当代研究者都只能从文字上推测图像的内容。从其名称上可以推测其内容：这幅画可能表现了锺馗击鬼或啖鬼的动作，或舞锺馗的动作，其所用动作与手指有关，可能没有运用其他兵器。

在随后的画论中，如宋代黄休复著的《益州名画录》、刘道醇《五代名画补遗》和《圣朝名画评》、郭若虚的《图画见闻志》《宣和画谱》、邓椿《画继》等对锺馗有过较多记载，以《益州名画录》和《图画见闻志》中记录的图像内容与《梦溪笔谈》的记录内容相类似。《宣和画谱》中还将"锺馗氏、鬼神"附在道释科中，表明当时锺馗图像已独立成为一门画科。在《宣和画谱》收录"杨棐"条中，有一段文字对当时的锺馗画做了描述：

> （杨棐）又作《锺馗》，亦工。按锺馗近时画者虽多，考其初，或云明皇病疟，梦锺馗舞于前，以遣疟疠。其后传写形似于世，世始有锺馗。然临时更革，态度大同而小异，唯丹青家缘饰之如何耳。③

---

① 在一些文章中，有研究者将其定名为《食指锺馗》，或指其啖鬼的动作与后来"锺馗样"有关，也将在下文讨论。

② （唐）张彦远.历代名画记：第九卷 [M]// 吴孟复.中国画论.合肥：安徽美术出版社，1995：156.

③ （宋）宣和画谱 [M]// 吴孟复.中国画论.合肥：安徽美术出版社，1995：512.

这段文字表明锺馗画的内容与锺馗传说内容相似，表明宋代锺馗的形象已基本固定下来，其表现形式和内容大同小异，差异只是画家在创作时的临时改变，这一点与《益州名画录》中蒲师训和赵忠义描绘锺馗的记载相仿。而在孟元老的《东京梦华录》、吴自牧的《梦粱录》、周密的《武林旧事》等笔记小说中，有民间在岁末卖门神、纸马、锺馗，以及官方使用锺馗画的记载，并记录了跳/舞锺馗的傩仪活动。

在元以后的画史和画论中，除元代汤垕《画鉴》、夏文彦《图绘宝鉴》对锺馗图有零星的记录外，其他文献则重点记录锺馗图上的画跋，特别是宋末元初龚开所作的《中山出游图》上有多人的题跋[①]。明代以后，锺馗重新成为画家热衷表现的题材，上至皇帝、宫廷画师和官员，下至普通文人和民间画工，都有作品存世。但表现内容上发生了重大的变化。在传统的驱鬼题材、小妹/出游和寒林题材之外，锺馗图出现了大量表现吉祥内涵的物品，如如意、蝙蝠、柏枝等。而锺馗画的创作和使用时间也从岁末拓展到了端午节前后。《画事备要》《绘画备考》《清河书画舫》《珊瑚网》等书画鉴藏文献中著录一些锺馗作品，对于其起源大多依据沈括的记录或杨慎的研究，明代王世贞的观点可以作为代表：

> 锺馗事仅见唐传奇中，杨用修（慎）以为乔锺葵字辟邪，后人因而附会之，恐亦非也。李伯时旧戏作《嫁妹图》，或云即《移家图》。余尝见其副本，叔宝虽仿佛其意，而所增饰过半。作魃魅虚耗得志，跳踉之态，深得小人情状。昔谓祇（？）神貌丑畏。张平子图之，不敢见，异日，叔宝可免勾摄之苦矣。[②]

在明清两代各地的方志中，比较详实地记录了各地在岁末或端午使用锺馗图的情况，这种端午使用锺馗图的民俗出现地域仅限于华东和华北地区。在这些地域的民谣中也有所反映，如南京民谣：

---

① 原文：左方元人跋极多。（明）张丑．清河书画舫：卷十上 [M]．四库全书电子本，武汉：武汉大学出版社，1998.

② （明）王世贞．弇州山人稿 [M]// 王原祁．佩文斋书画谱：卷87.第五册，北京：中国书店，1984：2518.

《端午》

五月初五端午节，金河老龙犯下罪，家家户户挂锺馗，门头上菖蒲像宝剑。①

从存世作品来看，清代是锺馗图像创作新的高峰期，多数学者大都讨论锺馗的起源，对于锺馗画并无太多的论述。而艺术家在创作锺馗画，在题跋时却有相应的论述。扬州画派画家金农在七十三岁后，多次创作《醉锺馗》②，在画跋上详细撰写了他所见历代名家画锺馗的作品。

唐吴道子画《趋殿锺馗图》，张渥有《执笏锺馗》，五代牟元德有《锺馗击鬼图》，宋石恪有《锺馗小妹图》，孙知微有《雪中锺馗》，李公麟有《锺馗嫁妹图》，马和之有《簪花锺馗》，梁楷有《锺馗策蹇寻梅图》，元王蒙有《寒林锺馗》，明唐寅有《锺馗春郊小骑图》，钱穀有《锺馗移家图》，郭诩有《锺馗杂戏图》，陈洪绶有《锺馗元夕夜游图》……③

这段文字列举了金农所见名家所绘制的锺馗画，成为后世许多锺馗画研究者重要的文献资料，但是其列举的大多数画作已不存于世。

（二）古代对鬼形象塑造的讨论

作为锺馗图像中次要角色，鬼形象的演变也很有特点。在锺馗图像中，鬼的形象并非是一成不变的，鬼起先是作为被驱除或斩杀的对象出现的，后来则作为锺馗的手下而出现在画面中，最后在吉祥题材的锺馗图像中，又演化成可爱的儿童。古代对于鬼形象的讨论，出现得更早，也更具有争议。

中国古代对于鬼魂形象塑造的讨论，一直存在着两种截然不同的观点："形似"和"神似"，即从形象相似和神情符合两个角度来认识描绘鬼魂形像，并以此作为描绘鬼难易的标准。

已知最早的观点也是最著名的论述是战国时期韩非子的观点，其对于画

---

① 此段民谣由民俗学者陶思炎先生提供。

② 有学者认为金农晚年的人物画应为其弟子罗聘所作，参见季伏昆，孙原平．金农书画集[M]．北京：人民美术出版社，2004：6.

③ 引自金农自题《醉锺馗图》，浙江省美术馆藏，《锺馗百图》《中国古代书画图录·卷11》著录。

鬼的认识也是以"形似"为标准。《韩非子·外储说左上》曰:

> 客有为齐王画者,齐王问曰:"画孰最难者?"曰:"犬马最难。""孰最易者?"曰:"鬼魅最易。夫犬马人所知也,旦暮罄于前,不可类之,故难,鬼魅无形者,不罄于前,故易之也。"①

韩非子因为鬼无确定的形状,所以可以任意表现,而得出鬼容易绘制的观点。这种观点可能代表了先秦时期对于鬼形象描绘的普遍认识,同时也表明最晚至先秦,鬼已成为绘画的表现对象。

秦汉时期,这一观点并未产生较大的变化。在西汉淮南王刘安组织编撰的《淮南子》中,有以下看法:"今夫图工好画鬼魅而憎狗马者何也?鬼魅不出世而狗马可日见也。"②(《氾论训》)东汉的张衡也有类似的看法:"臂犹画工恶图犬马而好作鬼魅,诚以事实难形而虚伪不穷也。"③(《后汉书·张衡传·上疏论图纬虚妄非圣人之法》)

到了魏晋时期,对于鬼的形象理解产生了一些变化。关于鬼魂形象的讨论散见于各种画论中。对于描绘鬼的"神似"的观点开始出现。在唐代书画鉴赏家张彦远的《历代名画记》中,收录了顾恺之及张彦远对于鬼(神)画的看法:"'画人最难,次山水,次狗马,其台阁一定器耳,差易为也。'斯言得之。至于鬼神人物,有生动之状,须神韵而后全。若气韵不周,空陈形似,笔力未遒,空善赋彩,谓非妙也。"④在第四卷"叙历代能画人名"中,他转述顾恺之《论画》又称:"凡画,人最难,次山水,次狗马;台榭一定器耳,难成而易好,不待迁想妙得也。此以巧历,不能差其品也。"⑤

这表明,最迟从魏晋南北朝开始,由于受到其他造型因素的影响,传统"鬼形象的形似论"受到以表现"神韵"观念的影响。同样也反映出当时人物画发展历程中,人的形象对于鬼形象的影响:鬼的造型也必须具有"生动之状,须神韵而后全",其表现方式与人物相似,先以线勾勒,再进行赋彩。

---

① (清)王先慎.韩非子集解[M].钟哲点校,北京:中华书局,1998:270-271.

② 转引自:俞剑华.中国古代画论类编·上[M].北京:人民美术出版社,1998:7.

③ 同上引.

④ (唐)张彦远.历代名画记.论画六法[M]//吴孟复.中国画论.合肥:安徽美术出版社,1995:88.

⑤ (唐)张彦远.历代名画记.论画六法[M]//吴孟复.中国画论.合肥:安徽美术出版社,1995:125.

但韩非子关于"鬼形易绘"的观点并没有消失，仍影响后代的很多画家或画论家，如北宋的释德洪。他在其《跋画牛》中也表达了类似的观点：

> 画工能为鬼之状，使人动心骇目者，以其无常形，无常形可以欺世也，然未始以为贵。惟犬马牛虎有常形，有常形故画者难工，世之人见其似，则莫不贵之。①

到了宋代，"神似"逐渐成为画论中画鬼（神）主要的观点。如欧阳修就在其《六一题跋》中提出：

> 善言画者多云"鬼神易为工"。以为画以形似为难，鬼神人不见也，然至其阴威惨淡，变化超腾，而穷奇极怪，使人见辄惊绝；及徐而定视，则千状万态，笔简而意足，是不亦为难哉！②

宋代刘道醇在其《圣朝名画评》中，认为"鬼神之状，虽不可穷，大约不远于人"③。郭若虚在《图画见闻志》卷一"叙制作楷模"提出了被后世画论奉为至论的观点：大率图画，风力气韵，固在当人。其如种种之要，不可不察也。画人物者必分贵贱气貌……鬼神乃作丑（者鬼）驰趋之状。④与之持相似观点的还有苏轼。他在《跋吴道子天龙八部图》中说：

> 旧说狗马难于鬼神，此非至论，鬼神非人所见，然其步趋动作，要以人理考之，岂可欺哉？难易在工拙，不在所画，工拙之中，又有格焉，画虽工而格卑，不害为庸品。⑤

苏轼在文中不但提出了鬼神形象虽不为人所见，但其行为动作均来自人，其描绘难易与其形象无关。并提出是创作者的水平决定了画作的档次，这已经在前人的基础上对鬼魂形象的作品提出更高的品评标准。这种观点在相当

---

① 周积寅 . 中国画论辑要 [M]. 南京：江苏美术出版社，1985：158.

② 同上引。

③ （宋）刘道醇 . 圣朝名画评 [M] // 于安澜 . 画品丛书，上海：上海人民美术出版社，1982：146.

④ （宋）郭若虚 . 图画见闻志 [M]. 黄苗子校，北京：人民美术出版社，1961：8-9.

⑤ 周积寅 . 中国画论辑要 [M]. 南京：江苏美术出版社，1985：159.

程度上影响后世文人画家在人物画方面的发展。

　　后世的画家对于鬼形象塑造的论述也没有超出这两种观点。清代沈宗骞在《芥舟学画编·论传神人物》中提出"鬼物原无所凭，宜奇变而诡谲"[①]，而郑绩在《梦幻居画学·简明论人物画》对前代鬼神画做了概括：

　　　　画鬼神前辈名手多作之，俗眼视为奇怪，反弃不取。不思故人作画，并非以描摹悦世为能事，实借笔墨以写胸中怀抱耳。若寻常画本，数见不鲜，非假鬼神名目，无以舒磅礴之气。

　　故吴道子画《天龙八部图》，李伯时画《西岳降灵图》，马麟作《锺馗夜猎图》、龚翠岩作《中山出游图》、贯休之《十六尊者》，陈老莲之《十八罗汉》，俱是自别陶冶，不肯依样葫芦。胸中楼阁，以笔墨敷演出来，其狂怪有理，何可斥为荒诞？[②] 同时郑绩提出自己的观点：然必功夫纯熟，精妙入神，时有感触，不妨偶尔为之，以舒胸臆，亦不可执为擅长，矜奇立异。郑绩的观点代表了清代以来文人对于鬼神画的态度，即描绘鬼神画的目的是为了直抒胸臆，但不能以此作为擅长。但现实世界仍有一些画家以画鬼作为获取名声的途径，其中以扬州画派画家罗聘为代表，其最著名的作品是《鬼趣图》。

二、当代学术界对锺馗图像的研究

　　对于锺馗及锺馗画，学者多有论述。由于年代久远，张说所见的锺馗图和吴道子创作的《十指锺馗》已难窥其详。由于缺乏早期图像实物，学术界多以现存的图像作为研究的对象。

　　（一）总体研究

　　天津美术学院的王振德和李天麻先生在1985年由天津人民美术出版社出版了《历代钟馗画研究》。作为研究锺馗图像最早的专著，作者在胡万川先生《锺馗神话及小说之研究》研究成果的基础上，从锺馗图像的产生、画面内容、题跋和社会历史背景去研究锺馗画，将锺馗图像发展的历史沿革分为唐代——"初创期"，五代至宋元——"更革时期"，明清——"寄寓阶段"以及民国至今——"漫画化阶段"等四个时期，把锺馗画的艺术表现手法概括

---

① 转引自：俞剑华.中国古代画论类编·上[M].北京：人民美术出版社，1998：539.
② 转引自：俞剑华.中国古代画论类编·上[M].北京：人民美术出版社，1998：577.

为"幻中有真""经营惨淡",并提出锺馗画的美学特征是"美与丑的统一""理想美的'合力'""朦胧恍惚的诗意"和"文与野的交融"。王振德先生和李天麻先生在研究锺馗图像起源时,依据宋代沈括《梦溪笔谈·补笔谈》中的记载,而确定画圣吴道子是最早创作锺馗的画家,并在1992年6月出版的《名家翰墨:名家画锺馗特集》中重复了其主要观点。[①] 他们的研究影响到后来的许多研究者,由于特殊的历史原因,该书在资料的搜集上存在一定的缺陷[②],因此不可避免地导致结论的不足。其研究者在研究明清以降的锺馗图像时,主要看重那些讽刺时事的画作,如任颐的《锺馗斩鬼》,而忽视任颐创作数量更多的是反映传统锺馗主题类型的作品。在锺馗画功能的理解上,对于是否体现客户的要求,或用于补壁、岁末贺岁或其他目的则并未涉及,而这些功能在体现锺馗画的民俗价值方面是不能忽视的。

台湾学者刘芳如先生在1989年台北"故宫博物院"举办《画里锺馗》展览之际,发表了《画里说锺馗》[③] 一文,她研究的材料主要以现存台北"故宫博物院"的锺馗画[④] 为主,为台湾地区较全面研究锺馗图像的论文。刘先生也以"锺馗在正史上实无其人"作为其论证的起点,以古代学者对锺馗的研究成果——驱傩的"大圭"作为锺馗的起源,以唐代锺馗传说作为宋代"吃鬼锺馗"图像的形象来源,研究了锺馗故事演化到明代的小说和戏剧,然后从民间张贴锺馗画和跳锺馗的仪式两个方面讨论与锺馗相关民俗的变化;她从"锺馗的衍生故实[⑤]"和"画里锺馗面面观"等几个方面讨论了锺馗画的起源和发展。

王阑西和王树村两位先生主编的《钟馗百图》,由岭南美术出版社1990年出版,收集了国内博物馆和私人所藏的部分历代锺馗画,并以王阑西先生的《序言》和王树村先生的《略说锺馗画》作为主要的研究成果。王阑西先

---

① 李天麻,王振德.略谈锺馗与锺馗画[M]//名家翰墨·名家画锺馗特集.香港:名家翰墨出版公司,1992: 36-65.

② 由于沟通方面的原因,此书在资料上出现很多错误,如题为王蒙的《寒林锺馗》实为文征明所作,题为元代陈琳的《寒林锺馗》,从其使用时间为端午,也应为明人的托名之作。如果以本书的题名作品进行研究,并得出一些结论,将是非常吊诡的。

③ 刘芳如.画里锺馗[J].故宫文物月刊,1989,(75):4-16.

④ 这些作品多在《秘殿珠林石渠宝笈》初编、继编和三编有著录,刘芳如先生在研究时多以著录所定时间为准,因此有些结论可能存在争议。

⑤ 原文如此。

生的观点延续了锺馗研究中占有主导地位的观点，即主要阐示毛泽东关于"锺馗是中国古代漫画"[①]的论断。王树村先生则从"锺馗的来历""关于锺馗画""锺馗画与民俗""有关锺馗的诗文故事"几个方面分析《钟馗百图》中所收录的作品，为目前锺馗绘画研究比较深入的成果。这本书所收集的锺馗图像共计100幅，上溯明代画家叶澄下至现代画家徐悲鸿等，创作群体包括皇帝、宫廷画家、文人画家和民间画工，作品形式包括绘画、泥塑、脸谱等。这些图像成为后来许多学者研究的主要文本[②]。遗憾的是此画集中只收录了国内艺术博物馆或私人收藏的锺馗图像，有些作品的典型性和代表性不强。而对于中国台湾地区及海外的许多锺馗图像没有收录，如题为元代画家龚开的《钟进士移居图》[③]（现藏台北"故宫博物院"）《中山出游图》（现藏美国弗利尔美术馆），元代颜辉《锺馗元夜出游图》（现藏美国克里夫兰博物馆）、文征明的《寒林锺馗》、明代钱榖《锺馗移家图》（《佩文斋书画谱》卷87）、《寒林锺馗》《午日锺馗》（现藏台北"故宫博物院"）、李士达的《端午锺馗》、华喦《午日锺馗图》（现藏台北"故宫博物院"）、清代陈洪绶《锺馗元夕夜游图》与《锺馗嫁妹图》等，使画册在资料完整性上稍显不足。作为民间美术的研究专家，王树村先生在其专著《中国民间美术史》中，提出了一个观点：本属于民间画工创作的民俗艺术品《锺馗画》，而传世作品中更为丰富多彩的作品，却是由文人艺术家创作的。

有的学者则从其他角度来分析锺馗图像，如张道一先生在《钟馗的传说及其艺术》[④]中，从民间美术的角度考察锺馗艺术的产生和变迁。薄松年先生在其《驱邪降福，美哉锺馗》一文中，也主要考察各地的锺馗门神，他认为，"民间锺馗图像始终没有脱离驱邪的符箓性质，锺馗故事亦出于无稽之谈"。黄苗子先生、唐弢先生，都将《锺馗图》作为作者讥讽时弊和社会现象的直接表达，直至最近的一些论文中仍以这种观点来研究锺馗图像[⑤]。应该看到，

---

① 作为政治家和诗人，毛泽东的观点对于美术史界的影响不容忽视，如延安文艺座谈会上的讲话。但由于缺乏系统论证，"锺馗是中国古代漫画"的观点应该得到更好的梳理。

② 近年大陆的锺馗研究论文《历代锺馗画新探》《中国绘画中的锺馗形象》都以此书中的图像研究为主。

③ 此作应为明代托名之作。

④ 张道一.钟馗的传说及其艺术 [M]//工艺美术论集.西安：陕西人民美术出版社，1986：364-368.

⑤ 如《中国绘画中的锺馗形象》《中国绘画中锺馗画像征寓意的演变》等论文，大都没有超出《历代钟馗画研究》的研究和结论范围。

这种观点将古代画家所处的时代分离，而用现代人的观点去评说古代图像的内涵，与锺馗图像本来的意义有相当的出入。

近年来，在《钟馗百图》出版后，出现一批研究锺馗图像的论文，大多延续《历代锺馗画研究》和《钟馗百图》的研究思路，如张蕊的《中国绘画中的锺馗形象》主要论述文人画中的四种锺馗画：寒士锺馗、凡人锺馗、英雄锺馗和反讽锺馗。还有一些学者侧重于考证吴道子奉诏作锺馗图像的时间，如刘世军在《吴道子〈锺馗图〉创作时间考》一文中，将张说收到腊月所赐的锺馗画与吴道子所画关联在一起，以唐明皇得病为依据，得出了吴道子在开元13年奉诏作画的结论。[①] 但张说的锺馗画也可能由民间画工或其他画工创作，这在下文将详及。

（二）锺馗图像的个案研究

相比较大陆学者的研究而言，台湾地区一些学者的锺馗绘画研究，多侧重于进行个案研究，如石守谦先生对文征明《寒林锺馗》的研究。在其《雅俗的焦虑：文征明、锺馗与大众文化》[②] 一文中，石先生对现存台北"故宫博物院"题为文征明作的《寒林锺馗》，进行了深入研究。他认为，这幅作品表现文征明在描绘具有大众文化形象代表的锺馗时，赋予了其新的内涵，但也体现出文人在雅和俗不同审美趣味之间的焦虑。

石先生首先将古代社会中"雅"与"俗"延伸为精英文化和大众文化，分别代表着两种不同的审美趣味。然后他对此幅作品的作者提出了疑问，他认为画面的寒林背景确为文征明所作，但由于对锺馗的描绘细致，表情微妙，姿势准确，显示出画家对人物画技巧掌握得相当高超，应不是并不擅长人物画的文征明所作。石先生进而提出人物画的作者应是与文征明经常合作的职业画师仇英。[③] 石先生根据已有图像，分析了锺馗画的传统。他也认为锺馗画源自唐代的吴道子，后世开始衍生。"锺馗击鬼式"由吴道子首创，稍晚则

① 刘世军.吴道子《锺馗图》创作时间考[J].江西教育学院学报（社会科学），2006，（27）：2.

② 石守谦.雅俗的焦虑：文征明、锺馗与大众文化[M]//台北：台湾大学，美术史论研究集刊（16），2004：307-336.

③ 在文中，石守谦对于此图中人物为仇英所作而展示的证据有一定的局限。文征明传世作品中，以同样藏于台北"故宫博物院"的《绝壑高闲》为例，如按照图像纵148.9厘米，横177.9厘米来推测，图中人物大小与《寒林锺馗》中人物大小相仿，也在20厘米左右。此外，《寒林锺馗》作于1519年，文征明时年49，仇英此时年龄在20岁左右，合作机会不大，有可能为文征明独立完成。据此作品文征明可能具备描绘与《寒林锺馗》大小相仿的人物的能力。就师承的角度来看，文征明学习沈周，人物画虽不是其所长，但对于"戏笔"而言，可能并不需要借仇英之手。

有祈福式的变体。两者皆属如门神的辟邪图像的演化，形式亦都采单幅立轴。而在这些图像之外，还存在另一种以手卷形式表现锺馗出行 / 嫁妹的题材，则与傩戏的扮演有关。他认为，不论是《锺馗击鬼》还是《锺馗出行》，其驱凶纳福的功能性都很强，属于民间画工或职业画师的创作题材，是反映大众文化意趣的绘画。而文、仇二人合作的《寒林锺馗》以无所事事的文雅姿态，剥除了原有锺馗图像所具有的神圣性与功能性。文、仇合作锺馗形象的新意在于其脸上的微笑与轻扬的转首，源于对明初诗人凌云翰《题锺馗画》一诗中"明日春光万余里"的诠释，意在将此形象的意涵由世俗的功利转成对春天的单纯期待。同时，他以此幅《寒林锺馗》尺幅较小，认为其适于悬挂在私人性较高的文人画斋之中。与锺馗画传统的祈福驱邪功能相比，其"无用性"被强调，成为构筑文人生活空间的要件。然而，"无用"的锺馗在扮演着文人形塑其自我生活风格之角色外，同时也透露出文人文化不愿也不能完全与大众文化隔绝的焦虑；为新年而创制的锺馗图的新模式，可谓针对这种焦虑的有效纾解。文征明所创作的《寒林锺馗》虽在当时的文人圈里颇受欢迎，但并不能真正地改变以驱邪纳福为诉求的流行图像。后世职业画师李士达即曾将此无用的锺馗重新赋予传统的功能。这个现象意味着文人艺术家在面对大众文化时，存在着永远挥之不去的焦虑。

　　石守谦先生的观点在台湾地区有较大的影响，后来一些研究者在讨论《寒林锺馗》时，都引用其结论作为证据[1]。石先生的论证缜密，以现存的作品为依据，但没有论及《宣和画谱》著录的五代画家董源所作的《寒林锺馗》，以及后来明代何良俊《书画铭心录》著录的由王蒙重述的《寒林锺馗》，和台北"故宫博物院"藏题为元代陈琳所作的《寒林锺馗》。而这些作品应该是锺馗画研究无法回避的。后代的画家，包括文征明的儿子文嘉、学生钱穀，袁尚统、李麟，以及清代的画家奚冈，都曾经创作同文征明作品相似的《寒林锺馗》图。对于题为文征明所绘而画中人物由仇英所绘的《寒林锺馗》，因为画中锺馗的尺度与文征明其他画中人物大小相似，在没有更多的作品中的人物可以证明文征明与仇英合作的前提下，将此作品中的锺馗归为仇英所绘，实属牵强[2]。此外，笔者认为此画的尺度为文征明首创，但在明代，这样尺寸

---

① 如台湾地区张启文的硕士论文《金农、罗聘、黄慎的神佛鬼魅像研究》就以石守谦先生的观点为主。

② 就现存文征明的山水画作品中的人物来看，文征明并不擅长人物，《寒林锺馗》中的人物造型生动，故也很难将其归为文征明的手笔。究竟是何人代笔，现在还很难做出判断。

的锺馗画并不少见。在美国弗利尔美术馆所藏一幅明代题为阎立本的《宫中瑞庆图》（图1）中，描绘一名宫女正在室内张贴锺馗像，其画幅长度与上臂相当，人物形象大约50到60厘米。因此，如果仅以作品的尺度较小就得出文征明此画反映了文人趣味的结论，尚待深入探究。

图 1 （明）佚名《宫中瑞庆图》（美国弗利尔美术馆藏）

海外的学者有方闻先生曾从人物的图式分析锺馗图像，以及 Ginger Cheng-chi Hsü（徐澄琪）曾在台湾大学《美术史研究集刊》第三期上发表 The Drunken Demon Queller：Chung K'uei in Eighteenth-Century Chinese Painting，研究清代扬州画派几位画锺馗的名家笔下出现的新锺馗图像——醉锺馗，并讨论了创作者的创作心态与市场反应。①

林春美在台北历史博物馆举办研究"午日锺馗画"展览之际，在《历史文物》上发表了其研究成果《午日锺馗画》。其研究重点在于确立锺馗图像的创作和使用由岁末转向端午的时间。在分析了传统驱邪和祈福的锺馗图像类

---

① 这篇文章无法查阅，只查到其摘要。

型之后，林春美以钱穀作于1563年的《午日锺馗》为据，提出其转变时间大约在16世纪初。但这幅作品钱穀的自题中并没有"午日锺馗"的题名，其创作时间为冬月廿日 ①，将其定为"端午锺馗"转变时间的证据尚有疑问。

郑尊仁先生对于锺馗图像的研究并不是其专著《锺馗研究》的重点。在对锺馗图像的研究中，他提出了"锺馗图像中的锺馗形象是其他锺馗艺术的造型源头"的观点，而其他艺术的产生也丰富了锺馗图像的题材和内涵。除此之外，他还讨论了其配角——鬼形象的变迁。由于其主要研究方向偏重于文学，对于锺馗图像与民俗信仰、传说的关系并没有进行深入的讨论，对于图像中的具体形象构成元素演变的讨论也较少。

表1-2为国内近年来对锺馗图像研究论文或专著的统计，反映了锺馗画的研究为美术史界关注度较高的课题。

表1-2　国内近年来锺馗图像的研究统计表 ②

研究者	出版物题名和出版时间	专著／论文题目
李天麻 王振德	1985 年 5 月	《历代钟馗画研究》
张道一	《工艺美术论集》1986 年 10 月	《钟馗的传说及其艺术》
刘芳如	《故宫文物》第 75 期 1989 年	《画里说锺馗》
王阑西 王树村	《钟馗百图》1990 年	《钟馗百图》序言、《略说钟馗画》
林春美	《历史与文物》1996 年第六期	《午日锺馗画》
张蕊	《美苑》2001 年第 5 期	《中国绘画中的锺馗形象》
薄松年	《美术观察》2001 年 6 期	《驱邪降福，美哉锺馗——锺馗图鉴赏琐谈》
郭岩	《淮北煤师院学报》（哲社版） 2002 年 2 月	《历代钟馗画新探》
崔雄	《东南文化》2002 年第 6 期	《山鬼非神亦必仙，造福纷纷佑善人——历代钟馗画浅谈》
石守谦	《美术史论集刊》2004 年第 16 期	《雅俗的焦虑：文征明、锺馗与大众文化》
徐澄琪	《故宫学刊》2005 年	《英雄的没落——十八世纪以来的锺馗相》
李勇	《戏剧文学》2005 年第 8 期	《中国古代绘画中钟馗画象征寓意的演变》

---

① 其原画款：癸亥仲冬廿日，钱穀写。载《石渠宝笈三编》第10册，北京：北京出版社，2004：1969.

② 论文收录截至时间为2006年12月。

（续表）

研究者	出版物题名和出版时间	专著/论文题目
刘世军	《江西教育学院学报》2006年4月	《吴道子〈钟馗图〉创作时间考》
王从	《阅读与写作》2006年第4期	《关于钟馗的画与诗》

小　结

从以上的梳理中，可以看到学术界对于锺馗图像的研究已取得相当的成果，但这些研究在锺馗图像主题类型的分类、形象的演变、形制的变迁等方面，没有完全揭示出锺馗图像演变的规律。对于影响锺馗图像产生和演变因素的分析，还有讨论的空间。很多研究者对于锺馗传说的内容深信不疑，并以此作为研究的基础，因此有些结论可能仍有探讨的余地。对于锺馗图像中的其他形象，如鬼的形象，除了郑尊仁先生有所涉及外，其他学者并没有提及。大多数学者对锺馗形象，或以民间艺术的角度来分析，或以文人画的角度来讨论，对于这样一个涉及众多艺术创作者、反映族群内部不同民俗心理需求的美术题材，尚有研究的余地。①

---

① 在本文2007年完成后，国内对于锺馗画的研究又进入新的高潮，但大多数论文并没有超出前辈学者的研究，属于"从众"性的写作。

第二章　锺馗图出现前的鬼和驱鬼图像

锺馗作为驱邪神祇，并不是凭空出现的，此前已经存在一些相似的图像。因此，要考察锺馗图像产生的原因，就必须从其出现以前相似的图像和观念入手。锺馗图像的创作受到古代驱除厉鬼的方相氏、跳神的巫觋、门神、瘟神等民俗信仰的影响。而作为被驱除对象的鬼，则有着更为久远的历史。鬼，作为虚无缥缈的精神产物，从古代礼仪和考古发现来看，古人对于鬼的认识并不像一些文献中所载那么简单。实际上，鬼的来源是多元的，复杂而多变。

第一节　锺馗图出现前的鬼观念

古今中外的各种宗教或信仰，大都相信在人所感知的物质世界之外存在着一群鬼魂、魂魄等灵异体，而这些灵异体又会透过不同的人、物，或事件来介入人间的时空或因果。如果这些灵异体是善意、造福人群的，称之为天使（angel）；如果这些灵异体是恶意的、致人伤害的，人们则称之为魔鬼（demon）。他们各有所属，也就是自成相对独立的系统。在古代东方的宗教体系中，特别是在中国的宗教体系中，没有如此严格的区分。中国古人相信灵魂是支配人体及精神世界的非物质存在物，并相信灵魂与呼吸、影子、梦境、生命一样是附属于人体之内的。现代宗教学研究认为：相信存在灵体世界是世界上大多数族群信仰文化的基础，有些学者更认为它是一切宗教的基础。灵体者，大多为过世先祖的灵魂，古人称之为鬼；但与大多数族群文化不同的是，中国人鬼魂观念中的鬼未必是对活人不利的，特别是同一宗族的，先人的灵魂常有保护的作用。因为中国古代人相信，这些灵物有时为善，有时则作恶，似乎只由被支配者行为的善恶而定；这种鬼魂观盛行于中国古代，已带着很强的道德力量。

一、鬼观念的产生

从历史的长度来看，鬼观念大约产生于原始初民的"万物有灵"阶段。这个阶段的提出所依据的是英国人类学家爱德华·泰勒（Edward Burnett Tylor，1832—1917）提出的"万物有灵论"[①]。他认为原始人在对自身及周围环境的思考中，特别是对于梦中的形象无法理解，得出人自身有两个实体：一为身体，一为灵体。二者可分离，梦境是灵体暂时离开身体所致，而死亡则是灵体彻底离开身体。身体可以腐烂，而灵体则可能与生者共同存在。之后则将这一观念移至自然物，认为所有自然物都附有灵体，具有灵性。泰勒认为，后世的一切宗教信仰和迷信都源于此。而另一些学者则不同意这种观点，提出"前万物有灵论"的理论，他们认为在灵魂观产生以前，原始先民观念中可能已相信有"神力（超自然力）"，这种力并不由人的灵魂观演变而来。但无论是先有自然神力还是灵魂观，远古时期人类的灵魂不灭观成为后世鬼观念的基础。

据张光直先生的研究，大多数原始先民都掌握着"通天地"的方法。在"绝地天通"之后，"事鬼神"逐渐成为少数人掌握的特权，并成为国家统治的主要手段，这在夏、商、西周三代，反映得特别明显。自西汉武帝采纳董仲舒的建议，"罢黜百家，独尊儒家"以来，儒家学说被大多数统治阶级所接纳，成为主流思想，即占有统治地位的思想。一方面，儒家思想并没有统一其内部的纷争，而呈现出不同的状态。另一方面，其他的意识形态也不断挑战儒家思想的统治地位，或从其他形式影响主流思想，因此没有一种学说、思想或宗教信仰成为占有绝对统治地位的主流思想。因而古代中国属于一个信仰多神的国家，从来没有一个单一的意识形态能成为国家信仰。

在民俗学和人类学研究领域中，鬼魂信仰（Manism）是指鬼魂崇拜（ghost worship），其英文 Manism 源于拉丁文 manes，即鬼魂之意（shade）。据斯宾塞（H. Spencer，1820 —1903）的意见，认为"鬼魂信仰"乃是宗教的起源。初民在语言中，特别尊重那些有英勇表现的祖先之名，甚至奉若神明。对祖

[①] ［英］爱德华·泰勒. 原始文化 [M]. 蔡江浓，编译. 杭州：浙江人民出版社，1988.

先的崇拜和对鬼魂的敬畏心理相结合，转变成为宗教信仰。鬼魂观念的产生与生、死、病、梦、冥界等观念有关。

（一）梦境与灵魂

首先，鬼是跟灵魂联系在一起的，而灵魂又和梦境密切相关。关于灵魂的起源，在马克思主义经典论述中，恩格斯认为灵魂产生于远古时代人们对于梦的思考，他在《路德维希·费尔巴哈与德国古典哲学的终结》一书中指出："在远古时代，人们还完全不知道自己身体的构造，并且受梦中景象的影响，于是就产生一种观念：他们的思想和感觉不是他们身体的活动，而是一种独特的、寓于这个身体之中而在人死亡时就离开身体的灵魂的活动。从这个时候起，人们不得不思考这种灵魂对外部世界的关系。既然灵魂在人死时离开肉体而继续活着，那么就没有任何理由去设想它本身还会死亡；这样就产生了灵魂不死的观念。"① 英国人类学家詹姆斯·乔·弗雷泽（J.Frazer，1854—1941）在《金枝》中也有相似的观点。他认为，远古未开化的人在解释远征的自然过程时，以为是由活人在后面操纵，自然界中的动物和人都是由身体内部的另一个小动物或小人，即灵魂来控制。睡眠和死亡都被理解为灵魂离开了身体，睡眠是暂时离开，死亡是永久离开。② 远古时代的人认为人是由"肉体"和"灵魂"两部分组成的。肉体可以死亡，但灵魂是永远不死的。人在死亡时其灵魂就脱离了人的肉体，成了鬼。这是一种对人鬼产生原因的解释。

在我国的原始文化中，山顶洞人在尸体周围撒上红色粉末，仰韶文化北首岭墓地的一些遗骸上也发现有涂朱现象，还有很多史前遗址中的人骨上均有类似现象。中国著名考古学家贾兰坡先生认为："这种红色物质，可能被认为是血的象征。人死血枯，希望他们到另外的世界永生。"③

先秦时期，儒家对于早期事鬼神的行为进行改造，特别是孔子对《周礼》重新编撰之后，儒家对于鬼魂的认识就趋于理性，鬼魂不过是人死之后的灵魂。这体现在东汉许慎的《说文》中："人所归为鬼，从人，象鬼头，鬼阴贼害，从厶。"④《尔雅·释训》："鬼之所言归也。"⑤《礼记·祭义》："子曰……众生必

① [德] 马克思，恩格斯 . 马克思恩格斯选集：第4卷 [M]. 北京：人民出版社，2012：229-230.
② [英] 詹姆斯·乔·弗雷泽 . 金枝 [M]. 北京：中国民间文艺出版社，1987：269.
③ 贾兰坡 . 中国大陆上的远古居民 [M]. 天津：天津人民出版社，1978：121.
④ （汉）许慎 . 说文解字 [M]. 北京：中华书局，1963：188.
⑤ 《礼记·释训第三》，载《国学备览》光盘版，北京：国学时代文化传播有限公司，2003.

死，死必归土地，此之谓鬼。"《礼记·郊特牲》："魂气归于天，形魄归于地。"

（二）文字学上研究

从文字学的角度来探究鬼魂的观念和形象，学术界存在着两种看法。据沈兼士先生在《"鬼"字原始意义之试探》一文中的考证，鬼与禺同是人类之异兽，属于猕猴类生物，这一观点得到陈寅恪先生和郭沫若先生的赞同[1]。《易·既济》卦爻辞上有"见豕负涂，载鬼一车"语，也说明鬼是一种生物。有学者指出深山夜里出没又消失的猕猴有可能就是最初人们对"鬼"的恐惧，随着时光推移，"鬼"字的含义渐渐扩为一种可怕的化身，主要是源自对身边同类死去的恐惧。

当代一些学者则认为，甲骨文中"鬼"的字形是一个人头上盖着一件东西的死人[2]，又据《说文》对鬼的解释，"人所归为鬼，从人，像鬼头"，从而得出"我们的先祖早已把鬼看作是与人关系密切的怪物"的观点。

（三）祖先崇拜和古文献中的鬼

在芮逸夫主编的《云五社会科学大辞典·人类学》卷中，对于祖先崇拜有以下定义：指后代对于祖先尽其孝道的一种信仰和行为。所谓"事死如事生"[3]。先民对死去的具有血缘关系的亲属产生的崇拜即祖先崇拜，但并不是所有具有血缘关系的死者都会成为崇拜对象，更不是生者一去世就成为崇拜对象。

中国人的祭祖主要是根源于原始宗教、儒家的孝道与民间信仰。当中国进入文明社会，以儒教经典《孝经》问世为标志，儒家的孝道思想广被宣扬以后，中国人的祖先崇拜已渐渐成为慎终追远的传统。因此，对祖先尽孝的观念体现了儒家对远古鬼魂观念的改造。

在古代文献中，特别是甲骨文和金文中，经常出现"鬼方"一词，《易既济》中有：高宗伐鬼方，三年克之。（原注："言其久，而后克之。"释文："鬼方，西戎之也。"）[4] 对此，许多学者做出了自己的研究，王国维先生在《鬼方昆夷玁狁考》一文中，指出"鬼方"实为"威方"，为中国北方与西北古代民族名，见于甲骨、金文及《易经》《诗经》等古籍。主要分布在今山西、河北南部，而势力西及陇山和渭水流域的支流，泾、洛水一带。经营畜牧业，善

---

① 沈兼士."鬼"字原始意义之试探 [M] // 沈兼士学术文集.北京：中华书局，1986：186–202.

② 王景琳.鬼神的魔力——汉民族的鬼神信仰 [M].北京：生活·读书·新知三联书店，1992：6.

③ 芮逸夫.云五社会科学大辞典·人类学 [M].台北：台湾商务印书馆，1971：199.

④ 李叔还.道教大辞典 [M].杭州：浙江古籍出版社，1987：672.

养马。远自商、周，下至春秋，与中原一些王国有战争，但亦有交往，并互通婚姻，周以后不见于记载。后世有鬼方为狁、匈奴、西戎、羌人、先零羌、南蛮、荆楚等族先民的学说。[①]

鬼作为实体并不存在，但其作为人类文明史上的精神产物，体现了远古人类对于生命的思考。按"万物有灵论"的信仰，所有自然体和人都具有灵体，这些灵体并不会随着身体的腐烂而消亡。古人相信人死为鬼，并与祖先崇拜和病痛灾难联系起来。

二、锺馗前的鬼魂观念

中国古代鬼魂观念，并不是单一不变的理念，而是包含了多个层次、多种思想体系的观念集丛，简称"鬼魂观念丛"。

一般来说，中国古代鬼魂观念丛，除包含中国文化的三个主要组成部分——道家、儒家和佛家各自的鬼魂观念外，还包含处于信仰体系顶端的统治阶级的鬼魂观念和处在最下层的民间信仰体系的鬼魂观念。马克思曾说："统治阶级的思想在每一时代都是占统治地位的思想。这就是说，一个阶级是社会上占统治地位的物质力量，同时也是占统治地位的精神力量。支配着物质生产资料的阶级，同时也支配着精神生产的资料；因此，那些没有精神生产资料的人的思想，一般是受统治阶级支配的。"[②]

统治阶级的鬼魂观念，最早从原始信仰分离，其他各种宗教的鬼魂信仰观出于统治阶级自身利益或个人的喜好，或是接受，或是改造，或是排斥，对于其他鬼魂观念，特别是民间信仰的鬼魂观念有相当的决定作用。民间信仰体系中的鬼魂观念可能形成时间最早，可能是直接由原始巫术信仰或图腾崇拜等原始信仰发展而来；道家学说是中国本土的宗教，主要吸收民间信仰中的鬼魂观念，并接受了佛教思想的影响，比较集中地体现了中国古代的鬼魂观念；儒家对待鬼魂的态度，无论是"敬鬼神而远之"，还是"子不语怪力乱神"，都显示出中国文化中实用理性精神；而佛教于两汉之际才由印度传入，包含着印度原有的鬼魂观念，在传播过程中为了吸引信众，也有意识地吸收了中国传统的鬼魂观念，并深切地影响和完善了中国古代鬼魂观念。

---

① 王国维. 鬼方昆夷玁狁考 [M]. 上虞：罗氏铅印雪堂丛刻本，1915.

② [德] 马克思. 德意志意识形态 [M] // 马克思恩格斯全集：第 3 卷. 北京：人民出版社，1960：52.

按照时间的发展顺序，本书将中国古代鬼魂观念的发展分为三个时间段：商周至秦汉为早期，魏晋南北朝隋唐为中期，五代以后为晚期。[①]

（一）早期的鬼魂观念

鬼魂观念作为中国古代原始宗教信仰之一，可能早在原始社会便已存在，到殷商时演变为信仰上帝和天命，建立了以上帝为至上神的天神系统，遇事便由巫祝通过卜筮向上帝请求答案。先民由于不懂得人的生死现象及做梦等生理活动，相信有独立于人体之外的灵魂存在，人死了便成为鬼，从而产生鬼魂崇拜，这种崇拜又与祖先崇拜交织在一起。周代把崇拜祖宗神灵与祭祀天帝统一，称为"敬天尊祖"。周人所崇拜的鬼神已形成天神、地祇、人鬼三个系统，成为后世道教多神信仰的渊源，尤其符箓派的符咒仪轨，多与古代的鬼神祭祀有关。春秋战国时，虽然有不信鬼神的荀子出现，但社会上大多数人仍力图证明天的意志与鬼神是存在的，这从《墨子》的《天志》《明鬼》等篇章即可看出，"古者圣王必以鬼神为（有），其务鬼神厚矣"[②]。墨子的尊天、明鬼思想后来为道教所吸收，道教并将某些神仙方术依托墨子，把墨子列入神仙之林。章太炎先生曾指出道教依托墨家，墨子学派为道教的思想渊源之一，实为墨子的鬼神思想为后世道教所附会。在秦汉时期，鬼神信仰与五行观念结合形成的五方五色神灵，反映了五行思想与鬼神信仰的互相影响，也一并被道教所吸收，成为其鬼神系统的重要来源之一。秦汉时期，对鬼神崇拜的另一大表现是对天帝鬼神的祠祀日渐增加。汉初刘邦增祀五帝。汉武帝即位，尤敬鬼神之祀，封泰山禅里父，遍祀五岳四渎，新增许多神祠，最尊者为太一（乙）神，除病和征战等都向太一神祈祷，从中也体现出楚神巫文化对于汉代信仰文化的影响。秦汉社会这种强烈的鬼神信仰与崇祀为道教的产生培植了适宜的宗教氛围，并为道教所继承和发展。

先秦两汉时期，中国虽有天上、人间和地下冥界世界的观念，但并未出现明确的"地狱观念"。此时的冥界信仰，以太（泰）山府君为地下冥界的主宰，并出现了向其购买土地的"买地券"。在地下冥界思想中，人们普遍相信

---

① 中国古代鬼魂观念并不是一个具体的物质形象，而是一类意识形态，其中包含有多种的鬼魂观念，因此不能简单地用物质形态的发生、发展、成熟、消亡来进行分期，在本书研究中，对于中国古代鬼魂观念演变的分期，以鬼魂观念产生较大变化作为其主要标准，时间作为次要标准。早期主要为本土的鬼魂观念，中期为佛教传入后发生改变的鬼魂观念，而后期为佛道儒民间合流成型的鬼魂观念。

② （清）俞樾.墨子间诂.墨子·明鬼下[M]//诸子集成：第五卷，长沙：岳麓书社，1996：181.

人死之后灵魂不灭，相信灵魂具有超人的能力并因之举行种种礼拜活动，如招魂、赶鬼、丧葬仪式、祭祖等。

《小戴礼记·祭法》曰："大凡生于天地之间者，皆曰命，其万物死皆曰折，人死曰鬼。此五代（即黄帝、尧、舜、禹、汤）之所不变也。"

古人认为人死后灵魂不灭，此不灭之灵魂即鬼神，但鬼和神还有一定的区别。《礼记·祭义》有云："宰我曰：'吾闻鬼神之名，不知其所谓？子曰：'气也者，神之盛也；魄也者，鬼之盛也。合鬼与神，教之至也。'众生必死，死必归土，此之谓鬼。骨肉毙于下阴，为野土；其气发于上，为昭明。蒿凄怆，此百物之精也，神之着也。"又《礼记·郊特牲》云："魂气归于天，形魄归于地，求诸阴阳之义也。"[①]《尔雅·释训》云："鬼之为言归也。"

古人将死人与鬼联系在一起，人们对死者进行安葬和祭祀，就是为了使死者的灵魂得到安定的归宿。

民间信仰中还有人死后魂归泰山之说。泰山，又作大山、太山、岱岳等，古代曾被称为昆仑山，从远古传说到有文字记载以来，泰山一直被赋予特殊的地位和披着神秘的色彩，既是众仙所居之地，又是幽冥之地。

（二）中期的鬼魂观念

在中国哲学史的分期中，魏晋南北朝、隋唐是一个比较特殊的阶段，是思想史上的一个变化较大的时期，也是一个中外文化艺术交汇、碰撞、融合的时期。在这一阶段中存在着几个不同的特点。首先，传统儒学与佛道的兴盛相比显得比较低落，但儒家思想并没有消失；其次，老庄思想的抬头，这体现在魏晋玄学的兴盛上；再次，印度佛教思想的大量输入，充实了中国思想史的内涵；最后，道教在经过葛洪、寇谦之等人的改造后，逐渐被统治阶级所接受，出现复兴的趋势。

中国思想史的变化在鬼魂观念变化上表现更为突出：道教完善了其鬼神信仰系统，而佛教六道轮回思想成为后世鬼魂观念的主要思想。尤以佛教鬼魂观念的影响最为深远。

道教认为，人死为鬼，鬼而有灵为神，故道教崇拜鬼神。产生于公元前六世纪的佛教，属于反对正统婆罗门思想的思想流派之一，一方面批判婆罗门的种姓制度等教义，另一方面也反对非婆罗门教的其他流派。但这些教派的

---

① 礼记·郊特性十三 [M]//《国学备览》光盘版，北京：国学时代文化传播有限公司，2003.

思想都存在着渊源，佛教吸收了其中一些思想，而根据"缘起""业"的理论给予另一种解释，形成了诸如"三世因果"①"六道轮回"②"四大和合"③等观点。其地狱思想最早出现在释迦牟尼（前560—前480年）的说法集《法句经》和《经集》中，而且在佛教"几乎所有的宗派中都存在"④。四圣是已脱离生死轮回之苦的超凡入圣者，而六道则在"秽土"中轮回往复，受尽折磨。虽然从后世的经文中看不到释迦牟尼对地狱积极的宣讲，但他断定人生是苦，所有苦产生于人类的各种欲望中，因而主张消灭欲望。

所谓轮回，是指上下浮沉的生死流转。轮回的范围共有六大流类，佛教称为六道，那就是由上而下的：天道、人道、阿修罗（神）道、傍生道、鬼道、地狱道。作善业，生于上三道，作恶业，生于下三道。在每一类别中的福报享尽或罪报受完，便是一期生死的终结，又是另一期生死的开始，就这样在六道之中，生来死去，死去生来，称为轮回生死。

在我国现存最早的译经传为摄摩腾和竺法兰二人合译的《四十二章经》⑤，经文虽只有三千字左右，却已多处出现了"生死不灭"的轮回观念。而关于地狱的佛经，东汉即有安世高译《佛说十八泥犁（地狱）经》《佛说罪业应抱教化地狱经》《佛说鬼问目连经》等。魏晋南北朝以来直至唐代，有关地狱的佛经翻译更多，或一经通论，或一经之单品。

佛教的地狱观念成为后世鬼魂观念的主体。据丁福保编《佛学大辞典》的解释，"地狱是梵文 Naraka（那洛迦）的音译，亦译'不乐''可厌''苦具''苦器''落迦''泥罗夜''泥犁耶''泥犁'，意为译地狱。《大乘义章》（卷八）末曰：'言地狱者，如杂心释，不可乐故，名为地狱……泥犁胡语，此云地狱，不乐可厌，其义一也……'⑥俱舍颂疏世间品一曰：'梵云那落迦，此云苦具，义翻为地狱，以地下有狱故，非正翻也。'"

---

① 指前世造因，今世受果，今世造因、来世受果。

② 佛教将世界分为"十界"：佛、菩萨、缘觉、声闻、天、人、阿修罗、畜生、饿鬼、地狱。前四者称为"四圣"，后六者称为"六凡""六道"。

③ 指地水火风四大元素。

④ ［日］梅原猛 . 地狱的思想 [M]. 成都：四川人民出版社，2005：6.

⑤ 梁启超先生在《中国佛教研究史》中认为此经为晋人伪托之作，而汤用彤先生在《汉魏两晋南北朝佛教史》认为此经有两译，汉译已失散，而三国时期吴国支谦的译本可能与高丽本有关。

⑥ 丁福保 . 佛教大辞典 [M]. 南京：金陵刻经处，1993：1066.

（三）传统鬼魂观念的演变

佛教传入中国后，其地狱思想与中国传统鬼魂思想互相影响，使中国的鬼魂思想发生了急剧变化。一方面，鬼与神在佛教中是不分的，它们合称为"鬼神"，神有时是鬼，鬼有时也就是神。丁福保编撰的《佛教大辞典》"鬼神"条云：

> 鬼为六趣之一，神为八部之通称。有威云鬼，有能曰神。《金光明经》文句六曰："鬼者，威也。能令他畏其威也。神者能也，大力者能移山填海，小力者能隐显变化。"《释摩诃衍论》曰："鬼并及神，云何差别。障身为鬼，障心为神。"《长阿含经》二十曰："佛告比丘：一切人民所居舍宅，皆有鬼神，无有空者。"……①

这种鬼神互为一体的观点也体现在唐代的佛教变相中。佛教的鬼与神都在六道轮回之中，所以佛教的神与一般宗教所讲的神全然不同。对此，杜斗城先生已有相关的论述。他认为，自两汉佛教传入中国以来，传统的中国"鬼魂思想"发生了显著的变化。例如，原来中国的"鬼魂"是归天或入地，并不会转生的，而此时也吸收了印度佛教中的轮回转生思想；传统中国的鬼魂虽归"黄泉"，属于地下世界，但不入"地狱"，之后却明显接受了佛教教义中罪人死后要进入地狱之说。中国对先祖的祭祀等活动，更多地表现为尊敬和祈求得到祖先灵魂的护佑，而佛教的"祭祀"，往往以"法会"的形式出现，更多地倾向于拔除亡人之罪，使先祖免遭地狱之苦。在儒家学说"事死如事生"观念主导下，之前的中国更为重视对鬼魂"后世"的安排，厚葬成风；而印度佛教则认为"今生是苦"，把更多的希望寄托于"来世"。中国"鬼神"观念中的"鬼"一般指普通民众，而"神"指"英雄"或"大人物"，生前地位决定了死后的地位；而印度佛教认为，生前即便是皇帝，死后也可能成为牛马，其"等级观念"不是那么森严。②

源自印度的佛教思想并不是一成不变的，一方面影响中国本土鬼魂观念，另一方面也悄然发生着一些变化。在其进入中国后的传播过程中，就开始吸收和借鉴本土思想。如《佛说盂兰盆经》的出现即是吸收了儒家重孝道的因

---

① 丁福保.佛教大辞典[M].南京：金陵刻经处，1993：1745.

② 杜斗城.敦煌本佛说十王经校录研究[M].兰州：甘肃教育出版社，1989：160.

素而产生的，而印度佛教则要抛弃世俗中的任何人、任何事物和现象，而不提尽孝一说。①

小结：

鬼魂观念是中国古代起源极早的宗教观念之一，与原始宗教里的祖灵崇拜有着密不可分的联系。商周甲骨文中就已有许多"鬼"字，标志着这种宗教观的出现。道教作为中国土生土长的一种宗教，在其产生之初就纳入了鬼的观念，鬼成为其基本理念之一。与"鬼"的概念相联系的另一个重要概念是"魂"，尽管它比"鬼"的概念出现稍晚，但在春秋末期的《左传》等著作中即已出现。魂，既指人死之后的鬼魂（在这个意义上，它与"鬼"的概念基本相同），又可指暂时离开人体的灵魂。在中国传统信仰体系中，"魂"不止专指人之魂，还包括动物植物的魂，体现了"万物有灵论"的思想。魏晋南北朝和隋唐时期，佛教的传入使来源于印度的阎王和地狱观念与本土信仰体系中的泰山治鬼等观念结合，融入佛教"六道轮回"和因果说，形成了一套完整的鬼魂观念。徐华龙先生在《中国鬼文化》中提出，鬼魂观念的本质是中国古代善恶相报道德观的体现②，而这一点在后世的锺馗传说中也得到了体现。表2-1是依据徐华龙先生在《中国鬼文化》一文中对中国古代鬼神观念演变的论述所做的整理。

表 2-1　中国古代传统鬼神观念演变简表

观念	类别	例证	不同的心理	态度	关系
人（死）→鬼（不灭）（早期与灵、异、怪、精混淆）	善鬼→神（神格化）	先祖	代表善良，祈求护佑、帮助、丰收、胜利、生育等	酬神（娱神）	基本对立
	恶鬼→	厉鬼、疫鬼、替死鬼等	代表恶运、病疬、作祟、灾害等，驱除避禳	禳鬼	

---

① 关于《佛说盂兰盆经》及"盂兰会"的研究，参见［美］太史文（Stephen F. Teiser）. 幽灵的节日——中国中世纪的信仰与生活 [M]. 侯旭东，译. 杭州：浙江人民出版社，1999.

② 徐华龙. 中国鬼文化 [M]. 上海：上海文艺出版社，1991：6.

第二节　锺馗画出现前的鬼神画

一、文献中的鬼神画

由于中国古代早期的鬼神观念不分，早期的鬼画传统都与鬼神联系起来，统称为鬼神画（或神鬼画）。

（一）鬼神的形象

在古人的心目中，鬼的形象如何存在，韩非子为什么会有鬼魅易绘的观点，其源头可能要追溯到古人对鬼形象无常形的理解。

《淮南子·泰族训》云：

> 夫鬼神，视之无形，听之无声，然而郊天，望山川，祷祠而求福，雩兑而请雨，卜筮而决事。①

《论衡·论死篇》云：

> 鬼者，归也。神者，荒忽不见之名也。或说鬼神，阴阳之名也。阴气逆物而归，故谓之鬼，阳气导物而生，故谓之神。神者，伸也，申复无已，终而复始。人用神气生，其死复归神气。阴阳称鬼神，人死亦称鬼神。②

这种对鬼无常形的理解成为先秦人对于鬼形象描绘较容易观点的来源。但另一方面，古人观念中鬼也是有形的，而这些鬼或类似于动物，或似人非人，或是人形如美女，或与常人又有所区别，具有一些超自然的特征，如披头散发、长舌及胸、青面獠牙、身体短小不过尺、身长逾丈或只有半个身子。

《墨子·明鬼下》曾记载杜伯死后报仇的故事，其形态是"朱衣、朱弓、

---

① （汉）刘安，高诱.淮南子[M]//诸子集成：第8卷.长沙：岳麓书社，1996：349.

② （汉）王充.论衡[M]//诸子集成：第9卷.长沙：岳麓书社，1996：181.

朱矢……乘白马素车"①;《楚辞·九歌》中的"山鬼",则是被薜荔,带女萝,含情脉脉,脸带微笑的精灵之神;《左传·桓公十八年》中彭生的亡魂则类猪,像人站立着哭泣;《左传·昭公七年》中伯有的亡魂,则是着甲衣行走来复仇的形象;《太平广记》(卷317)引《风俗通》中鬼妇的形象就变为与人交而害人的美妇人,而这也成为后世鬼故事中的重要题材。《列异传》《搜神记》所载宋定伯所遇之鬼,最后化为羊。

徐华龙研究认为,"鬼的形象越接近人,那就说明这类鬼的产生时代越晚;鬼的形象越接近于动物,那就说明那类鬼产生的时代越早"②,但从先秦的记载来看,鬼的形象既可能为人形,也可能为其他动物形,也可能化为雾气、混沌一类的事物等不确定形,因此很难将其形象作为判断此类鬼产生时代的标准。而从六朝志怪小说来看,鬼、灵、妖、怪并未区分,鬼可化为动物,动物也可成精变为人形,反映隋唐以前人们对鬼魂有形的认知,鬼的形态并没有固定为一种模式,而是与其他灵异体可以相互转化。

（二）早期文献中的鬼神画

中国古代早期鬼神形象的理解分为无形之鬼和有形之鬼。对于无形之鬼的理解为无常形,任意变化,因此可以描绘为任何形态,因而有韩非子鬼形易绘的观点。描绘有形的鬼神在《汉书·郊祀志》中有"(前109年,壬申,武帝元封二年)又做甘泉宫,中为台室,画天地泰一(太乙)诸鬼神"的记载,可知在汉代源于楚地的太乙神信仰已成为国家信仰,其图像因甘泉宫早已湮灭在历史的岁月中而无法窥其原貌,但可以用马王堆出土的太乙神图像作为参考。

由于多次的朝代更替,战乱纷争,唐以前的鬼魂视象除部分保留在墓葬和石窟里外,大多已经湮灭在历史的长河中,特别是一些画家创作的道释壁画和卷轴画。对于这一时期的艺术家及其作品,只能从一些文献上进行整理。表2—2为早期绘画文献中擅长鬼神画艺术家的统计表。

---

① 墨子·明鬼下[M]//诸子集成:第9卷.长沙:岳麓书社,1996:171.
② 徐华龙.中国鬼文化[M].上海:上海文艺出版社,1991:13.

表2-2 早期画论画史中先秦至唐末擅画鬼神艺术家统计表①

年代	画家名	品评	籍贯	身份	文献记载	传说、画迹或画作	材质形制	著录
晋	夏侯瞻	第三品				《楚人祠鬼图》	卷本	《古画品录》《贞观公私画史》
南齐	姚昙度	第三品	吴		（鬼音）魁神鬼、皆能绝妙	《段洪像》《白马寺宝合样》	卷本、壁画	《古画品录》《贞观公私画史》
南齐	毛惠远	第三品			神鬼及马，泥滞于时，颇有拙也			《古画品录》
梁	张僧繇	不详	吴兴人	右军将军		《青溪宫水怪图》四卷、洛阳天宫寺、《五星二十八宿真形图》，润州高座寺《战胜》	壁画、卷本	《贞观公私画史》《历代名画记》《宣和画谱》
梁	解蒨	不详			善画人物、仕女、兼工鬼神，尤擅画寺壁		壁画	《续画品录》
北齐	僧迦佛陀	不详	西域			《九子魔图》一卷、《鬼神样》二卷	卷本	《贞观公私画史》
隋	展子虔			朝散大夫	擅长人物、山水、楼阁、车马	山西永济寺《鬼拔河图》《法华变相》	卷本、壁画	《历代名画记》《苏魏公文集》《宣和画谱·道释一》

① 此表中所依据的画论以元以前为主。本书作者整理。

（续表）

年代	画家名	品评	籍贯	身份	文献记载	传说、画述或画作	材质形制	著录
隋	孙尚子（子）		吴		师模顾（恺之），陆（探微），骨气有余。至于鬼神，性多偏擅	《杂画神样》三卷；隋长安西禅寺，净域寺、定水寺、总持寺、洛阳敬爱寺《屋宇鬼神》	卷轴 壁画	《画录》《后画录》《贞观公私画史》《历代名画记》
隋	郑法士					海览寺、永泰寺东精合、清禅寺、延兴寺	壁画	《画录》《历代名画记》
	郑法轮			滕王库直	佛像鬼神，法士之下	长安龙兴寺、大云寺东、北壁		《历代名画记》
唐	李雅	下品						《历代名画记》
唐	刘行臣				善画鬼神，精采洒落，类王韶应	洛阳敬爱寺山亭院西壁绘鬼神抱野鸡	壁画	《历代名画记》
唐	张孝师	妙品下	长安人	骠骑尉	鬼神之状，群彦推雄，尤为最妙，并可称妙品	长安隆法寺、慈恩寺、净域寺地狱变，净法寺地狱变	壁画	《后画录》《唐朝名画录》
唐	尉迟乙僧		吐火罗国人	郡公	善攻鬼神，当时之美也；外国鬼神，奇形异貌，笔迹洒落，有似中华；千怪万状，实奇踪也	长安慈恩寺千手眼大悲，光泽寺降魔像，光宅寺、兴唐寺变相，奉恩寺，洛阳大云寺	壁画	《后画录》《唐朝名画录》《历代名画记》
唐	李仲昌				善佛道鬼神			《历代名画记》
唐	李嗣真		赵州柏乡人	右御史中丞	善佛道鬼神上菩萨	资圣寺团塔上菩萨		《历代名画记》

（续表）

年代	画家名	品评	籍贯	身份	文献记载	传说、画迹或画作	材质形制	著录
唐	吴道玄	神品上	东京阳翟人	内教博士，后官至宁王友	凡画人物、佛像、神鬼、禽兽、山水、台殿、草木，皆冠于世，国朝第一	长安大清官、荐福寺净土院、龙兴观、光宅寺、玄元庙、兴唐寺、资圣寺、唐兴寺、慈恩寺、景公寺地狱壁、永寿寺、兴善寺、景云寺、安国寺、千福寺、崇福寺、温国寺、洛阳天宫寺、福先寺三阶院地狱变、长寿寺两壁鬼神、天宫寺、城北老君庙、弘道观及诸道观地狱变相。《十指钟馗》，庐山归宗寺等地狱变相	壁画、卷本	《唐朝名画录》《历代名画记》《广川画跋》
唐	杨惠之					长安千福寺东塔院涅槃鬼神	壁画	《历代名画记》
唐	皇甫轸				轸与吴道子同时，吴以其艺逼己，募人刺杀之	净域寺西廊万菩萨院门里南壁	壁画	《图画见闻志》第五卷、《酉阳杂俎·寺塔记》
唐	周昉		长安人	长史，后官至宣州别驾	节制之后，好属文，穷丹青之妙，游卿相间，贵公子也	长安章敬寺神、大云寺佛殿前行道僧、广福寺佛殿前两神、宣州神定寺北方天王《水月观自在菩萨》	壁画	《唐朝名画录》
唐						《天地水三官》六、《五星真形》一、《五星图》三、《九子母图》一、《北方毗沙门天王像》一	卷轴	《宣和画谱》第六卷·人物二
唐	韩干	神品下	京兆人	官至大府寺丞	画高僧、鞍马、菩萨、鬼神等，并传于世	宝应寺门神、天王、资圣寺二十四圣	壁画	《唐朝名画录》
唐	李生				吴弟子，善画地狱、佛像，有关于吴而稍劣	兴唐寺	壁画	《历代名画记》

（续表）

年代	画家名	品评	籍贯	身份	文献记载	传说、画迹或画作	材质形制	著录
唐	卢稜迦	妙品下			佛像、地狱；明皇帝驻跸之日，自净入蜀，嘉名高誉、播诸蜀川，当代名流，咸伏其妙	庄严寺、化度寺地狱变；大圣慈寺殿东西廊下行道高僧数堵	壁画	《唐朝名画录》《历代名画记》《益州名画录》
唐	王维		太原人	尚书右丞		《十六罗汉》48	不详	《宣和画谱》第十卷
唐	尹琳				工佛道鬼；善佛事，神鬼、寺壁	长安慈恩寺、兴善寺、光宅寺西方变，唐安寺、兴唐寺、千福寺、温国寺净土院、庄严寺	壁画	《唐朝名画录》《历代名画记》
唐	李仲昌				善佛道鬼神			《历代名画记》《图画见闻志》
唐	王昭应				善画山水人马，尤精鬼神，深有气韵	静域寺大目药叉、青龙寺、海觉寺	壁画	《唐朝名画录》
唐	陈静心					玄真观	壁画	
唐	陈静眼					宝刹寺地狱变、洛阳弘圣寺	壁画	
唐	武静藏				善画鬼神，有气韵	东都敬爱寺东山亭地狱变、圣慈寺	壁画	
唐	程迹				好图佛寺鬼神	洛阳昭成寺、圣慈寺西北禅院。	壁画	《历代名画记》
唐	杨坦		长安人		好图佛寺鬼神		壁画	
	杨仙乔		长安人		好图佛寺鬼神		壁画	
	杨爽		长安人		坦子爽，亦善之		壁画	
	陆庭曜		东都人		善人物鬼神，有气韵			

（续表）

年代	画家名	品评	籍贯	身份	文献记载	传说、画迹或画作	材质形制	著录
唐	梁令瓚		蜀人	集贤院待诏	工画人物	《五星及廿八宿神形图》	绢本设色	《佩文斋》98卷，日本大阪市立美术馆藏
唐	畅整				善山水鬼神，气韵洒落			《历代名画记》
唐	孙位（遇）	逸格	东越人		两寺天王部众，人鬼相杀，矛戟鼓吹，纵横驰突，交加叠击，欻有声响	益州应天寺龙水两堵，昭觉寺仿润州高座寺张僧繇《战胜》两堵壁画	壁画	《益州名画录》
唐	吕晓	能格上	京兆人	翰林待诏，赐绯鱼袋	攻画人物佛像	成都大圣慈寺华严阁上天王部属诸神及王波利真	壁画	《益州名画录》
唐至五代	赵公祐	神格	长安人		攻画人物，尤善佛像、天王、神鬼。天资神用，笔多化权，应变无涯，阆象莫测，名高当代，时无等伦	大圣慈寺文殊阁下天王三堵，阁里内东方天王一堵，药师院师堂内四天王并十二神，前寺石经院天王部属	壁画	《益州名画录》
唐	范琼	神格			三人同时同艺，善画人物、佛像、天王、罗汉、鬼神	成都大圣慈寺、圣寿寺、圣兴等寺内壁画	壁画	《益州名画录》
唐	陈皓	神格						
唐	彭坚	妙品上						
唐至五代	赵温奇		成都人		公祐子，幼而颖秀，长有父风	大圣慈寺诸壁画	壁画	《益州名画录》

（续表）

年代	画家名	品评	籍贯	身份	文献记载	传说、画迹或画作	材质形制	著录
唐至五代	赵德齐	妙格上		翰林待诏，偏紫金鱼袋	温奇子。袭二世之精艺，奇踪逸笔，时辈咸服之	大圣慈寺内壁画	壁画	《益州名画录》《图画见闻志》
	高道兴	妙品中	成都人		攻杂画，触类皆长，尤善佛像高僧	王建陵庙，鬼神人马及车辂仪仗，宫寝嫔御一百余躯		《益州名画录》
唐至五代	张素卿	妙格上品	简州人	道士、赐紫鱼袋	素卿于诸图画而能敏速，落维之后，如神，自始及终，无改正……诡怪之质，生于笔端，上殿观者，无不恐惧	老子过流沙图，五岳朝真图，九皇图，五星图，老人星图，二十四化真人像，太无先生像	卷轴	《益州名画录》卷上、《图画见闻志》《宣和画谱》第二卷·道释二
	左全	妙品中	蜀人		世传图画，迹本名家。宝历年中，声驰阙下	青城山丈人观丈人真君殿上画五岳、四渎、十二溪女、山林、溪沼、树木、诸神及岳渎曹吏	壁画	《益州名画录》卷上
唐至五代	张南本	妙格中品	不详	翰林待诏，赐紫金鱼袋	攻画佛像人物龙王神鬼……蜀中诸庙一百二十余帧，神鬼龙兽，万异，魑魅魍魉，错杂其间，时称大手笔也	圣寿寺、大圣慈寺、宝历寺诸壁画	壁画	《益州名画录》卷上
	房从真	妙格中品	成都人	翰林待诏、赐紫金鱼袋	攻画甲马、人物、鬼神，冠绝当时	合水津波侯庙甲马、旌旗、从官、鬼神，宝历寺五文天王天王阁下天王部属诸神	壁画	《益州名画录》卷上

　　从上表可以看出，文献中所载唐以前的鬼神画家并不多，画作也较少。这与佛教传入之前人们对于鬼神形象的认识大多以"无形"为主的观点有关。而隋代开始大量出现鬼神画，主题以表现佛教经文的变相为主，其中以《地狱变》数量最多。在媒材的选择上，也以寺庙壁画为众，卷轴画数量次之。从创作者所著录的作品数量来看，被后世称为"画圣"的吴道子的作品最多，体现其在世时，世人对其绘画能力的推崇，并影响到后世的画工，将其作品作为粉本而流传下来。

　　（三）《地狱变相》的出现

　　如前文所述，地狱观念来自佛教，并在魏晋南北朝时期开始影响中国的鬼神观念，最早表现在魏晋志怪小说中大量反映地狱轮回观的神异故事中。《幽明录》中有三则故事，"赵泰（字文和）""康阿得"和"石长和"，均是记述了主人公死而前往地狱，观地狱情形，后因信佛而复活的故事。前者对地狱各处有详细的描写①，后者则将传统鬼魂观中的"太（泰）山府君"信仰与佛教地狱观联系起来②。最后一则故事则强调信佛者在地狱中与非信佛者的区别。在同时代的文献中，尚没有发现对于描绘地狱图像的记载。直到唐代，才出现了《地狱变》。地狱变是佛教"因果报应""生死轮回"说的具体表现。佛教相信，除了已经解脱生死（如小乘的阿罗汉）或已经自主生死（如大乘的圣位菩萨）的圣者之外，一切众生，都不能不受轮回的限制。据陆永峰先生的研究，"变相之本义，乃是在汉语已有意义的基础上，结合佛经中所言之事发展起来的，它在佛经中本指种种神奇、变异之相（形象、情景、场面等），佛教对其宣扬在于表现佛之崇高、诱人向佛，这也被贯彻到以变相为内容的艺术活动中。由此而产生的艺术作品（雕塑、织绣、图画）据其内容特点，都可名之为变相（变，变像）"③。《地狱变相》在佛寺中大量出现，成为这段时期最有代表性的鬼神图像。

　　据文献所载，《地狱变相》为唐初鬼神画家张孝师首创。张孝师，曾为骠骑尉。张彦远《历代名画记》云其"尤善画地狱，气候幽默"。据载，他曾死

① （南朝宋）刘义庆 . 幽明录 [M] // 鲁迅 . 鲁迅辑录古籍丛编：第一卷 . 北京：人民文学出版社，1997：255–258.

② （南朝宋）刘义庆 . 幽明录 [M] // 鲁迅 . 鲁迅辑录古籍丛编：第一卷 . 北京：人民文学出版社，1997：266–267.

③ 转引自于向东 . 敦煌变相与变文 [D]. 南京：东南大学出版社，2004：14.

而复苏，自述在地狱中所见的景物，"故备得之"。他曾于慈恩寺塔之东中门外偏、三阶院东壁、净法寺殿后画《地狱变》，其画至宋已不见于传世，只有《传法太上像》一卷存世。吴道子看了他的画，称之为"地狱变"，并向他学习，终成为唐代描绘《地狱变相》的第一人。"又尝闻景云寺老僧传云：'吴生画此寺地狱变相时，京都屠沽渔罟之辈见之而惧罪改业者，往往有之，率皆修善。'所画并为后代之人规式也。"[①]

《历代名画记》的"记两京外州寺观画壁"中，还记录了当时寺院中绘"地狱变"的情景：张孝师、吴道子于长安景公寺、洛阳福先寺等诸多寺庙中绘《地狱变》；卢楞伽于化度寺画《地狱变》；陈静眼于宝刹寺西廊画《地狱变》。《益州名画录》（卷上）记载画家左全曾于宝历年中（825—827年）在益州大圣慈寺多宝塔下仿长安景公寺吴道玄画《地狱变相》。段成式《寺塔记》亦载："长乐坊赵景公寺，隋开皇三年（583年）置，本曰弘善寺，十八年（598年）改焉。南中三门里东壁上，吴道玄白画《地狱变》，笔力劲怒，变状阴怪，睹之不觉毛戴，吴画中得意处。"[②] 从以上记载中可知，唐代《地狱变》已成为佛教寺庙壁画题材中的重要主题，其流行性及对世人之影响巨大。

到了五代和宋代，鬼神成为独立的画科，许多文献分别记载了当时画家对鬼神形象的塑造，其中刘道醇撰《圣朝名画评》中有较详细的描写："李用及亦能画鬼神，其体格雄赡，筋力魁壮，既无所羁束，又不专诡怪。凡为鬼神者，多以面拟金刚，身拟善神，用及则不然，独宗吴生之笔。"[③] 这段文字说明在宋代，图像中鬼神的形象已固定下来，脸面像金刚，身体雄壮像善神，也反映出佛教鬼神观念对鬼神形象的影响。与流行的风格不同，李用及学习吴道子的风格，强调体格健壮魁伟，既不有所羁束，也不特别诡异。

二、现存的实物资料

（一）考古材料中的早期图像

1957年3月河南信阳出土的战国一号楚墓中，有一件漆画锦瑟，描绘了射猎、舞蹈、奏乐、烹调、宴饮、仙人神怪等各种画面。瑟的侧面和正面用黑漆作底，用金、朱红、石黄、赭红、灰绿等色平涂，间以用线勾勒。其中

---

① （唐）朱景玄.唐朝名画录 [M] // 吴孟复.中国画论，合肥：安徽美术出版社，1995：57.

② （唐）段成式.酉阳杂俎·寺塔记 [M].北京：中华书局，1975：

③ （宋）刘道醇.圣朝名画评 [M] // 于安澜.画品丛书.上海：上海人民美术出版社，1982：146.

一些形象，人面兽身，蛇身兽面，或持蛇舞棒，负兽前行，或张弓射箭，形态各异。这些形象因无文字作为比对，很难确定其为早期的鬼魂形象，但亦可作为早期神异形象的参考。

1978年5月在湖北随县擂鼓墩出土的曾侯乙墓，时代为战国早期[①]。出土的内棺椁左右侧板上，以生漆为地，用黄、黑、灰等三色漆绘一些神异图像。研究者将这些图像分为三类。第一类为人面鸟身，共有四躯，皆头着两尖饰物，两翅展开，一手握戈，腹部画鳞纹，两腿叉开，有扇形尾翼，有学者认为这些形象是引魂升天的"羽人"。第二类是戴假面者，有八躯，头颈都有复杂的装饰物，胸腹纹兽面，执双戈，胯下若火焰状纹，有学者认为这些形象为《周礼》中装扮成"掌蒙熊皮、黄金四目"驱鬼逐疫的"方相氏"。第三类是羊首人身，共有八躯，在上一类神异形象之下，腮部有长须，亦持双戈，有学者认为这是文献中"方相氏""帅百隶而时难（傩）以索室驱疫"随从的扮相[②]。这些形象，反映了先秦时期人们对鬼怪等神异事物形象的理解。

1987年4月在西安交通大学附属小学出土的公元前1世纪西汉末年墓葬中，保存有较完整的天文图《二十八宿星象图》。墓葬的主室整个顶部用彩绘的方式表现了日月星辰和云气。图的东、西、南、北四边各有青龙、白虎、朱雀、玄武四神，二十八宿分列四方。几乎每个星座都配有具体的人物或动物，形象地表现了星座的名称。此图中的"鬼宿"，是现存发现最早有明确鬼神名称的图像。"鬼宿"是中国古代天文二十八宿之一，也称舆鬼。《史记·天官书》云："舆鬼，鬼祠事；中白者为质。"在图中，鬼宿的形象被绘为"两个人抬着一个板舆，舆中有一个似人非人的鬼，这幅图画可说是关于舆鬼的最确切的图解"[③]。这个"似人非人"鬼的形象印证了先秦至秦汉时期人们对于鬼形象的认识。

此外，马王堆出土的帛画中，也有一些灵异形象反映秦汉时期人们对妖灵鬼怪的理解。

---

① 关于此墓确切的断代，学术界尚有争议，本书采用大多数专家的意见。详见谭维四. 曾侯乙墓 [M]. 北京：生活·读书·新知三联书店，2002.

② 汤池. 曾侯乙墓漆画初探 [J]. 美术研究，1980：2；中国美术全集·绘画编1·原始社会至南北朝绘画·图40《曾侯乙墓内棺漆画》. 及尹吉男撰写的图片说明 [M]. 北京：人民美术出版社，1986.

③ 由于考古报告上对于此画的描绘并不清晰，后来发表的图片也很难看清楚，因此，只能借助于发掘者的语言描述。参见呼林贵. 西安交大西汉墓28宿星图与《记·天官书》[J]. 人文杂志，1989，（02）：85-87.

（二）现存唐代的鬼图像

唐代流行的《地狱变相》存世最早的作品为柏孜克里克千佛洞第17窟的"地狱变"。此窟大约在中唐开凿，但因国外探险者的盗掘，壁画损伤严重。

西安大雁塔为唐高宗时所建，其门框边缘上的石刻，为盛唐初期的作品，刻绘了佛教的护法天王。其中两个天王手持兵器，足踏面目狰狞的鬼卒（见图2）。鬼卒上身赤裸，下身着短裤，双目圆睁，口角大开，一副被压踏而吃力的表情。这些石刻线条强健有力，具有屈铁盘丝的雄浑气魄。

图2　（唐）门楣石刻《鬼卒图》　　图3　（唐）《降魔成道图》局部
　　　（西安大雁塔）　　　　　　　　　（法国吉美博物馆藏）

敦煌藏经洞出土的唐代《降魔成道图》绢本（见图3），现藏于法国吉美博物馆，描绘了释迦牟尼降魔成道的故事。图中，佛释迦牟尼以结跏趺坐，神态安详。手呈降魔印[①]，头顶上有巨大的华盖。华盖正上方有青色的三头八臂降三世明王，背负火焰，手执宝剑等多种武器。佛四周描绘众多鬼军为阻止佛成道向其进攻的场景。图中鬼军的形象大多为人物造型，少数为动物。

---

① 又称触地印，为坐相，左手掌心向上，右手向地垂。参见弘学.佛教图像说[M].成都：巴蜀书社，1999：43-46.

人形者头部也多为狼、狗、马、牛、猴、蛇、虎、鹰、鹫等动物形。在服饰方面，图中鬼卒除少数披有铠甲外，大部分上身赤裸，下身着犊鼻裈。

现收藏于法国国家图书馆（Pelliot chinois 2682）和伦敦大英图书馆（S.6261）的《白泽精怪图》属敦煌文献，是瑞应书的一种。据卷末题识，其内容为遇到怪异现象和恶鬼精怪的前兆，另有恶鬼精怪造成灾难的记述，并介绍如何回避灾难的方法。"白泽"之名，源于我国远古神话。《增山海经》曰："东望山有兽，名曰白泽，能言语，王者有德，明照幽远则至。"① 据高国藩先生的研究，晋代干宝的《搜神记》曾记载三国时期的诸葛恪曾经阅读过《白泽图》，可见此书最晚在东汉末年已成书，并流传于世。敦煌本《白泽精怪图》不是原封未动的古神话《白泽图》，它已受到了唐及唐以前的仙道故事和民间传说的影响，经过敦煌民间口头与书面的修改、加工、增添，成为一本古神话加仙话，再加民间风俗信仰杂糅的图画书。敦煌本《白泽精怪图》不仅有图，又有文字说明，使学界首次了解唐人描摹的民间信仰里的幻想精灵，委实珍贵。P.2682号尾题"白泽精怪图一卷"，内有彩图20幅，有鬼怪"老""遊光""野童""神行""五色鸟（名似）""蚋蚨"等，形态多为鸡、雉、蛇、虫、鼠之属，基本与文献中记载的鬼怪形态相似。

日本的佛教在七世纪以前的钦明天皇治世时，通过百济圣明王传入。在圣德太子（574—622）摄政期间，大力扶植佛教，使之得到长足的发展。"大化革新"（646年）以后，佛教不仅在日本社会稳定下来，且统治者大量兴建寺庙，营造佛像。而此时，中国流行于寺庙中的变相，也在日本出现，并保存下来。日本滋贺县圣众来迎寺所藏镰仓时代（1192—1333）的《六道绘（阿鼻地狱）》表现了六道中阿鼻地狱的情景。地狱中鬼卒的形象被描绘成头如凶恶的动物变形，上身赤裸，下身着犊鼻裈，亦反映了来自中国地狱变相的影响。

小结

钟馗图出现以前的鬼图像中，鬼的形态总体呈现为无形之鬼和有形之鬼两种形态，均无固定的形态。无论其如何变化，虽无对应之物，描绘出来的

---

① 《钦定四库全书·御定渊鉴类函》卷432兽部白泽条引古本《山海经》，按今本《山海经》不载。原文：增山海经曰东望山有兽名曰白泽能言语王者有德明照幽远则至　黄帝内传曰帝巡狩东至海登桓山于海滨得白泽神兽能言达于万物之情因问天下鬼神之事自古及今精气为物遊魂为变者凡万一千五百二十种白泽言之帝令以圖写之以示天下乃作辟邪之文以记之。

形态都与人类常见的事物相似，或人或动物，或人和动物的混合体。而锺馗图出现的唐代，受到佛教影响，鬼神共同出现在各种佛经变相中，其中以《地狱变相》为代表，此后，鬼神的形象逐渐固定下来，并在唐以后成为独立的画科。

　　从现存海内外的一些佛经变相资料中，可以概括出鬼神的主要视觉特征为：形态上，以人的变形为主，即人的躯干加上动物的头或四肢，或头部处理得丑陋凶恶，类似金刚力士的造型"焰发，怒眼，露牙，执武器 [①]"；在服饰上，上身赤裸，下身着犊鼻裈；在尺度上，一般较小，但肌肉发达，体现出佛经中对鬼神的描述：鬼者，威也，神者，畏也。

第三节　锺馗前的驱鬼形象

一、傩的形象

　　傩是"古代腊月驱逐疫鬼的仪式 [②]"，但其内涵并不限于仪式，而是有更多有所指的文化现象。张紫晨先生认为，"傩文化今天已经发展成为一个<u>丛系</u>，包括傩仪、傩祭、傩舞、傩戏、傩画、傩具、傩神、傩坛、傩面等。……其实质，乃是一种巫文化的表现，即中国古傩仪具有巫术性质" [③]。对于傩的起源，张先生认为来自"俗"，是人类早期创造的抗拒鬼邪的手段。古傩的原型是原始社会中由巫师带领进行驱鬼的"群体巫术"。驱傩活动遵循的实际上属于"模拟巫术"的原则，即期望通过模仿驱鬼的活动来达到逐除的目的。文献记载中最早的驱傩活动出现在《周礼 [④]·夏官·方相氏》中：

> 方相氏掌蒙熊皮，黄金四目，玄衣朱裳，执戈扬盾，帅百隶而时难（傩），以索室驱疫。大丧，先傩，及墓，入圹，以戈击四隅，殴方良。

　　文中，率领百隶的方相氏头戴面具，掌蒙熊皮，手执戈扬盾。"索室逐

---

① 此为林保尧先生的概括。参见林保尧.佛教美术讲座[M].台北：艺术家出版社，1997：146.

② 中国风俗辞典[M].上海：上海辞书出版社，1990：777.

③ 张紫晨.中国傩文化的流布与变异[J].北京师范大学学报（社会科学），1992，2：20.

④ 有学者认为《周礼》为汉人伪托。参见康保成.傩戏艺术源流：第一章"乡人傩的基本形式——沿门逐疫"[OL].北大中文论坛.

疫"指在各房中逐个搜索并驱逐疫鬼。其形象与在南阳发掘的汉代石墓画像中似人似熊的形象相似。《论语》中也有"乡人傩，朝服而立于阶"的记载。这表明商周时期，傩在中原地区十分盛行，已存在国傩和乡傩[①]，而先秦文献中的傩已是宫廷化的民间傩仪。据《礼记·月令》的记载：

（季春之月）……今国难（傩），九门磔攘，以毕春气。

（中秋之月）……天子乃难（傩），以达秋气。

（季冬之月）……命有司大难（傩），旁磔，出土牛，以送寒气。[②]

这些记载描述了王宫里除夕举行大傩祭，攘除阴气，驱除恶鬼邪魔疫疠的仪式。并表明傩进行的时间分为三季，季春是"国傩"，中秋是"天子乃傩"，季冬"命有司大傩"，均是国家大傩。据唐人贾公彦的看法，百姓只能参加岁末规模最大的"大傩"。《论语·乡党》所载的"乡人傩"，即是岁末的冬傩。从《周礼》中可以看出"国傩"具备以下六个要素：假面，化装，手执武器，入室逐疫，用戈四方击打殴鬼，有驱鬼的队伍。前三个要素是指逐疫者的装束，而第四、第五个要素指其行为，最后一个要素指逐疫的规模。这些要素在后世的宫廷驱傩仪式中都得到体现。

到了汉代，"驱傩"仪式有了很大的发展，成为一种极为隆重的、规模更大的驱鬼仪式。大傩则是在年终举行的最隆重的、涉及范围最广的傩仪。张衡在《东京赋》中云："尔乃卒岁大傩，驱除群疠。方相秉钺，巫觋操茢。侲子万童，丹首玄制。桃弧棘矢，所发无桌，飞砾雨散，刚瘅必毙。煌火驰而星流，逐赤疫于四裔。"《后汉书·礼仪志》云：

先腊一日大傩，谓之逐疫。其仪：选中黄门子弟（贵族子弟）十岁以上，十二岁以百二十人为侲子，皆赤帻，皂制，执大鼗。方相氏黄金四目，蒙熊皮，玄衣朱裳，执戈扬盾；十二兽有衣毛角，中黄门行之。冗从仆射将之，以逐恶鬼于禁中。夜漏上水，朝臣会，侍中、尚书、御史、谒者、虎贲、羽林郎将执事，皆赤帻陛卫。乘舆御前殿……因作方相与十二兽舞。欢呼，周逾前后省三过，持炬火，送

---

① 郭净将周代傩仪细分为天子傩、诸侯之傩和大傩（乡傩），参见郭净.中国面具文化[M].上海：上海人民出版社，1992：98.

② 王梦鸥.《礼记》今注今译[M].台北：台湾商务印书馆，1978：213，227，239.

疫出端门；门外骑骑传炬出宫，司马阙门外五营骑士传火弃洛水中。

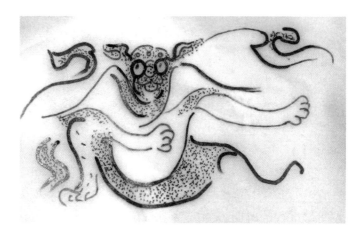

图 4　[西汉]洛阳卜千秋墓壁画上的"方相氏"

驱傩的领军角色仍是方相氏，并吸收了民间常用的桃梗、郁垒、苇茭作为避邪物。领头为宫内的宦官（中黄门）和冗从仆射，120名童男童女（侲子）在方相氏的率领下，手执武器，在十二个神兽的协助下，众人击鼓呼噪，以驱逐除却瘟病鬼怪。这十二个神兽在《后汉书·礼仪志》中有名：甲作、胇胃、雄伯、腾简、揽诸、伯奇、强梁、祖明、委随、错断、穷奇、腾根。郭净先生认为这些神兽与长沙马王堆西汉墓漆棺上的神异形象可能有关[1]。

由此可见，汉代宫廷傩仪中驱逐病疫的方相氏的形象依然是"黄金四目，蒙熊皮、玄衣朱裳"，所执的器物依然是戈和盾。洛阳西汉卜千秋墓中的神异形象（图4），被研究者定名为"方相氏"，可能为西汉时期方相氏的形象。驱傩仪式的举行时间在先腊一日进行，反映了汉以后宫廷傩仪重视冬季，淡化春、秋两季。而在民间，大多地域的傩仪也在腊月或正月间举行，在广西、贵州等地，保留了春、秋两季的傩仪，还出现夏季举行的傩仪。[2]

之后《隋书·礼仪志》所载北齐傩仪和《隋书》《开元礼》《新唐书》中所载隋代和唐代官方傩仪中方相氏的形象，基本相似，均是"黄金四目，熊皮蒙首，玄衣朱裳"，呈现出相对的稳定性。表2-3为文献所记载的先秦至唐傩仪活动简表，其中参加人物的形象和行为具有相似性。

---

① 郭净.中国面具文化[M].上海：上海人民出版社，1992：121.

② 参见丁世良，赵放.中国地方志民俗资料汇编·中南卷下·西南卷下[M].北京：书目文献出版社，1992.

表 2-3　先秦至唐傩仪活动简表

时代	傩仪名	时间	领军 名称	领军 形象	随从 名称	随从 形象	道具、行为	备注
先秦		大丧	方相氏	掌蒙熊皮、玄衣朱裳	百隶	不详	执戈扬盾，时难（傩）索室殴疫 及墓，入圹，以戈击四隅，殴方良	《周礼·夏官·方相氏》
先秦	国傩	季春之月					令国傩，九门磔攘，以毕春气	《礼记·月令》
先秦	天子傩	仲秋之月					天子乃难，以达秋气	
先秦	大傩	季冬之月					有司大傩，旁磔出土牛，以送寒气	
先秦	乡人傩							《论语·乡党》
汉	大傩	先腊一日，夜漏上水	方相氏	黄金四目，蒙熊皮、玄衣朱裳	侲子120人 黄门令、冗从仆射 十二兽	赤帻皂制、执大鼓 有衣毛角	执戈扬盾，率侲子逐疫。并持炬出端门，弃于洛水 黄门令倡，侲子和兒语"赫汝躯，拉汝干，节解汝肉，抽解肺肠，汝不急去，后者为粮"。百官官府各以木面兽能为傩人师讫	《后汉书·礼仪志》
汉	大傩	卒岁	方相 巫觋	丹首玄制	侲子万童		方相秉钺，巫觋操苉，侲子万童……桃弧棘矢，所发无臬。飞砾雨散，刚瘅必毙。逐赤疫于四裔。	《东京赋》

（续表）

时代	时间	傩仪名	领军名称	领军形象	随从名称	随从形象	道具、行为	备注
南北朝	十二月	大傩					因大傩耀兵，以示威武	《北史·魏高宗本纪》
	季冬晦	大傩	方相氏	黄金四目，熊皮蒙首，玄衣朱裳	侲子240人	120人赤帻皂衣执鼓	方相执戈扬盾，侲者鼓噪，入殿西门，遍于禁内。分出二上阁，作方相与十二兽舞戏。喧呼周遍，前后鼓噪。分为六道，出于郭外。	《隋书·礼仪志》齐制
					十二兽	有毛角		
	腊月				鼓吹令、中黄门、冗从仆射		以逐恶鬼于禁中	《南史·曹景宗传》
隋		傩			冬八队，二时则四队	赤帻褠衣，执皮鞭	于宅中使人作鬼呼逐除，遍往人家乞酒食。	《隋书·礼仪志》
	季春晦						磔牲于宫门及城四门，以禳阴气	
	秋分前一日						禳阴气	
	季冬						磔禳	

（续表）

时代	时间	傩仪名	领军 名称	领军 形象	随从 名称	随从 形象	道具、行为	备注
隋		大傩	方相氏	黄金四目，蒙熊皮，玄衣朱裳	同事12人、工人20人		有司备雄鸡，觝羊及酒。于宫门为坎。未明，鼓噪以入。方相氏执戈扬盾，周呼鼓噪而出，合趣显阳门，分诣诸城门。将出，诸祝师执事，预副姓匈，磔之于门，礫之于门，禳祝。举牲并酒埋之。	《隋书·礼仪志》
			唱师	著皮衣，执棒				
		大傩	方相氏	假面，黄金四目，蒙熊皮，朱裳	侲子24人为一队，6人为列	假面，赤布裤褶	以逐恶鬼于禁中。引傩者至长乐门、永安门以入，至左右上阁，鼓噪而出。方相氏执戈扬盾唱帅侲儿，侲子和，周呼讫，前后鼓噪出，诸队各趋顺天门以出，分诣诸城门，出郭而止。	《新唐书·礼乐志》
					执事12人	赤帻、赤衣，麻鞭		
			唱师	假面，皮衣，执棒	工人20人，鼓吹令、太卜令各一人	鼓、角各十，合为一队		
			巫师2人					
唐	岁除	大傩	方相氏4人	戴冠及面具，黄金四目，衣熊装	侲子500人	衣朱褶素襦，戴面具	方相执戈扬盾，口作傩傩之声，以逐除也。	《乐府杂录·驱傩》
					右12人	皆朱发衣白，各绣画衣，执麻鞭		
		州县 大傩	方相4人	执戈盾	唱帅4人，侲子若干		诸州县傩，将官者二人引傩各人，以鞭击鼓，鼓噪而入。遍索诸室及门巷，讫，出郭而止。	《开元礼》

而民间傩仪中的方相氏则有所不同。《荆楚岁时记》云:"十二月八日为腊日。谚语:'腊鼓鸣,春草生。'村人并击细腰鼓,戴胡头,及作金刚力士以逐疫。"民间傩仪中的方相氏虽然同样戴着面具,却变为胡头,装扮为金刚力士的形象,反映当时民间对于方相氏造型的理解,也可以看出佛教神祇对其造型的影响。而这种装扮的形象直到清代,依然出现在民间的傩仪活动中[①]。

在唐代,民间傩仪举行的时间也在岁除之日,而最重要的是其中出现了傩公傩母,《秦中岁时记》云:"岁除日进傩,皆作鬼神状,内二老儿:傩公傩母。"

张紫晨先生认为,傩公傩母的出现"既有传傩神的意味,又有保护神的意味"[②]。而这也对后世锺馗和锺馗小妹的出现有着决定性的影响。他认为,在傩文化的长期演变过程中,后期傩戏的出现意味着其娱神成分逐渐减少,娱人成分逐渐增加[③]。而这种趋势也反映在锺馗图像演变过程中。

二、早期的门神形象

在中国古代,单扇门称为"户",在《说文解字》中,"户,护也",意为"防护"的意思,一般用于建筑的内部空间;在篆字中,"門"由对称的"户"构成,双扇门称为"门",多用于宅门、院门或城门,即指建筑内外空间的转换之地。早在河南省安阳殷墟出土的甲骨文中就有象形字"门",可能在上古时期已有"户"与"门"的区别。

"门神"始见于文献是先秦的《礼记·丧服大记》,郑玄注:"君释菜,礼门神也。"《礼记·王制》:"大夫祭五祀。"郑玄注:"五祀谓司命也,中霤也,门也,行也,厉也。"《礼记·月令》中有"五祭",其中"孟春之月"到"季春之月"其祀"户","孟秋之月"到"季秋之月"其祀"门",表明对"户"和"门"的祭祀在春秋已成形。中国古代对门户的祭祀源于人类在建筑中对门户这种建筑构件复杂的造物心理。

在远古时代,由于对自然环境的认识尚处于较低的水平,人类除借助于一些自然的物质,如动物和植物来生存和繁衍,还期望通过一系列超自然的精神力量来解决一些需求,如对动物的猎杀,作物的播种与耕收,对自然地理、气候条件的认知,种族繁衍的原始崇拜,生存条件的营造等方面,作为

---

① 丁世良,赵放.中国地方志民俗资料汇编·中南卷上 [M].北京:书目文献出版社,1991:466.

② 张紫晨.中国傩文化的流布与变异 [J].北京师范大学学报(社会科学),1992,2:23.

③ 张紫晨.中国傩文化的流布与变异 [J].北京师范大学学报(社会科学),1992,2:27.

人类最早具有建筑意义的构件之一的门也不例外。

为了满足门在安全防护性和通道性方面的功能需求，人类在门户形制的设计和材质的选择上做出极大的努力。一方面不断寻求坚固的新材质应用于门上，并通过加强门扇及门框的厚度和强度来实现这一目的；另一方面，则通过一些附属于门上或门旁的动物和镇物来祈求超自然的魔力。中国安阳商代宫殿遗址中，就发现以武士或狗作为牺牲祭祀门及建筑的仪式。这些用武士作牺牲的祭祀可能就是后来门神崇拜的雏形。

神荼和郁垒作为中国古代最早有名字的门神，出现在汉代王充《论衡·订鬼》引古本《山海经》之中。

> 沧海之中，有度朔之山。上有大桃木，其屈蟠三千里，其枝间东北曰鬼门，万鬼所出入也。上有二神人，一曰神荼，一曰郁垒，主阅领万鬼。恶害之鬼，执以苇索而以食虎。于是黄帝乃作礼以时驱之，立大桃人，门户画神荼郁垒与虎，悬苇索以御。凶魅有形，故执以食虎。[①]

而东汉末年的应劭在《风俗通义》记载了相似的风俗。

> 谨按黄帝书，上古之时，有荼与郁垒昆弟二人性能执鬼，度朔山上，章桃树下简阅百鬼，无道理，妄为人祸害，荼与郁垒缚以苇索，执以食虎。于是县官常以腊除夕，饰桃人、垂苇茭、画虎于门，皆追效于前事，冀以卫凶也。桃梗，梗者更也，岁终更始，受介祉也。[②]

这表明迟至东汉，已有在门上画神荼和郁垒像以驱鬼魅的风俗。记载中神荼、郁垒作为看守鬼门的门吏，负责评判、捉拿恶鬼以饲虎，但并不亲自吃鬼。河南密县汉代贵族墓葬出土的画像石上（图5），描绘了两位武士相向而立，可能表现的就是神荼和郁垒的形象。还一些学者认为，早期的门神应为虎形神[③]。

---

① （汉）王充.论衡[M]//诸子集成：第9卷.长沙：岳麓书社，1996：197–198.今本《山海经》中已无此段文字。

② （汉）应劭撰，王利器.风俗通义校注[M].北京：中华书局，1981：367.

③ 在2002年南阳师范学院召开的"汉文化学术研讨会"上，南阳汉代画像馆的李玉真和赵唯提出，汉代的门神崇拜，与后代流行的人形门神不同，其形象是虎形神。参见王仁宇，黄宛峰.汉文化研讨会综述.

图 5 ［东汉］南阳画像石《神荼郁垒》

小结

在锺馗出现以前，存在着许多有关驱鬼神祇的民俗信仰，其中以驱傩的方相氏和门神为代表[①]。傩仪分为宫中傩和乡傩两种类型。宫傩中的方相氏从先秦至唐代，其形象是头戴面具、掌蒙熊皮、执戈扬盾的巫师，保持相对的稳定性。参与驱傩活动的随从自汉代开始变迁，从奴隶变为侲子，增加了问事、执事、唱师、十二兽等。乡傩在魏晋南北朝时期，受到佛教传入的影响，演化为"戴胡头，作金刚力士"的形象。

神荼、郁垒作为早期有名字的门神，来源于古本《山海经》中。在文献中，两位大神在大桃树下阅鬼饲虎。河南密县出土的汉代画像石中两武士与老虎共同出现，可能为最早的神荼、郁垒形象。

这些驱鬼大神，与同时代鬼神形象有相似之处，都是以丑陋、凶恶的造型来对付厉鬼，达到以暴制暴的目的。这些形象，对于后来出现的锺馗造型，有着决定性的影响。

---

① 对于"巫""瘟神"等其他与锺馗相关的神祇图像资料，本书并未讨论。郑尊仁先生认为"巫"与"傩"的差异在于动作上多为持方巾和舞蹈，但在图像上很难区别，特别对于一些没有"榜题"的图像资料。学者对于考古发现中的奇异形象，多释读为"方相氏"，很少解释为"巫"。

第三章　锺馗图像的出现

文献记载最早的锺馗图像出现在盛唐初期张说的谢表中，但这可能并不是最早的锺馗图。因为锺馗图像的传统应该来自民间的锺馗信仰。

第一节　锺馗图像的基础

按照当代研究者的研究成果，锺馗的名称与上古时期驱傩活动的桃木椎有相似性，其起源与古代驱傩仪式直接相关，并受到方相氏、巫、瘟神等多种民俗信仰的影响。那么从民俗信仰发生的角度来看，其最初的信仰就可能首先从民间产生，而后才逐渐流传进宫廷，被统治者接受。此外，由于大多数民众对偶像崇拜具有相当的热情，其图像可能也首先由民间画工描绘出来[①]。

一、《太上洞渊神咒经》

刘锡诚先生在讨论锺馗起源时，将道教中《太上洞渊神咒经》的成书时间定为西晋至南北朝时期[②]，认为锺馗信仰首先产生于民间，然后被道教所吸收。《道藏》载：

> 道言：大门鬼吏大真公，小门鬼吏小真公，房守门吏衣文，后

---

① 即使是外来的宗教——佛教，也遵循着同样的发展历程。在佛教早期的传播过程中，民众表现出对佛教造像的热情，在四川出土的东汉摇钱树座和岩墓中，都出现了佛陀的形象。在吕澂先生撰写的竺法护传记中，曾提到竺护法在三世纪末，即三国时期，看到中土的佛教徒很重视寺庙和佛像的营造，与印度佛教所提倡有所不同，这反映出民间信仰存在狂热偶像崇拜的倾向。参见中国佛教协会. 中国佛教·第二卷 [M]. 上海：东方出版中心，1982：14.

② 刘锡诚先生在其《另一种锺馗》一文中，认为最早锺馗首见文献是唐高宗麟德元年（664年）奉敕为皇太子于灵应观写的《太上洞渊神咒经》和敦煌遗书。文见《另一种锺馗》。

守门吏万伦，灶门守吏炎景，道上守吏尸供，内外大鬼，宅中殃（歹羊），男女客亡，水火金木之所杀害者，各各自约。今何鬼来病生人，人今危厄，太上遣力士赤卒，杀鬼之众万亿，执刀缚鬼，锺馗打杀得，便付之辟邪所，付与天一北狱，恐其有枉，令勒下万民，若有疾病生人之家者，速令放之。令如法，使生人病愈，人鬼无他；若复不出者，令病人不瘥，大魔王小鬼王等，身斩百碎，必不恕矣。——一如太上口勒，不得留停，急急如律令。①

在这篇道教经文中，锺馗是与住宅中大真公、小真公、衣丈、万伦、炎景、尸供等诸鬼吏共同捉鬼的，并且这些鬼吏分别属于住宅中不同的建筑构件。与唐代谢表中锺馗图"屏祛群厉"不同，锺馗所捉之鬼似乎专为疫鬼，其出现的地方也不属于门、户。据以上经文、唐代的文献和敦煌写本，刘锡诚先生推测，锺馗作为捉鬼神祇的信仰，在西晋到南北朝期间"逐渐形成并得到广泛流传，到唐末，又经五代十国，五六百年间，不仅从未中断，而且在流传中越来越成体系"②。

二、敦煌写本中的锺馗

敦煌遗书中有一批用于岁末驱傩的变文，与腊月禳祭驱瘟疫的大傩仪礼有关，其中大多提到"儿郎伟"，据法国学者艾丽白（Danniel Eliasberth）的研究，"该词明显具有驱除魔鬼和瘟疫的作用，但其确切意义尚有待于发现"③。包括斯2055、伯3552、伯4976等几篇敦煌遗书，中间驱鬼大神首推锺馗。

1. 儿郎伟驱傩文

斯2055号写本④

---

① 《道藏》《太上洞渊神咒经卷七·斩鬼》电子版.6126–6127.

② 刘锡诚.锺馗论：前引文 [M]。

③ ［法］艾丽白.敦煌写本中的"大傩"仪礼 [M] // ［法］谢耐和.法国学者敦煌学论文选萃.耿昇，译.北京：中华书局，1993：257.

④ ［ ］指复原补阙的字，修正了保存在刊本中的一个错字。
　　*　复原字，但错字未保留下来。
　　（？）保留下来的字，但具有假设性或很难解。
　　……？由于阙文或明显是不完整的字而无法解决的词。

1 正月扬［阳］稺（？）节，万物咸宜。春龙谷腾波海，次（？）

2 羛乞敬令时，大土福如山岳，门兴壹宅光

3 辉。今夜新受节□，九天龙奉（凤）俱飞。　五

4 道将军亲至，□领十万熊★。

5 衣（？）。领镇铜头铁额，魂［浑］身惣着豹皮。

6 □使朱砂深赤，咸称"我是锺馗"。捉取

7 浮游浪鬼，积郡扫出三峗。　学郎

8 不才之庆（？），取请宫［供］奉音声。①

2. 除夕驱傩文

伯4976号写本②

1 儿郎伟★

2 旧年初送玄律，迎取新节青阳。北（？）六寒光

3 罢末，东风吹散冰［光］。万恶随于古岁，来朝便

4 降千祥。应★是浮游浪鬼，付与锺馗大郎。从兹分

5 付已讫，更莫恼害川乡。谨请上方八部，护卫龙沙

6 边方。伏承

7 大王重福，河西道泰时康。万户歌★谣满路，千门谷

8 麦盈仓。因兹狼烟殄灭，管内休罢刀枪。三边扱肝

9 尽髓，争驰来献敦煌。每岁善心不绝，结坛唱仏

10 八方。缁众转全光明妙典，大悲亲见中央。［如］［斯］供养不

11 绝，诸天助护阿郎。次为当今帝主，十道

12 归化无疆。天公主善心不绝，诸寺造仏衣裳。

13 现今宕泉造窟，感得寿命延长。如斯信敬三宝，诸

14 仏肋助趋方。夫人心行平等，寿同劫石延长。副使

15 司空忠孝，执笔七步成章。文武过于韩信谋才

16 得达张良。诸幼良群英★杰★，弯孤★百兽惊忙。六蕃

---

① ［法］艾丽白.敦煌写本中的"大傩"仪礼[M]//［法］谢耐和.法国学者敦煌学论文选萃.耿昇，
译.北京：中华书局，1993：263.

② ［　］指补阙字，★指用正字代替错字，（？）系指可疑字。

17 闻名撼颤，八蛮畏若秋霜。大将倾心向国，亲从竭 ★ 方
18 寻常。今夜驱傩之后，直得行祥万祥
19 音声 ①

此驱傩文将锺馗的装束描述为"着豹皮"，全身"朱砂深赤"，与方相氏"蒙熊皮""玄衣朱裳"的装扮相似。大多数研究者均认可这两篇敦煌写本作于中晚唐，后一篇因其中有"伏承大王……"等词句，刘锡诚等学者推测写于851年归义军首领张议潮率河西各族驱逐吐蕃，收复沙州（敦煌）之后。在两篇写本中，锺馗均作为捉拿"浮游浪鬼"的神祇。在经文中，锺馗率领十万部众，四处捉鬼，这与驱傩活动的巡游方式相似。在中国传统鬼魂观念中，人死后为鬼，应入幽冥世界。疫鬼、屈死之鬼等其他非正常死亡的鬼才浮游于世间，作祟伤害人间。无论是驱傩，还是门神，其驱除和防范的对象也都是这些浮游之鬼。文中同时也出现了"八部、光明妙典、大悲"等佛教用语，表明在中晚唐的敦煌，民间信仰与佛教信仰相互交融，共同出现在岁末的驱傩仪式中，锺馗则是其中的主角。

也就是说，在锺馗图像产生以前的魏晋南北朝，锺馗信仰就已在一定范围内流传，其出现的时间与岁末年初驱傩活动的时间相似，主要功能是捉拿疫鬼或"浮游浪鬼"。

小结

由于缺乏新的材料，锺馗的起源仍是未解之谜。根据学界的研究，最迟在唐代以前，锺馗就成为具有一定信仰基础的驱鬼神祇。在道教的早期经文和敦煌遗书中，锺馗是捉拿和驱除疫鬼或"浮游浪鬼"的神祇，其捉拿方式与文献中的驱傩活动相似。

第二节　锺馗图像的祖型

文献中最早对于锺馗图像明确的记载，则要在盛唐时期才出现。

---

① ［法］艾丽白 . 敦煌写本中的"大傩"仪礼 [M] ∥［法］谢耐和 . 法国学者敦煌学论文选萃 . 耿昇，译 . 北京：中华书局，1993：265.

一、文献中最早的记载

锺馗图是伴随历日表，出现在唐代皇帝赏赐大臣的礼物中。历经武后、中宗和玄宗三朝的官员张说，在收到皇帝赏赐的一份腊日礼品后写下《谢赐锺馗及历日表》，以表达其拥戴皇恩的感激之情，而近100年后德宗朝著名文学家刘禹锡，也在替李位和杜佑撰写的《为李中丞谢赐锺馗历日表》和《为淮南杜相公谢赐锺馗历日表》两份谢表中，表达了同样的情感。张彦远的《历代名画记》^①第九卷"吴道玄"条目中，曾提到吴道子有《十指锺馗》传世。对于这幅作品，除了其名称外，无细节描写，因此吴道子只是画史记载有名的描绘锺馗图像的第一人。在同一条目中，张彦远记载了"道玄观裴将军舞剑作画"等一些轶事，但并没有记载后世流传甚广的锺馗传说。而另一条轶事"玄宗召入禁中，改名吴道玄^②，授内教博士，非有诏不得画^③"，似乎成为后来传说中吴道子"奉诏作画"的情节来源。

张说的主要活动时间跨武后、中宗、玄宗三朝，其谢表在《全唐文》中收录所在卷并没有明确的年代线索，因此很难确定谢表中所提到的历日表和锺馗图是由唐明皇赏赐的，从而也无法判断这幅锺馗图就是由吴道子所创作的作品^④。因此，在本书研究中，以张说和刘禹锡谢表中提到的《画锺馗》和吴道子的《十指锺馗》作为已知最早的锺馗图像，称为锺馗图像的"祖型"。

（一）《全唐文》中谢表和《历代名画记》中的锺馗图像

三份谢表中，对锺馗图的描述仅有廖廖数语，"爰及下臣，亦承殊赐：屏祛群厉，缋神像以无邪""缋其神象，表去厉之方"和"伏以图写威神，驱除群厉。颁行律历，敬授四时。施张有严，既增门户之贵；动用叶吉，常为掌握之珍"。从这些描述图像的文字中，只能推测出以下几点：一是张说和刘禹锡对于图像所描绘的神祇已有明确的认知，可以认为锺馗在唐代已成为被民众所了解并有一定民众信仰崇拜的"威神"，即其形象具备相当的认知度；二

---

① 在书中著录画家的下限为唐会昌年间（841—846），因此成书大约在此之后。

② 有些文献中记为吴道元，大都为清代后文献为避玄烨的讳而将其更名。

③ （唐）张彦远.历代名画记[M]//吴孟复.中国画论.合肥：安徽美术出版社，1995：1155-156.

④ 在《全唐文》中，收录文章的次序不能反映其写作的时间顺序，因此也无法得出张说谢表的写作时间是唐明皇开元年间。有的研究者将张说谢表中提及的锺馗图与传说中吴道子奉诏创作的《锺馗画》联系起来，得出吴道子创作《锺馗图》的时间，尽管《历代名画记》记载了吴道子有《十指锺馗》作品，但其"奉诏创作《锺馗画》"的传说要在中晚唐才出现，因此将后世传说与文献直接联系而推导出的结论显得很勉强。

是锺馗已是具有"驱除群厉"功能的神祇，驱邪是其主要功能；三是锺馗图与历日表同时出现在腊月，表明锺馗图的使用可能与腊月的庆祝或其他仪式有关。由此可以推导出一个结论：具有确切名称的锺馗图像出现在当时上层社会中，并且已具有相当的知名度，其目的是在腊月间驱除疫疫。

从三份谢表中"《画锺馗》一及新历日一轴者""赐臣《画锺馗》一、新历日一轴"的描述，可以知道"历日"的形制是卷轴，而锺馗图的形制和材质则无法做出判断。对于其使用的情况，由于从上文尚不能推测出其形制是手卷还是立轴或是横轴，其使用的方式既可能张贴于门户上，也可能与历日表共同使用，其具体形象也无法了解。在以上文字中，对于锺馗图的记录都以"画锺馗"的方式出现，并有"图写威神"的文字。因此，此时的锺馗图，可能是以手绘的方式制作的，而同时出现的历日表则用到后世常用的雕版印刷方式。

而在张彦远《历代名画记》对吴道子《十指锺馗》的记载中，只讲到作品传世，对其形象，只能从其画名上进行推测。有学者依据北宋郭若虚《图画见闻志》中所载"锺馗样"中吴道子所绘锺馗击鬼用第二指抉目，第二指即食指，而将这幅画定为《食指锺馗》，并未考虑到"十指"为驱鬼的动作。"十指"在中国古代医书里多次出现。在马王堆出土的帛书中，就有"十指"的记录：

魅：……

一，祝曰：濆者魅父魅母，毋匿□□□北□巫妇求固得，□若四月豊（体），编若十指，投若四四三□水，人殹（也）人殹（也）而比鬼。……[1]

据原书所注，"魅"在《说文》中是小儿鬼的意思，而医书所记录也刚好是驱除疫鬼的巫医法，这与后代传说锺馗所捉小鬼的身份符合。唐代孙思邈的《千金翼方·禁经上》中也有相似的文字：

……唾杀百鬼，不避豪强。当从十指自出。……欲杀鬼，然后下刀。不差，更咒看之，手十指毛出。[2]

①　马王堆汉墓帛书整理小组.五十二病方[M].北京：文物出版社，1979：127.

②　（唐）孙思邈.千金翼方·禁经上·禁鬼客忤气第六[M]//李零.中国方术概观·杂术编.北京：人民中国出版社，1993：30.

这段文字反映了锺馗可能具有巫医的身份，与上文所提及道教《太上洞渊神咒经》中斩杀鬼的身份相似。其“唾杀百鬼”的方法与魏晋时代流行的“宋定伯捉鬼”故事中“鬼惧怕唾沫”相符合，而十指的舞动与驱鬼时双手的动作有关。

从古代医书的记录来看，“十指”与驱鬼行为有关，并且其驱除的对象与后世锺馗传说中小鬼的身份相符，也从另一方面证明了锺馗驱鬼的起源可能很早，的确与驱傩活动有关。因此，《十指锺馗》画面一方面可能主要表现锺馗的双手十指的动作，既可能是后世所传“吴家样”《十指锺馗》图相似的击鬼或啖鬼的动作，也可能表现“跳锺馗”双手舞动的势态；另一方面，从画名来看，画中对锺馗捉鬼动作的描绘，可能尚没有运用其他兵器或道具进行捉鬼。

（二）周繇《梦舞锺馗赋》

《全唐文》812卷中收录周繇（841—912）撰《梦舞锺馗赋》[①]是现存最完整的唐代锺馗传说资料。这篇赋记录了后世流传的锺馗传说的主要情节：

梦舞锺馗赋（以“德至前王，始观神迹”为韵）

皇躬抱疾，佳梦通神。见幡绰兮上言丹陛，引锺馗兮来舞华茵。寝酣方悦於宸扆，不知为异。觉後全销於美疢，始讶非真。开元中抚念齐民，忧勤大国。万机亲决於宸断，微疟遂沾於圣德。金丹术士，殊乖九转之功。桐篆医师，又寡十全之力。爰感神物，来康哲王。於时漏滴长乐，钟敲建章。扃禁闼兮闭羽卫，虚寝殿兮阒嫔嫱。虎魄枕欹，象榻透荧荧之影。虾须帘卷，鱼灯摇闪闪之光。圣魂惝恍以方寐，怪状朦胧而遽至。硉矹标众，（幽页）頫特异。奋长髯於阔臆，斜领全开。搔短发於圆颅，危冠欲坠。顾视才定，趋跄忽前。不待乎调凤管，揆鸾弦，曳蓝衫而飒纚，挥竹简以蹁跹。顿趾而虎跳幽谷，昂头而龙跃深渊。或呀口而扬音，或蹲身而节拍。震雕栱以将落，跃瑶阶而欲折。万灵沮气以憧惶，一鬼傍随而奋踯。烟云忽起，难留舞罢之姿。雨雹交驰，旋失去来之迹。睿想才悟，清宵已阑。祛沉疴而顿愈，痒御体以犹寒。对真妃言寤寐之祥，六宫皆贺。诏道

① 据《唐诗纪事》称其赋为《明皇梦锺馗赋》。

子写婆娑之状，百辟咸观。彼号伊祁，亦名郁垒。傩袄於凝冱之末，驱厉於发生之始。岂如呈妙舞兮荐梦，明君康宁兮福履。[①]

从情节元素的角度来看，这篇赋所展现的情节元素为：①明皇得了疟疾，医师和术士都不能治愈；②梦中通神，引锺馗来舞；③锺馗形象奇特，不待音乐奏起就开始起舞，边唱边跳；④一鬼傍随而奋踯。⑤明皇梦醒病愈；⑥对真妃言梦中情形；⑦诏吴道子写梦中情形。唐明皇患疟病后梦境中奇遇，吴道子奉诏画梦中锺馗形象的传说成为锺馗画产生的原因。这些情节已具备后世传说的雏形：梦境显灵、鬼作祟致病，神出现驱鬼，图写神威。从锺馗以跳神的方式治愈明皇的结果，以及赋的名称"舞锺馗"来看，他既具有巫者的身份，也有避疫的瘟神身份。传说将酬神、医疗、辟邪等行为融入跳神，表明锺馗具有与驱傩活动中方相氏相似的身份。赋中并未描述吴道子奉诏作的锺馗图所表现的内容，但从赋描述梦中锺馗的动作为手舞足蹈推测，其表现内容应为"舞锺馗"。

与后世不同的情节元素包括以下几点。①梦中的小鬼没有姓名，并没有盗取（杨）太真和皇上的物品，只是作为锺馗跳舞的随从，还没有出现被抉目啖鬼的情节。②锺馗也并没有自报姓名，尚没有表明自己的进士的身份以及科举不中而死的经历。③锺馗所跳的舞动作起伏很大，有的如虎跳幽谷，有的如龙跃深渊，以至于宫殿的雕栱和台阶都快损坏了，而这些情节在后来的传说中再没有出现。这反映出此赋中的锺馗形象与表现锺馗信仰的祖型图像还有一些联系，即仍在表现锺馗跳舞驱鬼的动作。④锺馗"彼号伊祁，亦名郁垒"，则表现锺馗与门神存在一定的关系，可能是一神两名，或是由于形象上的相似性，在流传过程中出现名称混淆的现象。

在人物角色上，后世传说的人物，唐明皇、吴道子、太真（妃）、锺馗、小鬼、都已出现在赋中，锺馗的身份是"神"。在这篇赋的开头曾出现的"幡绰"，郑尊仁先生的意见可能为唐代有名的"参军戏"演员黄幡绰，并且手中长简也是参军戏的道具之一，从而提出此赋中锺馗所跳仪式其实是"参军戏"，只是由于服装的不同可能有所不同。[②]

在人物形象描写上，主要以锺馗为主，"碑硪标众，（幽页）颡特异"。形

---

① 这篇赋，据学者的考证，与《玄宗幸临西凉府观灯赋》在形式上相似。

② 郑尊仁.锺馗研究[M].台北：秀威资讯科技股份有限公司，2004：44.

象奇特，满脸长髯，斜领全开，身着蓝衫，手挥竹简而舞。而对其他角色形象均着墨不多。在唐代，官员三品以上属于高级官员，四、五品为中级官员，六品以下为低级官员，其服色、腰带、头冠、笏皆反映其等级的高低。从表3-1唐代品官服制中可以看出，锺馗的服饰，其身着蓝衫，手持竹木简反映了他下层官员的身份。

表 3-1 唐代品官服制 [①]

官品	服色	腰带	冠	鱼袋	笏
一品	紫	金玉带十三銙	三梁冠	金鱼袋	象笏
二品	紫	金玉带十三銙	三梁冠	金鱼袋	象笏
三品	紫	金玉带十三銙	三梁冠	金鱼袋	象笏
四品	深绯	金带十一銙	二梁冠	银鱼袋	象笏
五品	浅绯	金带十銙	二梁冠		象笏
六品	深绿	银带九銙	一梁冠		竹木笏
七品	浅绿	银带九銙	一梁冠		竹木笏
八品	深青	鍮石带八銙	一梁冠		竹木笏
九品	浅青	鍮石带八銙	一梁冠		竹木笏
庶人	黄白	铜铁带七銙			无

锺馗所穿蓝衫，如"蓝"通假"襕"，则与举子的身份有关。高承撰《事物纪原》卷三中，其"襕衫"条云"唐志曰：马周以三代布深衣，因于其下著襕及裙，名襕衫，以为士之上服。今举子所衣者，襕衫是也" [②]。襕衫在后世锺馗传说中出现就较为频繁，与后世传说中锺馗举子的身份相吻合。

在情境方面，赋中文字相对较多，"扃禁闼兮闭羽卫，虚寝殿兮阒嫔嫱。虎魄枕欹，象榻透荧荧之影。虾须帘卷，鱼灯摇闪闪之光"。表明故事发生的场所是宫廷内部，时间在开元中的某一夜晚，这也与后世传说的地点和时间相符。

从以上的分析来看，这篇赋在人物角色形象、情节、情境等几方面与后世传说相同或相似，因此，在相当程度上反映了从唐中期以后到宋代广为流传的锺馗传说的初始形态。比周繇稍早的郑处诲（？—867），在其撰《明皇

---

① 资料来源：陈茂同. 中国历代衣冠服饰制 [M]. 天津：百花文艺出版社，2005：115–116.

② （宋）高承. 事物纪原 [M]. 北京：中华书局，1989：148.

《杂录》中收录较多唐明皇的轶事，但并没有收录这件唐明皇梦锺馗的轶事，可知在郑处诲生活的时代，锺馗传说流传并不如后世广泛。

（三）其他唐代文献中的锺馗形象

在《太平广记》卷256《嘲诮四·李宣古》条收录的一则故事，也有助于了解唐人对锺馗形象的看法：

> 唐澧州宴，酒纠崔云娘形貌瘦瘠，每戏调，举罚众宾，兼恃歌声，自以为郢人之妙。李宣古当筵一咏，遂至箝口。诗曰：何事最堪悲，云娘只首奇。瘦拳抛令急，长嘴出歌迟。只见肩侵鬓，唯忧骨透皮。不须当户立，头上有锺馗。①

其大意是讲唐代澧州有次宴会，酒家的侍女崔云娘长得骨瘦如柴，每遇戏调，总要罚所有来宾喝酒，加上其能歌唱，自以为有善歌者的美妙。李宣古当即在酒筵上咏诗一首，令其封口。诗曰：何事最可悲，云娘的脑袋。（猜酒令时）瘦弱的拳出得快，长长的大嘴唱歌却很迟缓。只见她双肩挨着双鬓，唯担心骨头会透过皮肤。不用站在门口，她锺馗般的模样就可以（驱鬼）了。②

李宣古为唐会昌三年（843年）进士，澧阳人，生卒年不详，大约活动于9世纪，其性属谑浪，诗文多为讥诮之作。这首讽刺酒家侍女的诗言辞刻薄，却传达出以下几个信息：第一，至少在唐代中期，锺馗在普通民众心目中已是面目丑陋的代名词；第二，锺馗"当户立"既可能指锺馗画可能已经使用在门户上，成为防止疠鬼出入的门神，也可能指作为驱鬼神祇"索室驱傩"时出现在门户的情节，因此尚不能推测锺馗画在唐代确切的使用方式，张贴还是悬挂都有可能，画作的形式和材质也不可考；第三，诗人将锺馗作为丑陋的象征去讥讽普通人，语句上并无恭敬之意，表明锺馗作为神祇的地位，在诗人写作的年代并不高。

二、腊日赏赐臣下的习俗

由于锺馗图像最早是与历日表共同出现的，要考察早期锺馗图的功能，

---

① （宋）李昉. 太平广记·卷256 [M]. 上海：上海古籍出版社，1990：647.

② 最后两句大多译作"用不着她站在屋子中间，她那锺馗一样的尊容就足以把人吓跑了"。在古代，"户"指单扇门，就此译为"站在门口"。锺馗在唐代的信仰主要为驱邪镇疠，并不是吓人。

可能应与历日表的使用联系起来。

（一）古代的历日表

在中国古代，自先秦以来，颁布天文历法就与政权行为联系在一起，《礼记·月令》反映了四季轮换与天子祭祀、居住、法令之间的关系，其中各个月份所行之事，均有时间上明确的规定。历法是国家政权权力的象征，颁布历法成为国家的重要活动。历日，按宋代高承《事物纪原》中的记载，"物理论曰：畴昔神农正节气，审寒温，以为早晚之期，故立历日"[①]。历日作为历法的承载体，除了用于提醒农事外，也代表着皇朝的权威，因此其印制和颁布大都掌握在国家手中，但也有一些民间机构也在印制历日。在唐代，就曾多次颁布禁止民间印制历日的敕书，如晚唐官员郑宿有《禁版印时宪书奏》："准敕禁断印历日版。剑南两川及淮南道，皆以版印历日鬻於市。每岁司天台未奏颁下新历，其印历已满天下，有乖敬授之道。"[②]

这表明历法对于国家的重要性，因此也成为体现古代皇帝权威的主要物品，并多次出现在腊日的赏赐礼品名单中。

（二）唐代腊日赏赐物品的民俗

腊，按东汉应劭撰《风俗通义》引《礼传》："夏曰嘉平，殷曰清祀，周曰大蜡，汉改为腊。腊者，猎也，言田猎取禽兽，以祭祀其先祖也。或曰腊者，接也，新故交接，故大祭以报功也。"无论"猎取禽兽"还是"报功"，实质都是一种祭祀的名称，即谓"腊祭"，其对象包括众神和祖先。自汉以后，中土的多数政权都实行夏历。腊祭是一种集祖先崇拜和鬼神崇拜为一体的岁时民俗活动，其起源可以追溯到传说中的三代。腊日的具体时间，很早就定在十二月初八。在梁代宗懔所著的《荆楚岁时记》中就指出，夏历的十二月八日称为腊日，腊日是一年中最重要的祭祀节日。[③]同时，这一天也是皇帝表现其体恤大臣的时间。从《全唐文》中可以看到，不论是朝臣，还是驻外官员，都可能收到皇帝赐予的礼物，其中就以历日表为主，其他礼物包括口脂、药品、海外的贡品、锺馗像等。大臣们收到这些赐品后要上表感谢圣恩，而这种上表多数靠其幕僚代劳。

刘禹锡除撰写以上两本谢赐锺馗画及历日表的上表外，还曾替别人写过

① （宋）高承.事物纪原（明）李果，订.金圆，许沛藻点校 [M].北京：中华书局，1989：14.

② （宋）李昉.太平广记·卷256 [M].上海：上海古籍出版社，1990：6301.

③ （梁）宗懔.荆楚岁时记 [M].宝颜堂秘笈本.

两份谢腊日赐赠的上表，一份是贞元十七年替淮南节度使杜佑写的《谢历日、面脂、口脂表》，另一份是替御史中丞李位写的《为李中丞谢赐紫雪面脂等表》。另外，白居易、令狐楚、郑綱等都写了相似的上表，其内容都与腊日皇帝所赐面脂、口脂、药品①有关。段成式在《酉阳杂俎》中也记录了相似的内容。表3-2为唐代文献中所载录腊日皇帝赏赐物品的统计表。

表3-2　唐代文献载录腊日所赐物品统计表

序号	文献	作者	所赐物品	出现时间
1	《酉阳杂俎》卷一	段成式	腊日，赐北门学士口脂、蜡脂，盛以碧镂牙筒	中宗景龙中
2	《全唐文·答张九龄谢赐药批》	李隆基	腊日所赐药物	玄宗朝
3	《全唐文·谢赐锺馗及历日表》	张说	画锺馗一，历日表一轴	中宗或玄宗朝
4	《全唐文·谢赐新历日及口脂面药等表》	邵说	墨诏，新历日一通，并口脂面药红雪紫雪等	肃宗或代宗
5	《全唐文·谢墨诏赐历日口脂表》	邵说	历日，口脂	肃宗或代宗
6	《全唐文·谢敕书赐历日口脂等表》	李舟	手诏，新历日一本，口脂、红雪、紫雪、金花各一枝，春衣一副，牙尺一枚，大将及一副	代宗至德宗
7	《全唐文·谢敕书赐腊日口脂等表》	刘禹锡	腊日口脂、香药、红雪等	德宗朝
8	《全唐文·为淮南杜相公谢赐历日面脂口脂表》	刘禹锡	赐臣墨诏及贞元十七年新历一轴，腊日面脂、口脂、红雪、紫雪并金花银合二、金棱合二	德宗贞元十七年（801年）
9	《全唐文·为李中丞谢赐紫雪面脂等表》	刘禹锡	紫雪、红雪、面脂、口脂各一合，澡豆一袋	德宗贞元十九年（803年）
10	《全唐文·为李中丞谢赐锺馗历日表》	刘禹锡	画《锺馗》一、新历日一轴	德宗贞元十九年（803年）
11	《全唐文·为淮南杜相公谢锺馗历日表》	刘禹锡	赐臣画《锺馗》一、新历日一轴	德宗贞元十七年或二十一年

① 关于这些物品的实物资料，在20世纪70年代西安市何家村窖藏中有发现。

（续表）

序号	文献	作者	所赐物品	出现时间
12	《全唐文·腊日谢赐口脂历日状》	郑絪	口脂、历日	德宗朝
13	《全唐文·为王大夫谢恩赐口脂历日状》	崔行先	手诏，口脂，新历日	德宗朝
14	《全唐文·谢敕书赐腊日口脂等表》	令狐楚	口脂、红雪各一合，十年历日一通	德宗贞元十年或宪宗元和十年
15	《全唐文·为人谢赐口脂等并历日状》	令狐楚	前件口脂、腊脂、红雪、紫雪各一合，并历日一卷等者	九世纪
16	《全唐文·谢赐腊日口脂红雪紫雪历日等状》	令狐楚	口脂、红雪、紫雪、历日	九世纪
17	《全唐文·谢敕书赐腊日口脂等表》	吕颂	手诏，腊日药物及银合、圣历等	德宗朝
18	《全唐文·谢勅书赐腊日口脂告等表》	阙名	手诏，衣一副，腊日口脂红雪一合、中和尺一、贞元八年历日一通	德宗贞元七年
19	《全唐文·谢敕书赐腊日口脂等表》	阙名	手诏、中脂、红雪、贞元九年历日	德宗贞元七年
20	《全唐文·谢敕书赐腊日口脂等表》	阙名	手诏，红雪、口脂各一合，贞元十五年历日一通	德宗贞元十五年
21	《全唐文·谢赐新历日状》	白居易	前件新历日者	宪宗至武宗

从以上统计表中可知，在唐代存在皇帝在腊日赏赐臣下礼物的岁时民俗。从数量统计上看，腊日赏赐物中，历日表出现最多，达17次，锺馗画3次；其他物品，如尺、紫雪、红雪、面脂、口脂、金花、澡豆及衣物等，次数远多于锺馗画。这种民俗体现以下几个特点。

首先，这种模式化的行为体现了皇家对于历日的重视以及历日表所体现出的权威性，接受赏赐物品的官员既有朝中的大臣，也有遍及边疆的官员[①]。其次，这种民俗可能起源于八世纪初的中宗朝期间，玄宗朝除了张说和张九龄有接到腊日赏赐品的记录外，尚无其他官员接到礼物的记载。在八世纪的

---

① 在王重民先生《敦煌本历日研究》一文中，他认为赏赐历日表的对象只限于边疆重臣，其原因是边疆土历有殊于中土。可能由于王先生对《全唐文》中历日表的证据中只限于四例，才得出以上结论。文见王重民.敦煌遗书论文集[M].北京：中华书局，1984：116-133.

代宗和德宗朝，这种赏赐活动在文献中有多处出现，许多官员都有类似的经历，显示这种赏赐行为可能在中唐已成为朝廷内部的模式性行为；宪宗朝以后，这种赏赐臣下礼品的行为就鲜有记载了。最后，就礼品的组合方式来看，锺馗画仅与历日表共同出现，而无单独赏赐大臣的记录，表明锺馗画只出现在岁末，其使用功能可能与驱傩仪式相关；而其他物品，如红雪、口脂、衣物等，则与历日表搭配出现或单独出现，这反映出这几种搭配方式所反映出的不同的意义：历日表与锺馗画的组合可能主要突出驱邪避疠的功效，而历日表与口脂、药物等物品的组合可能反映出唐代使用这些药品或化妆品的常态化。

如上所述，锺馗画作为唐代君主腊日赏赐臣下的礼物之一，是与历日表共同出现的。因此可以确认其使用的时间应在腊日后，其作用可能与年末驱傩仪式有关。因其与历日表同时出现的次数远不及化妆品和药品与历日表同时出现的次数，在唐代其他文献中，尚没有发现其他时间使用和创作锺馗画的材料，因此尚不能确认新年在门户上悬挂锺馗画在唐代已经成为一种普遍的岁时民俗。①

小结

唐代盛期和中期的三份"谢锺馗及历日表"和张彦远《历代名画记》著录吴道子所作的《十指锺馗》，是锺馗图像中最早的文献记载，其图像虽不传世，但仍具有祖型的意义。由于这些锺馗图像已不复存在，对于其形象特征，可能只能首先从文献记载中进行推测。记载中的锺馗图是伴随着历日表出现的，其作用可能与腊月傩仪活动有关联，图像的功能是"图写神威，驱除群厉"。

李宣古讥讽酒家女的诗句也反映了唐代对锺馗形象奇特的理解，其出现的地点可能是在门户上。由于以上几份文献中对于锺馗画的描述过于简略，只能得到锺馗形象奇特的印象，已无法推测出锺馗图像"祖型"的形象特征。

在晚唐周繇的《梦舞锺馗赋》中，已具备后世传说的基本情节元素，唐明皇染疹不愈，梦锺馗来舞，病愈，诏吴道子图写锺馗像。所不同的是此赋中锺馗的动作与跳神或驱傩有关，尚未出现后世传说中"鬼作祟，锺馗捉鬼抉目啖之"的情节。在人物形象上，锺馗已具备后世传说中的丑陋形象，其服饰具有下层官员的特征。在唐代画论记载中，由于只有吴道子一人有作品

---

① 在记录唐代岁时民俗的《秦中岁时记》也仅有"岁除日进傩皆作鬼神状内二老儿傩公傩母"的记载。

著录，这也为后世的锺馗传说演变提供了一定的依据①。

从以上文献记载来看，锺馗作为信仰的神祇，其图像最迟在盛唐初期出现，并在唐代成为面容凶恶丑陋的代名词。锺馗图在唐中后期出现较多，从现存文献中并不能推导出锺馗图像祖型描绘的确切内容，可能由于表现了锺馗驱鬼的动作，或在跳傩活动中的一个动作，其"十指"成为后世对于早期锺馗图像形象的唯一记载，本书推测图像内容为"舞锺馗"。从已知的文献和考古资料，尚无法推测出张彦远所著录的《十指锺馗》的形制和材质。唐代悬挂和使用锺馗图的地方可能在门户上，但尚没有更多的证据表明锺馗已经成为普遍的创作题材。

第三节　锺馗图像的构拟祖型

如前所述，锺馗图像祖型所描绘的动作和形象可能直接反映锺馗信仰，而锺馗信仰所直接对应的民俗活动是驱傩活动。

一、何谓"构拟祖型"

"构拟祖型"指因为时间久远，其"祖型"的内容已不可考，而据文献推测接近于祖型的图像类型。如前文所述，锺馗图像的"祖型"已无实物证据，而从锺馗起源来看，其受傩仪活动影响最大，因此本书推测锺馗图像"祖型"的内容，是表现锺馗跳傩的情景。在传世作品中，表现锺馗出游的图像，被称为"构拟祖型"。

从古代文献中最早记录驱傩活动的《周礼·夏官·方相氏》中，可知驱傩活动是以"索室殴疫"方式进行，即逐个搜索住宅内的厉鬼。另据《礼记·月令》《吕氏春秋》和《淮南子·时则》②等文献中所记载季春、仲秋、季冬三个月令的驱傩活动，可以看出，驱傩活动包括"九门磔攘、旁磔出土牛"

---

① 在大多数研究唐代风俗的著作中，都没有将腊日赏赐锺馗画和历日表作为一种风俗收录，而重点研究历日表的功能。

② 这三本书所载的内容相似，王梦鸥先生认为："月"是天文，"令"是政事。先秦有一派学者认为王者必须上承"天"以治"人"，因此将"天干、地支、五行、神祇、营造、音律"等因素与"政事"联系起来，其实质仍似一种"王制"。参见王梦鸥.《礼记》今注今译[M].台北：台湾商务印书馆，1978：201.

等方式。而从汉到唐对宫中大傩活动的记载来看，驱傩活动进行的方式都是沿宫内到城外的路线进行逐疫。民间"打夜胡""进夜胡"索室乞酒食的行为，也以巡游的方式进行。

宋代孟元老《东京梦华录》"驾登宝津楼诸军呈百戏"所记载的"舞判"，也表现了驱傩活动中的锺馗和小鬼的服饰和动作特点。

> 忽作一声如霹雳，谓之"爆仗"，则蛮牌者引退，烟火大起，有假面披发，口吐狼牙烟火，如鬼神状者上场，着青帖金花短后之衣，帖金皂裤，跣足，携大铜锣随身，步舞而进退，谓之"抱锣"。绕场数遭，或就地放烟火之类。又一声爆仗，乐部动拜新月慢曲，有面涂青碌，或面具金睛，饰以豹皮锦绣看带之类，谓之"硬鬼"。或执刀斧，或执杵棒之类，作脚步蘸立，为驱捉视听之状。又爆仗一声，有假面长髯，展裹绿袍鞭简，如锺馗像者，傍一人以小锣相招和舞步，谓之"舞判"。继有二三瘦瘠，以粉涂身，金睛白面，如骷髅状，系锦绣围肚盾带，手执软仗，各作魁谐趋跄，举止若排戏，谓之"哑杂剧"。①

这段文字所描绘的场景，从其开场的"爆仗"和行动中的"抱锣"以及小鬼的动作来看，实际上与驱傩活动相似。"硬鬼"面涂青碌，戴面具金睛，着豹皮，与"敦煌驱傩文"中锺馗装束相似，也与方相氏"黄金四目，蒙熊皮"的服饰有联系。其所用道具，或执刀斧，或执杵棒之类，则与驱傩活动中执戈扬盾相类。从最后的"舞判"和"哑杂剧"来看，则与后来周密《武林旧事》"宫本杂剧"条中的"锺馗爨"有关，成为锺馗戏剧的开端。在人物构成上，仍以锺馗和小鬼为主。

《宋史》中已无皇家傩仪的记载，《东京梦华录》记载：

> 至除日，禁中呈大傩仪，并用皇城亲事官、诸班直戴假面，绣画色衣，执金枪龙旗。教坊使孟景初身品魁伟，贯全副金镀铜甲装将军。用镇殿将军二人，亦介胄，装门神。教坊南河炭丑恶魁肥，

---

① （宋）孟元老撰，邓之诚注. 东京梦华录 [M]. 北京：中华书局，1982：193–194.

装判官。以装锺馗小妹、土地、灶神之类，共千余人，自禁中驱祟出南薰门外转龙湾，谓之"埋祟"而罢。[①]

南宋吴自牧《梦粱录》"除夜条"中所记载的傩仪，也与之相似：

> 士庶家不论大小家，俱洒扫门间，去尘秽、净庭户，换门神，挂锺馗，钉桃符，贴春牌，祭祀祖宗。……禁中除夜呈大傩仪，开系皇城司诸班直，戴面具，著绣画杂色衣装，手执金枪银戟，画木刀剑，五色龙凤，五色旗帜；以教乐所伶工，装将军、符使、判官、锺馗、六丁六甲、五方鬼使、灶君、土地、门户神尉等神，自禁中动鼓吹，驱祟出东华门外，转龙池湾，谓之"埋祟"而散。[②]

宋代宫中傩仪，规模更大，人数更多。其线路没有变化，都是从禁中开始，驱祟出城门，最后仍以"埋祟"结束。与前代所不同的是，以前主导驱傩活动的方相氏已不见踪影，取而代之的是将军、门神、判官、锺馗、小妹、土地、灶神等人。而民间的驱傩活动也反映这种变化：

> 岁旦在迩，席铺百货，画门神，桃符、迎春牌儿，纸马铺印锺馗、财马、回头马等，馈与主顾……自此入月，街市有贫丐者，三五人为一队，装神鬼、判官、锺馗、小妹等形，敲锣击鼓，沿门乞钱，俗呼为打夜胡，亦驱傩之意也。[③]

从以上文字中，可以读解出以下几个方面的内容。首先，岁末将锺馗画张贴于门户的民俗和跳锺馗的岁时民俗在宋代同时存在；其次，锺馗与小妹同时出现在岁末驱傩队伍中，反映出其身份本属于驱傩神祇；再次，驱傩活动方式与前代文献所记录的相同，依旧保持出游的方式，只是参与者数量更多；最后，锺馗画与门神画等其他神祇的使用有所不同，采用悬挂的方式，表现其形制可能为立轴。

---

① （宋）孟元老撰，邓之诚注 . 东京梦华录 [M]. 北京：中华书局，1982：253.

② （宋）孟元老撰，邓之诚注 . 东京梦华录 [M]. 北京：中华书局，1982：59.

③ （宋）吴自牧 . 梦粱录 [M] // 刘坤，赵宗乙 . 中国古典名著民俗集粹（一）——《梦粱录》（外四种）. 哈尔滨：黑龙江人民出版社，2003：58.

如前文所述，锺馗信仰源于古代的驱傩活动。而从文献描述中的驱傩活动和现今的赛神会活动来看，都以出游的方式进行。因此，表现驱傩活动的锺馗出游系列作品可能就具有"构拟祖型"的意义。在《宣和画谱》中所记录的锺馗图像中，就有锺馗出游／小妹图：

> 周文矩，金陵句容人也。事伪主李煜，为翰林待诏。善画，行笔瘦硬战掣，有煜书法。工道释、人物、车服、楼观、山林、泉石，不堕吴曹之习，而成一家之学。……锺馗氏小妹图五……锺馗图二……①

文献中五代的《锺馗氏小妹图》已不存世，北宋程坦的《锺馗小妹图》在文献中也没有详细的描述，汤垕在《画鉴》中著录也只提到米芾对其评价。从其画名推测，作品至少表现锺馗及其小妹，其他细节则不可考。而南宋末年（或元初）的画作传世，则可以一窥其貌。

二、"构拟祖型"的实例

（一）元代龚开《中山出游图》

现藏于美国弗利尔美术馆（The Freer Gallery of Art，U. S. A.），题为宋末元初画家龚开所作的《中山出游图》（图6），是目前已知传世作品中年代较早且明确为"锺馗出游"的图像。

图6　（南宋／元）龚开《中山出游图》
（美国：弗利尔美术馆藏 Images Copyright © The Freer Gallery of Art）

此图以手卷的形式，描绘了锺馗及其小妹（或为其妇）在小鬼的陪同下出游的情景。卷中的人物除了锺馗，小妹、侍女、鬼卒共计22位，另有以墨线表现的小鬼（疫鬼）7位。画卷自右向左展开，从图中人物的眼神来看，可

---

① （宋）宣和画谱[M]∥吴孟复.中国画论.合肥：安徽美术出版社，1995：522-524.

以分为两个中心：前一个中心以锺馗和小妹为主，后一个中心以10名鬼卒为主。锺馗身着长袍、头戴软脚幞头，双手交叉于袖中，坐在两鬼肩舆中。圆眼大睁、满脸络腮胡须，正回顾小妹。小妹眼望锺馗，身材瘦长，其女仆的面颊均以墨当胭脂涂染，奇趣横生。与锺馗肩舆的两位鬼卒相比，肩舆小妹的女鬼则显得轻松得多，前一名女鬼甚至只有一只手扶着轿杆。

在人物造型上，除小妹和一侍女头如人形外，其他人物头部形象均为鬼形。这位人形女仆手抱一只深色小猫，转头回望后面的鬼卒。从性别上看，有六位女鬼（含小妹），身着褶子，脚穿鞋。其余男性鬼卒上身裸露，下身仅着犊鼻裈，或穿虎皮或豹皮短裤或围裙，除锺馗外均赤脚。鬼卒中有六名头戴帽，其中四名为白色[1]，两名为深色（或为赤帻），有一名比较特别，其身为白色，趴在另一鬼卒肩上，尾部似狐狸，疑为九尾狐。七位小鬼中有两位以双足被缚系于鬼卒担上，一位小鬼以双足双手均绑于鬼卒肩扛的木棍上，一名小鬼被鬼卒执一足倒悬，或以双手被缚悬于鬼卒肩负的木棍上。锺馗身前的一名小鬼以没骨法渲染，身体矮胖。有些鬼卒甚至枯瘦见骨，这与中国自唐代以来表现鬼的手法相似。锺馗身着襕衫，而小妹、丫环等人也衣着朴素。小鬼有两种表现形态，大多数鬼以墨线勾勒。在人物开脸方面，锺馗圆眼大睁、猪鼻、浓髯，小妹细眉圆眼，双颊以墨当胭脂涂满至颈部，小鬼头上长角、圆眼、猪鼻、大嘴向外突。[2]画面中所有人物的眼睛均为圆形，眼珠仅为一小黑点。

此图用笔粗重，衣纹流畅，人物造型特殊。《中山出游图》以墨笔造型，用工笔兼写意的笔法进行创作，除个别鬼卒外，对人物以墨线描绘，其线条粗细变化不大，用笔使转圆润，起笔尖细，与同画龚开自题跋的书法所反映的风格类似。

从龚开《中山出游图》卷末自题诗和画跋（图7）中，可以探讨龚开对于锺馗形象创作的意图。

---

[1]　有学者认为这是元军的帽子。

[2]　在一些研究文章中，对此画作中鬼的装束解读为元代兵士服饰，进而认为龚开的创作主旨是讽喻元代统治者，但此图中鬼的装束实为传统鬼的造型，即上身赤裸，下身着短裙或犊鼻裈。

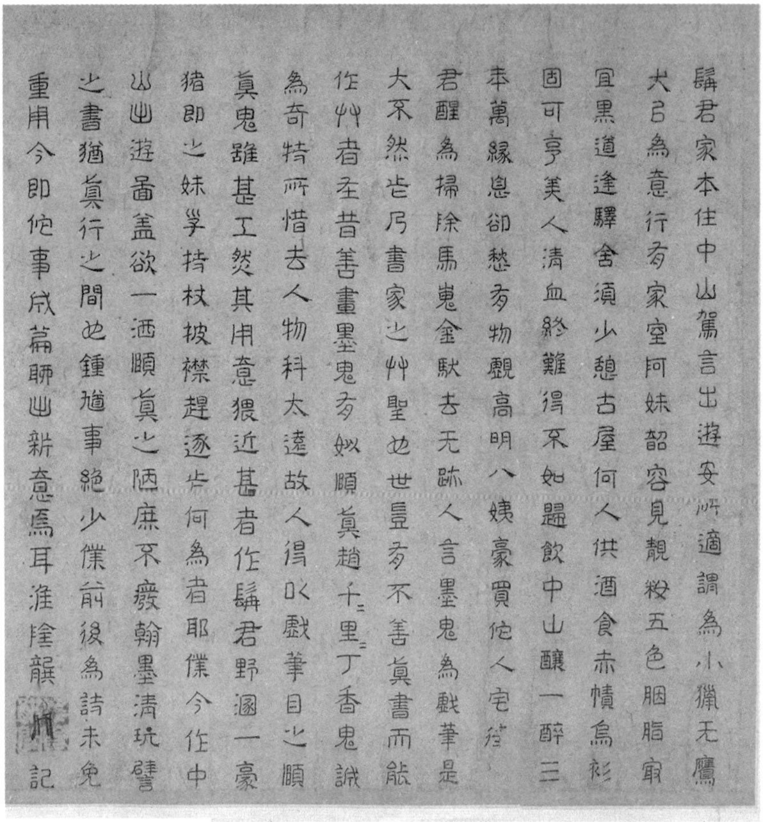

图7　（南宋／元）龚开《中山出游图》题跋

髯君家本住中山，驾言出游安所适。谓为小猎无鹰犬，以为意行有家室。阿妹韶容见靓妆，五色胭脂最宜黑。道逢驿舍须少憩，古屋何人供酒食。赤帻乌衫固可亨，美人清血终难得。不如归饮中山酿，一醉三年万缘息。却愁有物觑高明，八姨豪买他人宅。（待髯①）君醒为扫除，马嵬金驮去无迹。

人言墨鬼为戏笔，是大不然，此乃书家之草圣也，世岂有不善真书而能作草者在？昔善画墨鬼有姒颐真、赵千里，千里丁香鬼诚为奇特，所惜去人物科太远，故人得以戏笔目之；颐真鬼虽甚工，然其用意狠；近甚者作髯君，野涧一豪猪即之，妹子持杖披襟赶逐，此何为者耶？仆今作《中山出游图》，盖欲一洒颐真之陋，庶不废翰

---

① 此两字在弗利尔美术馆网站提供的高清图片上已无法辨识，括号中的文字为《元初宋遗民书法》作者识读。

墨清玩，譬之书犹真行之间也。锺馗事绝少，仆前后为诗未免重用，今即他事成篇，聊出新意焉耳，淮阴龚开记。①

全文用隶书撰写，这段文字对于解读龚开画锺馗的创作意图，有良好的帮助。从自题诗来看，作者一开始便交代了髯君的家乡是中山，这一点与锺馗传说中锺馗的出身"终南"相符。对于这幅作品的创作意图，王振德、李天麻认为，此作"寄寓了异常浓烈的民族情绪"，表现龚开在南宋亡国以后对元代"异族统治者无比愤慨和毫不妥协的斗争精神"②。美国学者彼得·施图尔曼、斯内塔·巴巴拉认为，画跋中龚开提及的"马嵬"和"八姨豪买他人宅"等语，是借唐明皇宠爱杨玉环、杨家专权误国使国家出现"安史之乱"的历史典故，来影指南宋末年内戚擅权而误国的事件；并借《锺馗出游》，表现了对南宋灭亡的反思③。在画跋中，对于如何画鬼和锺馗，与同时代的其他画家相比，作者表达了不同的看法。龚开以书法中的狂草④比拟绘画中的画墨鬼，认为必须从人物科入手才能画好墨鬼，而不应将其归为"戏笔"⑤。对于同时代画墨鬼名家妸颐真、赵千里所作墨鬼，他均不认同。并质疑同时代其他画家将锺馗表现为野湄中的豪猪，而作了此图。

画跋中提及"阿妹"的化妆"五色胭脂最宜黑"，也受到民俗因素的影响。一些研究者认为，此画作中锺馗小妹黥面的目的为表现魑魅形象，但其造型可能反映了宋代驱疫的方法。在宋人赵与时所著的《宾退录》卷七中，有一段文字可能揭示出了锺馗小妹黥面的原因：

世人虐疾将作，谓可避之他所，同巷不经之说也，然自唐已然。高力士流巫州，李辅国授谪制时，力士方逃疟功臣阁下。杜子美诗：

---

① 本图源于弗利尔博物馆网站，本题跋释读采自：彼得·施图尔曼，斯内塔·巴巴拉.元初宋遗民书法 [M] // 上海师范大学美术学院.艺术史与艺术理论：第二册.杭州：中国美术学院出版社，2004：427.

② 李天麻，王振德.历代钟馗画研究 [M].天津：天津人民美术出版社，1985：18.

③ 由于本画作无作画时间的证据，如果此画作于宋亡以前，此推测有其合理性；如画作在宋亡以后，其用典可能就有其他含义。参见彼得·施图尔曼，斯内塔·巴巴拉.元初宋遗民书法 [M] // 上海师范大学美术学院.艺术史与艺术理论：第二册.杭州：中国美术学院出版社，2004：421-425.

④ 画跋中"草圣"，按黄惇先生的观点为草书中的狂草。

⑤ 自南宋以后，许多画家在表现锺馗图上，常以"戏笔"题跋。

"三年犹疟疾，一鬼不销亡。隔日搜脂髓，增寒抱雪霜。徒然潜隙地，有腼屡鲜妆。"则不特避之，而复涂抹其面矣。①

这段文字反映了黥面也是避疟的方法，这样的装束使小妹具有与锺馗在宋代为驱除痁病（疟疾）神祇相似的地位，也反映了前两者似从唐代李倬《秦中岁时记》中傩公、傩母转化而来。宋代刘道醇在《圣朝名画品》著录石恪所绘《鬼百戏图》中，出现的"锺馗夫妇"文字，也表明锺馗小妹可能由傩公傩母转化而来。

（二）元代颜辉《锺馗元夜出游图》

现存美国克利夫兰美术馆题为颜辉所作《锺馗元夜出游图》（图8）亦属于锺馗出游系列，表现了锺馗率领小鬼出游的情景，所不同的是画面中没有出现小妹及其侍女。

画作以手卷方式自右向左展开，描绘众鬼作小队前导。卷首为一鸣锣开道者，有擎大石者，有颠立而欲饮者，有肘甕而行者，有持鎗者，有挥刀者，有舞盾者，有捉大刀者，有执壶浆者，有捧觞进者，有负荷者，有携琴书笔砚者，锺馗于后三鬼肩舆之而行，后又数鬼拥从，后有张华盖者，鸣鼓者，吹笛击板者，其形态诡异，各尽其动势。其众鬼的动作则与传为五代顾闳中所作的《锺进士出猎图》相同，明代张穆、清代罗聘都曾绘有相似的作品存世。从其动作来看，与《东京梦华录》中描绘的"有假面披发，口吐狼牙烟火，如鬼神状者上场，着青帖金花短后之衣，帖金皂裤，跣足，携大铜锣随身，步舞而进退，谓之'抱锣'。绕场数遭，或就地放烟火之类。又一声爆仗，乐部动拜新月慢曲，有面涂青碌，或面具金睛，饰以豹皮锦绣看带之类，谓之'硬鬼'。或执刀斧，或执柞棒之类，作脚步蘸立，为驱捉视听之状"。从图像上看，这些作品所描绘的均是驱傩活动。

图8　（元）颜辉《锺馗元夜出游图》
（美国：克利夫兰美术馆 Images Copyright © The Cleveland Museum of Art）

---

① （宋）赵与时.宾退录：卷七.

（三）颜庚款《锺馗嫁妹图》

现藏美国大都会美术馆题名《锺馗嫁妹图》（图9）原画上并无画名，只在画卷末有"颜庚"二字。在卷末署名为长洲吴宽[1]的题跋中，指出颜庚为南宋人，画名为"锺进士出游图"，此作品与元代颜辉作品相似，都是描绘锺馗与小妹出游的景象。画作为手卷，绢本水墨，纵24.4厘米，横253.4厘米，卷首为明代书法家黄辉题识"闲游博戏"，前段依次小鬼鸣锣开道，手执斧钺，舞双头矛，举巨石等，后段绘一鬼牵牛，小妹侧坐于牛背上，看着后面酒醉、被众鬼搀扶骑于驴上的锺馗，小妹身后一鬼正在赶牛。队伍的末端有三鬼，或敲鼓，或吹笛。除提扛重物、服侍锺馗的小鬼之外，其余的鬼怪应为小妹出游时的乐舞队或戏班。据胡雪琪的考证，此图可能为明中后期的托名之作。[2]此图与藏于美国克利夫兰美术馆的元代颜辉《锺馗元夜出游图》在小鬼造型上相似，只是锺馗和小妹的造型有差异。

图9　（南宋/元）颜庚《锺馗嫁妹图》
（美国：大都会美术馆藏 Images Copyright © The Metropolitan Museum of Art）

（四）立轴形式的《锺馗夜游》

明代浙派画家戴进所作的《锺馗远游》（图10），现藏北京故宫博物院，表现了锺馗在六鬼的簇拥下出行的情景。图中人物造型各有特点：锺馗长髯，戴幞头，上插小花，衣襕衫，佩角带，脚蹬靴子；仆从众鬼焰发，山形头，巨目，大嘴，上身或赤裸，或着单衣，或系红色披风，下身仅着犊鼻裈，赤足。与前代出游系列图像所不同的是此画作采用了立轴的形式来表现，而具有一定的开创性[3]。叶澄也有以立轴方式表现出游的作品传世《锺馗夜游》（图11），作品中的锺馗以步行的方式出巡，傍从的五鬼手执各种寓意吉祥的物

---

① 吴宽（1435—1504），字原博，号匏庵、玉亭主，明代名臣、诗人、散文家、书法家，世称匏庵先生。直隶长州（今江苏苏州）人。明宪宗成化八年（1472年）进士第一，会试、廷试皆第一，入翰林，授修撰。曾侍讲孝宗东宫。孝宗即位，迁左庶子，预修《宪宗实录》，进少詹事兼侍读学士。后官至礼部尚书。其诗深厚醲郁自成一家，著有《匏庵集》。善书，字亦学苏东坡。为当时馆阁巨手。

② 胡雪琪.颜庚款《钟馗嫁妹图》考辨 [J]. 文献鉴定与鉴赏, 2015,（6）：88-90.

③ 在黄任中先生的藏品中，有一幅款为元代颜辉《锺馗元夜出游图》，构图和人物造型与戴进作品完全相同。参见《名家翰墨：名家锺馗画特集》，前引书，第134页.

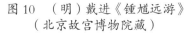

图 10　（明）戴进《锺馗远游》
（北京故宫博物院藏）

图 11　（明）叶澄《锺馗夜游》
（王阑西、王树村编著《钟馗百图》著录）

品。此后用立轴表现锺馗出游的作品日益增加。另一个显著变化是小鬼数量的变化，从元人所绘十多个减少到六个或五个，这也成为后来《五鬼闹判》的形象来源。这种以立轴表现出游的锺馗图，成为后世画家新的创作源泉。其他以清代画家华嵒创作的同名作品为代表（图12）。

小结

锺馗图的出现与锺馗作为驱鬼神祇的信仰直接相关，最早明确记载锺馗图出现的时期为盛唐初期，其表现内容可能与锺馗信仰中驱傩仪式有关，虽然其形制尚无法确定。张说所得到的锺馗画可能由吴道子绘制，也可能由其他无名画工绘制。就目前的文献推断，锺馗的形象可能很丑陋。吴道子是第一位有锺馗画作品著录于画史的创作者。

五代以后，文献著录中的《锺馗小妹图》，表现锺馗、小妹在众鬼簇拥下出游的场景，实际反映了锺馗驱傩神祇的信仰，揭示了锺馗原有驱傩神祇的身份。与五代开始流行的"锺馗样（击鬼图）"不同，"锺馗出游／出猎／小妹／嫁妹"所表现的是锺馗和其妹及一群鬼魅出行的场景，而这一场景的来源与传统的驱傩仪式中出游的行为直接相关。《锺馗元夜出游图》表现的内容也是驱傩活动，但在人物构成和动作表现上稍有差异，其动作即《东京梦华录》中所记载的"舞判"。

本书认为这一主题类型的锺馗图是锺馗图像的"构拟祖型"。锺馗、小妹在锺馗图中出现与驱傩仪式中的傩公傩母相似，为后世锺馗戏剧和锺馗小说中的情节提供了人物依据。而小说和戏剧的

图 12 （清）华嵒《锺馗出游图》
（南京博物院藏）

发展又丰富了锺馗图像，其显著代表就是小说中锺馗报恩嫁妹的情节导致了《锺馗嫁妹》图的出现。

第四章　锺馗图像的基本型

在现存锺馗图像系列中，还有一类表现锺馗击鬼动作的图像，其形象来源与锺馗传说有关。

第一节　锺馗传说的出现

由于锺馗图像的最早记载出现在唐玄宗朝前后，加之画史中吴道子有作品《十指锺馗》存世，唐代产生了以这两人为主角的锺馗传说，记录在晚唐周繇的《梦舞锺馗赋》中。其情节元素：唐明皇染痁不愈，梦锺馗来舞，病愈，诏吴道子图写锺馗像等，为后世流行的传说提供了蓝本。

在唐代到宋代的正史中，提到锺馗画的只有由欧阳修组织编修的《五代史·吴越世家第七》："岁除，画工献《锺馗击鬼图》，倧以诗题图上，进思见之大悟，知倧将杀己。"[①]而在画论和类书中，则有相当多的记载。

一、画论中的记载

五代时期，由于唐代宫中大量画作随艺术家流到蜀地，西蜀成都成为五代时期重要的艺术中心。加之后蜀政权对佛教和艺术的推崇，建立了画院，集中了许多画师。这些画师在后蜀政权在蜀地兴建了相当数量佛教寺庙的背景下，绘制了大量的宗教壁画，其中包括地狱变相等鬼神题材的作品。后蜀画院中攻画鬼神的画家在岁末都要"例进锺馗"，在记录大量五代艺术家的

---

① （宋）欧阳修.吴越世家第七[M]//新五代史：卷67.北京：中华书局，1974：842.

《益州名画录》中，对于锺馗具体形象，有了最早的记录。

《益州名画录》由黄休复编撰，成书不晚于宋仁宗景德三年（1006年），在"妙格下品十一人"中记载了蒲师训、赵忠义画锺馗图的故事。

> 蒲师训者，蜀人也。幼师房从真，画人物、鬼神、蕃马。……甲寅岁春末，蜀王或夜梦一人，破帽故襕，庞眉大目，方颐广颡，立于殿阶，跂①一足，曰：请修理之。言讫寝觉。翌日，因检他籍，见此古画，是前夕所梦者神，故绢穿损画之左足。遂命师训令验此画是谁之笔。师训对云：唐吴道玄之笔。曾应明皇梦，云：痁者神也。因令重修此足呈进。后蜀主复梦前神谢曰：吾足履矣。上虑为祟，即命焚之。……②

> 赵忠义者，德玄子也。……先是，每年秒冬末旬，翰林攻画鬼神者，例进锺馗焉。丙辰岁，忠义进锺馗，以第二指挑鬼眼睛。蒲师训进锺馗，以拇指剜鬼睛。二人锺馗相似，唯一指不同。蜀王问此画孰为优劣，筌以师训为优。蜀王曰："师训力在拇指，忠义力在第二指，二人笔力相敌，难议升降。"并厚赐金帛。时人谓蜀王深鉴其画矣。③

此段文字对传为吴道子的锺馗图有了较为详细的描述，对击鬼动作的描写也更为具体。重要的是它不仅描述了锺馗捉鬼的故事情节，还记述了吴道子奉旨作锺馗像的原因，这与周繇《梦舞锺馗赋》中所述的原因大体一致。"每年秒冬末旬，翰林攻画鬼神者，例进锺馗焉"表明对锺馗描绘不同于一般的人物画，其描绘时间与年末的岁进节令联系起来，成为一种岁时民俗艺术。

但如果据黄休复的《益州名画录》所载，吴道子的这幅作品可能在蜀中就毁于一炬，那么后来郭若虚和沈括在皇宫看到吴道子所画的锺馗图，就有两种可能：一种是吴道子曾创作了多张锺馗图，这只是其中一张；另一种是郭若虚所见的锺馗图已是后世画家的摹本，也可能是依据吴道子的锺馗图所作的摹本。他在其《图画见闻志》中对所见到的吴氏真迹做这样的描述：

---

① 跂，《辞海》释为"多出的脚趾"，此处指鞋破露出了脚趾。

② （宋）黄休复.益州名画录 [M] // 吴孟复.中国画论·卷一.合肥：安徽美术出版社，1995：215.

③ （宋）黄休复.益州名画录 [M] // 吴孟复.中国画论·卷一.合肥：安徽美术出版社，1995：216.

锺馗样

　　昔吴道子画锺馗，衣蓝衫，鞹一足，眇一目，腰笏巾首而蓬发，以左手捉鬼，以右手抉其鬼目。笔迹遒劲，实绘事之绝格也。有得之以献蜀主者，蜀主甚爱重之，常挂卧内。一日，召黄筌令观之，筌一见称其绝手。蜀主因谓筌曰：此锺馗若用拇指掐其目，则愈见有力，试为我改之。筌遂请归私室，数日，看之不足，乃别张绢素画一锺馗，以拇指掐其鬼目。翌日，并吴本一时献上，蜀主问曰：向止令卿改，胡为别画？筌曰："吴道子所画锺馗，一身之力、气色、眼貌俱在第二指，不在拇指，以故不敢辄改也。臣今所画，虽不追古人，然一身之力并在拇指，是敢别画耳。"蜀主嗟赏之，仍以锦帛鉴器，旌其别识。①

　　在王树村先生的研究中，他认为郭若虚"锺馗样"文字似以《益州名画录》中前所列两段文字修改而来②，旅日学者王卫明在其专著《成都大圣慈恩寺壁画考辨》中，逐条对比了两本画论中对于活跃于蜀地艺术家记载的文字，也得出了相似的观点。③因黄休复书中所记载的画家以蜀中艺术家为主，成书时间较早，可能为流传较早的版本。

　　成书于宋徽宗宣和年间的《宣和画谱》，对于锺馗的记载与《图画见闻志》中的文字相似：

　　黄筌字要叔，成都人。以工画早得名于时。十七岁事蜀后主王衍为待诏。至孟昶加检校少府监，累迁如京副使。后主衍尝诏筌於内殿观吴道玄画《锺馗》，乃谓筌曰："吴道玄之画《锺馗》者，以右手第二指抉鬼之目，不若以拇指为有力也。"令筌改进。筌于是不用道玄之本，别改画以拇指抉鬼之目者进焉。后主怪其不如旨。筌对曰："道玄之所画者，眼色意思俱在第二指；今臣所画，眼色意思俱在拇指。"后主悟，乃喜筌所画不妄下笔。④

① （宋）郭若虚.图画见闻志 [M].黄苗子点校.北京：人民美术出版社，1963：152.
② 王阑西，王树村.钟馗百图 [M].广州：岭南美术出版社，1999：10.
③ 王卫明.大圣慈寺画史丛考 [M].北京：文化艺术出版社，2005：70–99.
④ （宋）宣和画谱 [M] // 吴孟复.中国画论.合肥：安徽美术出版社，1995：572.

在以上几部画史中，重点是记录由黄筌（或蒲师训和赵忠义）在重新描绘传说由吴道子所绘锺馗画时，对于锺馗动作有各自不同的表现：其大体动作相似，而差异只是在手指上；而对锺馗画的起源，则着墨较少。但著录中的画家似乎都已知道是吴道子画明皇梦中疠神而来，其图像表现为"锺馗击鬼"的动作：左手捉鬼头，右手抉鬼目。

二、类书中的收录

在《梦溪笔谈·补笔谈》中，沈括记录了在宫中看到据称是吴道子画的锺馗图，并对锺馗传说有了更详细的描写：

> 禁中旧有吴道子画锺馗，其卷首有唐人题记曰：明皇开元讲武骊山，岁暮，翠华还宫，上不怿，因疠作，将逾月。巫医殚伎不能致良。忽一夕，梦二鬼，一大一小。其小者衣绛犊鼻，屦一足，跣一足，悬一屦，搢一大筤纸扇，窃太真紫香囊及上玉笛，绕殿而奔。其大者戴帽，衣蓝裳，袒一臂，鞹双足，乃捉其小者，刳其目，然后擘而啖之。上问大者曰："尔何人也？"奏云："臣锺馗氏，即武举不捷之士也。誓与陛下除天下之妖孽。"梦觉，疠若顿瘳，而体益壮。乃诏画工吴道子，告之以梦，曰："试为朕如梦图之。"道子奉旨，恍若有睹，立笔图讫以进。上瞠视久之，抚几曰："是卿与朕同梦耳，何肖若此哉！"道子进曰："陛下忧劳宵旰，以衡石妨膳，而疠得犯之。果有蠲邪之物，以卫圣德。"因舞蹈，上千万岁寿。上大悦，劳之百金，批曰："灵祇应梦，厥疾全瘳，烈士除妖，实须称奖。因图异状，颁显有司。岁暮驱除，可宜遍识。以祛邪魅，兼静妖氛。仍告天下，悉仿知委。"熙宁五年，上令画工摹搨镂板，印赐两府辅臣各一本。是岁除夜，遣入内供奉官梁楷就东西府给赐锺馗之象。观此题相记，似始于开元时。①

从结构上看，沈括记载的传说与周繇的《梦舞锺馗赋》相似，高承著于

---

① （宋）沈括. 梦溪笔谈·补笔谈 [M]. 胡道静校注. 上海：上海书店出版社，2002：268-269.

元和年间的《事物纪原》，有了比《补笔谈》更为丰富的内容，并且小鬼也开始自报姓名为"虚耗"。

> 开元中，明皇病痁，居小殿，梦一小鬼，鞹一足，悬一履于腰间，窃太真紫香囊及拈玉笛吹之，颇喧扰，上叱之，曰："臣虚耗也。"上怒，欲呼武士，见一大鬼，顶破帽，衣蓝袍，束角带，径捉小鬼，以指刳其目臂而啖之。上问为谁，对曰："臣终南进士锺馗也。因应举不捷，触殿阶而死，奉旨赐绿袍而葬，誓除天下虚耗妖孽。"言讫觉而疾愈，乃召吴道子图之。上赏其神妙，赐以百金，是以今人画其像于门也。沈括笔谈曰：岁首画锺馗，不知起自何时。皇祐中，金陵发一冢，有石志云乃宋宗悫母郑夫人，云有妹锺馗，锺馗之设远矣。①

而到了明代万历年间由陈耀文《天中记》卷四引《唐逸史》（已佚）"锺馗条"曰：

> （唐）明皇开元讲武骊山，翠华还宫，上不悦，因痁疾作，昼梦一小鬼，衣绛犊鼻，跣（跛）一足，屦一足，腰悬一履，搢一筠扇，盗太真绣香囊及上玉笛，绕殿奔戏上前。上叱问之，小鬼奏曰："臣乃虚耗也。"上曰："未闻虚耗之名。"小鬼答曰："虚者，望空虚中盗人物如戏，耗即耗人家喜事成忧。"上怒，欲呼武士。俄见一大鬼，顶破帽，衣蓝袍，系角带，靸朝靴，径捉小鬼，先刳其目，然后劈而啖之。上问大者："尔何人也？"奏云："臣终南山进士锺馗也。因武德中，应举不捷，羞归故里，触殿阶而死，是时奉旨赐绿袍以葬之。感恩发誓，与我王除天下虚耗妖孽之事。"言讫梦觉，痁疾顿瘳。乃诏画工吴道子曰："试与朕如梦图之。"道子奉旨，恍若有睹，立笔成图进呈，上视之，抚几曰："是卿与朕同梦耳！"赐与百金。②

---

① 引自（宋）高承.事物纪原.（明）李果订.金圆\许沛藻点校[M].北京：中华书局，1989：427.

② 郑尊仁.锺馗研究[M].台北：秀威资讯科技股份有限公司，2004：55.

对于卢肇撰的《唐逸史》，刘锡诚先生在其文中认为是唐末以后的作品。[①]
从文字上来看，可能从沈括记录的传说修饰而来，《唐逸史》中将锺馗应试的
时间变为唐高祖武德年间，对锺馗的籍贯有了交代：终南山人氏[②]；并增加了
"虚耗"的解释："虚者，望空虚中盗人物如戏；耗即耗人家喜事成忧。"《梦粱
录》中就录有宋朝人在十二月二十四夜"家家以灯照于卧床下谓照虚耗"。可
见"虚耗"乃不吉祥之物。

元代秦子晋所编的《新编连相搜神广记》中的文字与上段文字相差无几。

就成书时间而言，沈括所著《梦溪笔谈》晚于黄休复的《益州名画录》
和郭若虚的《图画见闻志》，这些作品虽成书时间不同，却大体上反映了宋代
流传的锺馗传说的概貌。

刘锡诚先生认为，沈括记录的这个传说，被学术界公认是"一个情节最
丰富、最完整的异文"[③]。与画史的文献相比，沈括的记录更为完整，细节更丰
富[④]。锺馗传说，至《事物纪原》所引的锺馗故事，便大致定型，并成为后世
小说《锺馗斩鬼传》和《锺馗平鬼传》的蓝本。沈括的记载比《事物纪原》所
引的故事，更为原始和朴实。在沈括的记载中，玄宗梦见的小鬼，还没有名
字，至《事物纪原》小鬼已被冠以"虚耗"之名，小鬼自奏曰："臣虚耗也。"
此外，《唐逸史》所载的锺馗亦增添了细节："因武德中，应举不捷，羞归故里，
触殿阶而死，是时奉旨赐绿袍以葬之。"

三、传说中的变化

在宋代记录的传说中，锺馗与唐代传说最大的变化是被赋予了进士的身

---

① 参见刘锡诚.象征——对一种民间文化模式的考察 [M].北京：学苑出版社，2002：329.
　另宋代乐史撰《杨太真外传》，均有多处引《唐逸史》内容，可知其成书时间在《杨太真外传》
　之前。

② 按中国古代人对自己籍贯的称谓，一般都以家乡历史上的名称作为郡望，很少采用山名。这也
　可能反映出锺馗从神转化到人的过程。

③ 刘锡诚.象征——对一种民间文化模式的考察 [M].北京：学苑出版社，2002：321.

④ 沈括的《补笔谈》和高承的《事物纪原》都存在后世加入条目的可能性。现存最早的元刻本《梦
　溪笔谈》中并未收录《补笔谈》，而《事物纪原》序中所载，此书在南宋《中兴馆阁》著录时只
　有十卷，293条，而现存明代刻本收录有二十卷，一千多条，其中有许多条目应是后人加入，其
　中"锺馗"条明确为明人修订加入的。另外，从文字上来看，《事物纪原》"锺馗"条中有沈括
　笔谈中的内容，因此，《事物纪原》所收录《锺馗》时间要晚于《梦溪笔谈》收录锺馗相关内容
　的时间，但可能早于《补笔谈》。

份，这一点与森三树三郎和马伯乐所指出的"中国民间信仰和道教中的神灵世界具有与人间一样的官僚政治结构"的观点相符。① 在中国古代民间和道教信仰体系中，锺馗是少数具有进士身份的神祇②，表明了在鬼魂世界中也需要进士，虽然地狱中并没有科举。

传说中另一个对锺馗身份的确认是依据其参加科举考试的时间。按沈括的记录为"武举不捷"之士，表明其参加的是武举。在中国科举制度中，武举开科最早是在武后朝长安二年（702年），应考者和明经、进士的乡贡，均由各州举送，考试主持由兵部员外郎一人主持。③ 在沈括记录的传说里，锺馗武举不中的时期虽没有明确的记载，但应当在武后朝长安二年之后。在《唐逸史》中，锺馗参加科举有了较为明确的时间："武德中，应举不捷"，脱离了"武举"科，应举的时间就由唐玄宗时期改为唐高祖（618—626年在位，武德是唐高祖的年号）武德年间，在后世的锺馗小说《斩鬼传》和《平鬼传》中，更将锺馗应举的时间变更为德宗年间，而吴道子图写其神威的情节则消失了。

另外，传说出现了锺馗死亡的情节。而其出现也有着深层的文化内涵。有关锺馗之死，《事物纪原》亦增加了"触殿阶而死，奉旨赐绿袍而葬"的情节。在中国古代鬼神观念里，一个含冤而死的鬼魂本属于厉鬼，应被驱除，却因得到"赐袍而葬"的厚待，转换成为捉鬼的善神，反映了民间信仰中善恶观的影响。台湾学者孔志明在其《〈左传〉中的厉鬼问题及其日后之演变》文章中，指出中国古人面对生死终结的现象时，常用阴阳两分且对立的模式来解释，其中有一组对立的结构：

自然、非自然＝死的方式

正常、非正常＝死后的处理方式

从其组合来看，有四种组合方式：

甲：自然死亡，正常处理。

---

① 森三树三郎 . 支那の神神の官僚的性格 . 支那学：11卷1号，1943，49–81. Heri Maspero, Taoism and Chinese Religion, 1950; Tran. By Frank A. Kierman, Jr., Amherst, 1981.）转引自刘屹 . 近年来道教研究对中古史研究的贡献 [J]. 中国史研究动态，2004（8）：17.

② 另一位具有进士身份的神祇是苏轼，不过他是以其文采进入信仰体系的，并没有与锺馗一样的传说。

③ 参见李茂肃 . 科举文化辞典 [M]. 济南：明天出版社，1998；20; 杨金鼎 . 中国文化史词典 [M]. 杭州：浙江古籍出版社，1987：463.

乙：非正常死亡，正常处理。

丙：自然死亡，非正常处理。

丁：非自然死亡，非正常处理。①

孔志明认为，此表格能适度反映国人对于死亡的观念，《左传》中的厉鬼属于以上所列示的丁组。从锺馗传说的文字来看，锺馗死亡经历属于乙组，即以非正常的"触阶而亡"，却得到皇帝"赐袍而葬"的正常处理而成为万众的信仰。

锺馗在《梦溪笔谈》《事物纪原》等文献所记载的传说中，被塑造为科举失利、忧愤自杀的失意文人，这个情节便成为后世锺馗绘画主题，锺馗小说、锺馗戏剧的重要内容，以至许多人在研究锺馗起源时，大多以这篇文献记载的锺馗传说为起点，而忽略之前已经存在的锺馗信仰。从这个意义上，这几篇文献所描述的由吴道子所绘制的锺馗图，在锺馗图像的形成上和演变史上，具有了"基本型（Basic type）"的意义。从以上著述的文字来分析，锺馗图像"基本型"所描绘的图像是表现"锺馗捉鬼"的动作，这与"构拟祖型"表现傩仪活动的"锺馗出游／出猎"形成了不同的发展脉络。

小结

总体来看，从周繇《梦舞锺馗赋》中所记载的锺馗传说雏形，到宋代黄休复《益州名画录》、郭若虚《图画见闻志》《宣和画谱》、沈括《梦溪笔谈》、高承《事物纪原》的记载来看，可以得出以下几个推论。第一，从晚唐开始流传，经五代到宋，后世流行的"锺馗传说"已基本成型，并广泛流传。第二，传说的情节为唐明皇染疟病，梦见大小二鬼；小鬼窃物作祟，大鬼捉住小鬼，抉目食之；大鬼自报姓名为锺馗氏；吴道子奉诏作画，图写明皇梦中的锺馗。第三，锺馗出现的原因是他原为应举不中之士，触阶而亡后受赐绿袍而葬，誓除天下虚耗。第四，吴道子所作的锺馗图在五代已成为"吴家样"而被许多画家重述，描绘锺馗最迟在宋代已经与岁时节令民俗联系起来，成为中华民族典型的民俗艺术图像。第五，传说中吴道子所绘锺馗图的画面内容表现的可能是"锺馗杀鬼"的动作。

---

① 引自孔志明. 左传中的厉鬼问题及其日后之演变.

在唐代初年的民俗信仰中，锺馗为一个普通的驱鬼神祇；后世传说首先将其身份人格化，使之成为一名普通的举子，然后通过含冤屈死厚葬而重新神格化，成为捉鬼神。锺馗所借助的是名人所赋予的神力。现身于梨园始祖、风流天子唐明皇梦中，并由画圣吴道子图写其神威而诏行天下，锺馗成为万众瞩目的捉鬼大神，推动了锺馗传说的产生和传播。

第二节　锺馗传说的情节元素

在从唐代中期到宋代流传的锺馗传说中，许多情节元素的出现并非偶然，而是反映了当时人们的民俗心理，其中以"梦境显灵""小鬼作祟""抉目啖鬼"以及"图写神威"等情节元素最具有代表性。

一、梦境显灵

锺馗传说中最显著的情节元素为锺馗出现在唐明皇的梦中，而这种以托梦方式出现的手法与中国古代文化艺术中对梦境的描写有着密切的联系。

在中国古代，最早记录与梦有关的文献是甲骨文中的占梦记录。据胡厚宣先生的研究，在殷墟出土的甲骨卜辞中，出现了较多的"梦"字，其中大多与殷王占卜梦有关[1]。先秦时期，《诗经》中《关雎》"梦寐求之"的诗句可能为最早表现男女相思梦的诗句。《楚辞》中宋玉《高唐赋》《神女赋》中楚王梦遇神女的情节成为后世许多传说的原型。南北朝时期志怪小说的出现和盛行，反映魏晋人喜谈巫鬼的心理，有的在梦境中出现了比较完整的地狱内容，则反映出佛教的影响。在干宝《搜神记》、刘义庆《幽明录》、王琰《冥祥记》等六朝志怪小说中，记载了当时流行的梦境传说和故事，成为后世确立的"鬼魂托梦"故事的主要情节模式。[2]

唐代文学中梦境表现更加普遍，白居易的《长恨歌》也以表现唐明皇与杨贵妃的悲情故事而成为后世唐明皇传说的典范。而宋代乐史所作的《杨太

---

[1] 胡厚宣.殷人占梦考.甲骨文商史论丛初集·下 [M] // 刘文英，曹田玉.梦与中国文化.北京：人民出版社，2003：40.

[2] 《幽明录》中"邓艾梦中显灵修庙"的传说与《益州名画录》中"蒲师训"条中锺馗现身于蜀主梦中请求修补破靴的传说相似。

真外传》中，就有许多故事有着相似的情节，均以梦中显灵的方式表现了一些乐曲的产生，包括《霓裳羽衣曲》《紫云回曲》和《凌波曲》[1]。其中以唐明皇梦中制《凌波曲》最为详细：

> 并梦龙女，以制《凌波曲》。（玄宗在东都，梦一女，容貌艳异，梳交心髻，大袖宽衣，拜于床前。上问："汝何人？"曰："妾是陛下凌波池中龙女，卫宫护驾，妾实有功，今陛下洞晓钧天之音，乞赐一曲以光族类。"上于梦中为鼓胡琴，拾新旧之声，为《凌波曲》。龙女再拜而去。即觉，尽记之。会禁乐，自御琵琶，习而翻之。与文武臣缭于凌波宫临池奏新曲，池中波涛涌起，复有神女出池心，乃所梦之女也。上大悦，语于宰相，因于池上置庙，每岁命祀之。）[2]

两个传说的情节比较如表4-1所示。

表 4-1 两个传说的对比表

传说	情节展开							
	源起	过程			再现		结果	
锺馗传说	梦二鬼，两者装束奇特	上问大者："尔何人也。"	大者报身份锺馗氏	大者捉其小者，刳其目，擘而啖之	梦觉，痁若顿瘳，而体益壮	诏画工吴道子图写梦中锺馗形象	上大悦，劳之百金	因图异状，颁显有司。岁暮驱除，可宜遍识
凌波曲	梦中见一女，容貌艳异	玄宗问姓名："汝何人？"	龙女报身份	龙女乞乐曲以光族类	即觉，尽记之	龙女再次现身	上大悦，语于宰相	因于池上置庙，每岁祀之

以上表格对比传说的情节[3]中，有许多的相似点，包括许多细节。在两个传说中，龙女和锺馗出现在唐明皇梦中有着不同的原因。龙女是"卫宫护驾，妾实有功"而主动要求赐曲；锺馗则是触阶而亡后受到赏赐进士服制安葬而

---

[1] 佚名.唐宋传奇集·杨太真外传[M]//鲁迅全集·第八卷.北京：人民文学出版社，1972：410-429.

[2] 佚名.唐宋传奇集·杨太真外传[M]//鲁迅全集·第八卷.北京：人民文学出版社，1972：416-417.

[3] 此处以《梦溪笔谈·补笔谈》记录的锺馗传说来分析。

报恩于皇上，总体上都以报恩为原因。从传说的展开来看，梦中显灵者的服装均很奇特，唐明皇问话相同，显灵者自报姓名，而梦醒后两者都又重新现身，只是锺馗现身是通过画圣吴道子的画作，而龙女则是在凌波池中出现；最终结果是两者都成为祭祀的对象，锺馗图成为后世画工和画家创作的重要题材，《凌波曲》和龙女保存于文学作品中。从流传的角度来看，龙女的传说仅存于文学作品中，而锺馗传说因为锺馗图的刊行天下而广为流传，反映出图像对民间信仰、民间叙事或传说的传播和传承有着强大的推动力。也正因为有了传说中的名人效应，锺馗图像才有了广泛传播的基础。这表明从唐代到宋代，民间流传着许多关于唐明皇梦中遇神显灵的传说，锺馗的传说只是其中之一。这些传说反映当时民间信仰中对于名人的附会，也影响到其他一些传说的产生。这些传说并不见于正史，本属于民间附会之说，因此，当代一些研究者依据这些传说中的情节来确定吴道子创作锺馗的时间，其研究起点很难成立。

二、疫鬼作祟

"疫鬼作祟"的情节元素在早期的的锺馗传说中并没有出现，但这种观念早在先秦时期就已存在。古人相信灵魂不灭，人死后多数在冥界为鬼。流落于世间与人为伴，致人受难则为作祟之鬼。由于古代瘟疫是烈性和急性传染病的总称，古人将这些传染迅速、很难治愈的疾病归结为来去无踪的疫鬼所为。疫鬼传说中，最著名的就是从汉代开始流传的颛顼氏三子死后为疫鬼的传说。在《汉旧仪》《论衡》的《订鬼篇》《解除篇》中都记载了这样的传说。《论衡·订鬼篇》云：

> 《礼》曰：颛顼氏有三子，生而亡，去为疫鬼；一居江水，是为疟鬼；一居若水，是为魍魉鬼；一居人宫室，区隅沤库，善惊人小儿。[①]

此说在《论衡·解除篇》中也有相似的文字：

> 解逐之法，缘古逐疫之礼也。昔颛顼氏有子三人，生而皆亡。一居江水为疟鬼，一居若水为魍魉，一居欧隅之间，主疫病人。故

---

① （汉）王充. 论衡 [M] // 诸子集成：第9卷. 长沙：岳麓书社，1996：197.

岁终事毕，驱逐疫鬼，因以送陈迎新内吉也；世相仿效，故有解除。[①]

前文所述马王堆出土的汉代医书中"魅"，也为小儿鬼，这些文献表明在汉代，已流行疫鬼的传说，而解除的方法，多以年终举行驱傩仪式来驱逐疫鬼，即方相氏逐疫的仪式。直到南北朝时期，这样的传说依然流行。

干宝《搜神记》卷十六记载："昔颛顼氏有三子，死后为疫鬼，一居江水，为疟鬼；一居若水，为魍魉鬼；一居人宫室，善惊人小儿，为小鬼。于是正岁命方相氏，帅肆傩以驱疫鬼。"[②]

由于相信鬼是无影无踪，古人将人间许多的瘟疫和灾难都归咎于鬼作祟的缘故，其中就包括锺馗传说出现的小鬼，后被冠以"虚耗"的名字。

二、抉目啖鬼

"抉目啖鬼"的情节元素在早期记载锺馗传说的文献中没有出现，在宋代的文献中对此却有较为详细的记载。此情节元素反映了唐至宋代民俗信仰中的驱鬼方法，也体现了古代中国对于"鬼"的理解。而其出现似与更早的民俗传统有关。

（一）抉目行为的起源

在《辞海》里，对于"抉"的解释是"1.挑出；挖出。2.戳；穿[③]"。"抉目"指将眼球挑出或挖出，或指将眼睛戳瞎。在文献中，对于"抉"最早的记载见于《史记·伍子胥列传》中："抉吾眼县（悬）吴东门之上，以观越寇之入灭吴也。"[④]而最近考古发现中出土的一些石刻俑，证明这种行为可以追溯到商周时期。四川省成都市金沙遗址曾出土了八件三星堆文化石刻俑，均为"跪坐人像"。[⑤]其眼睛没有用雕刻的手法进行表现，而采用颜料描绘来表现刻画或用阴线刻出，然后施以彩绘。[⑥]据巫鸿先生的研究，这些石俑的眼睛与三

---

① （汉）王充.论衡[M]//诸子集成：第9卷，长沙：岳麓书社，1996：220.

② ［晋］干宝.搜神记[M].汪绍楹，校注.北京：中华书局，1979：189.

③ 《辞海》（1979年版）缩印本，上海：上海辞书出版社，1980：678.

④ 司马迁撰《史记》卷六十六，伍子胥列传第六，"国学备览"光盘版，北京国学时代文化传播有限公司，2003年5月版.

⑤ 参见《金沙淘珍——成都市金沙遗址出土文物》，北京：文物出版社，2002：171.

⑥ 据笔者2004年在成都市考古研究所看到的这批跪坐人像，其眼睛表现与其他头部器官和头发相比，相当简略。

星堆出土的其他大型人形青铜像所刻意表现的巨型眼睛相比，显示出不同的等级和创作意图。他推测这些石刻俑可能表现的是奴隶或俘虏，可能是用于祭祀的人牲俑。其眼睛可能代表生命和力量，刺瞎眼睛的目的是使其失掉反抗能力[①]。在中国上古时期，"鬼方"与"四夷"经常联系起来，征战中的俘虏或称为"鬼子"，对待他们用抉目的方法可能比较普遍，巫鸿先生的推测也有一定的合理性。而同样的动作出现在锺馗传说中，也反映了民众对于这种方法的笃信。

在唐代孙思邈所著的《千金翼方·禁经上》中，其"捻目"驱鬼的方法可能反映了当时对于驱鬼方法的总结：

> 凡欲行禁者，皆须先捻鬼目。若与男禁，捻左手目。若与女禁，即捻右手目……第二指第二节是鬼目，欲见鬼去鬼击鬼，皆捻之……第三指第二节是地狱治鬼目……第三指第一节下是天狱目，欲禁鬼摄鬼，却鬼杀鬼，皆向王闭气捻这……第三指第三节是鼠目。一名天地狱治鬼目。若住鬼、定鬼住神，皆向王闭气五十息，捻之……第四指第三节是禁鬼目。[②]

以上文字表明，最晚至唐代，人们已经相信抉目或捻目的方法是对付鬼怪有效的方法。这种驱鬼方法出现在锺馗传说中，反映医术中方术对锺馗传说的影响。

（二）啖鬼的传统

锺馗对付鬼的另一种方法是啖鬼，其来源也有多方面的影响。魏晋的志怪小说《述异记》："南海小虞山中，有鬼母，能产天下鬼，一产千鬼，朝产之，暮食之。今苍梧有鬼姑神是也，虎头、龙足，蟒目、蛟眉。"《神异经·东南荒经》也有类似的话："东南方有人焉，周行天下，身长七丈，腹围如其长。头戴鸡父魁头，朱衣缟带。以赤蛇绕额，尾合于头。不饮不食。朝吞恶鬼

---

① 巫鸿.眼睛就是一切——三星堆艺术与芝加哥人像 [M] / / 礼仪中的美术——巫鸿中国古代美术史文编.北京：生活·读书·新知三联书店，2005：70-86.

在附记中，巫鸿先生根据金沙出土的文物报告部分修正他的观点，即这些石人像可能并不是"无目"的。

② （唐）孙思邈.千金翼方·禁经上·禁鬼客忤气第六 [M]/ / 李零.中国方术概观·杂术编.北京：人民中国出版社，1993：28-29.

三千，暮吞三百。此人以鬼为饭，以露为浆。名曰尺郭，一名食邪。道师云吞邪鬼，一名赤黄父，今世有黄父鬼。"而这些传说可能受到西晋传入的《佛说鬼子母经》的影响。其与经文中鬼子母行径相似：多子性极恶，常喜行盗人子杀而啖之[①]。

在中国古代文献中，就有很多食人的记载。当社会处于不稳定的状态时，如战争和饥荒时，就会发生吃人事件。啖鬼与食人有着本质的相同，是"非我族类即可食之"的原始心态的体现。这种抉目啖鬼的行为实际是古代先民对待异族和战争俘虏所采取的血腥杀戮行径，可能用于献祭牺牲或直接吃人。

三、图写神威

锺馗传说中"图写神威"情节最早在周繇的《梦舞锺馗赋》中出现，表明唐代中期以后，已存在民众对图像所具神力的崇拜。而这种图写神威的行为，在汉代纬书《龙鱼河图》中就有相似的记载。

> 黄帝摄政前，有蚩尤兄弟八十一人，并兽身人语，铜头铁额，食沙石子，造立兵仗刀戟大弩，威振天下……蚩尤没后，天下复扰乱不宁，黄帝遂画蚩尤形象，以威天下，天下咸谓蚩尤不死，八方万邦，皆为殄伏。[②]

这段文字表明，古人对于图像所具威力的信服。据朱景玄《唐朝名画录》记载，与吴道子同时代的韦无忝，以画鞍马、异兽独擅其名。"（唐）明皇射猎，一箭中两野猪，诏于玄武门画写之，传在人间，皆妙之极也。"[③]此为画史中最早记录唐明皇诏画家画其神威的记载。同时代的陈闳，以写真及人物画仕女画闻达于世，同样也于唐明皇开元中被召入宫中供奉，"经常写御容，冠绝当代"[④]。《锺馗击鬼图》在《新五代史》的记载中在岁末明确使用，这也是正史中最早使用锺馗画的记载。这种图像的威力来自传说所赋予的名人效应，其实际功效可能只停留在口头传承上。

① 《乾隆大藏经》电子版（第58卷）648.

② 转引自卿希泰.中国道教名[M].成都：四川人民出版社，1996：39–40.

③ （唐）朱景玄.唐朝名画录[M]//于安澜.画品丛书·一.郑州：河南大学出版社，2015：109.

④ （唐）朱景玄.唐朝名画录[M]//于安澜.画品丛书·一.郑州：河南大学出版社，2015：113.

而在宋代以后，另一则梦中显灵、图写神威的传说很大程度受到锺馗传说的影响，即秦琼和尉迟恭成为门神的传说，只不过其主角换成了唐太宗。据明代复刻元代《三教源流搜神大全》卷七载："门神乃唐朝秦叔宝（琼），胡敬德（《西游记》作尉迟敬德，即尉迟恭）二将军也。按传唐太宗不豫，寝门外抛夸弄瓦，鬼魅呼叫，三十六宫，七十二院夜无宁静。太宗惧之，以告群臣，秦叔宝出班奏曰：'臣平生杀人如剖瓜，积尸如聚蚁，何惧魍魉乎？愿同胡敬德戎装立门以伺。'太宗可其奏，夜果无警。太宗喜之，谓二人守夜无眠，太宗命画工图二人之形象全装，手执玉斧，腰带鞭练弓箭，怒发一如平时，悬于宫掖之左右门，邪祟以息。后世沿袭，遂永为门神。"[①] 同样是皇上遇病不豫，其原因也是因鬼作祟，靠两位将军镇守门户才得以安宁，最后命画工图写神威，悬之于门，以息邪祟。这则传说的出现与锺馗图像具有魔力的传说如出一辙。

小结

宋代流传的锺馗传说中的"梦中显灵""疫鬼作祟""抉目啖鬼"和"图写神威"等几个情节，均受到中国古代民俗信仰和民俗生活的影响。这些情节在原有传说的结构基础上，丰富了原有锺馗传说的情节，将锺馗的身份从普通举子升格为驱鬼大神，使锺馗图的威力附加上为皇帝治愈痁病的神迹，对于锺馗形象的最终成型、后世锺馗小说和锺馗戏剧的发展有着重要的意义。

第三节 "锺馗样"的分析与实例

由于宋代内府所收录的锺馗图像已不复存在，无法从实物了解其图像特征，对于锺馗图像基本型的研究，也只能再从文献入手。以下表格（表4-2）是根据宋代画论和文献中的记载，对锺馗图像基本型——"锺馗样"中表现的形象、情节和情境母题所做出的分析。

---

① 《三教搜神大全》卷七，清宣统元年己酉（1909）长沙师园校刻本。此传说的形成时间晚于锺馗传说。

表 4-2　锺馗传说的图像元素分析表

母题 文献	锺馗		小鬼		情境
	形象	动作情节	形象	情节	
益州名画录	破帽故襕，庞眉大目，方颐广颡，立于殿阶，跂一足	（赵忠义进）锺馗，以第二指挑鬼眼睛。（蒲师训进）锺馗，以拇指剜鬼睛	无	无	无
图画见闻志	衣蓝衫，鞹一足，眇一目，腰笏巾首而蓬发	以左手捉鬼，以右手抉其鬼目	无	无	无
梦溪笔谈·补笔谈	其大者戴帽，衣蓝裳，袒一臂，鞹双足	乃捉其小者，刳其目，然后擘而啖之	衣绛犊鼻，屦一足，跣一足，悬一屦	搢一大筠纸扇，窃太真紫香囊及上玉笛，绕殿而奔	宫殿
宣和画谱		锺馗舞于前，以遣痁疠			
事物纪原	一大鬼，顶破帽，衣蓝袍，束角带	径捉小鬼，以指刳其目臂而啖之	鞹一足，悬一履于腰间	窃太真紫香囊及拈玉笛吹之，颇喧扰。曰："臣虚耗也。"	小殿
唐逸史	俄见一大鬼，顶破帽，衣蓝袍，系角带，靸朝靴	径捉小鬼，先刳其目，然后劈而啖之	衣绛犊鼻，跣（跛）一足，屦一足，腰悬一履	搢一筠扇，盗太真绣香囊及上玉笛，绕殿奔戏上前	

一、"锺馗样"的分析

（一）形象元素

从宋代文献描述中，可知宋代流行的锺馗图像可能描绘了两个角色，即锺馗和被捉之鬼。在形象描述上，对锺馗着墨较多，且较统一：即头戴（破）帽，衣蓝（襕）衫（裳），鞹一足，《图画见闻志》提到"眇一目"，即一只眼睛瞎了；小鬼的形象在《梦溪笔谈》和《事物纪原》中有所提及，为"衣绛犊鼻，屦一足，跣一足"，即穿着绛色的犊鼻裈，一只脚穿着草履，光着一只脚。

在传说中，锺馗的服装增加了一些细节，其中对鞋的描述更为具体：鞹足。"鞹"，据《辞海》的解释，指"去毛的兽皮"和"用皮革包裹"[①]，在这

① 《辞海》缩印本，上海：上海辞书出版社，1980：2028.

里应指穿着皮革制的鞋，这与宋代官员朝履用黑革制靴相同。《事物纪原》中提到的"束角带"则与宋代服饰的变化有关。据陈茂同根据《宋史·舆服志》所整理宋代品官冠服制度，犀角带为七品以下的官员佩带①，而其他服饰方面，宋沿袭隋唐旧制，而这一点证明《事物纪原》所载的锺馗已具有宋代一个下层官员的身份，体现进士身份的服饰。

小鬼"衣绛犊鼻"的穿戴与唐以前鬼的形象一致，显示其低下的身份，并延续了"地狱变相"中鬼造型的传统。

（二）情节元素

分析记载最为详尽的沈括《梦溪笔谈·补笔谈》卷三，可将宋代锺馗传说分析为以下几个情节元素：①有人得病，久不愈；②梦中鬼作祟；③梦中鬼显灵，鬼抉目啖鬼。④梦中鬼自报身份。⑤梦醒病愈。⑥图写鬼像。而从宋代对于锺馗图像的记录文献中，可以推导出锺馗图可能表现的行为母题包括：大鬼的行为：①左手捉鬼，②右手抉目，③擘而啖之；小鬼的行为：①揺一大筠纸扇，②窃香囊、玉笛，③绕殿而奔。此传说可以概括为：小鬼作祟，锺馗捉而食之。

而在大多数对于锺馗图像的文献记载中，对锺馗图像的描述可以推导其表现的内容为锺馗双手击鬼时的情节，即以左手捉鬼，右手抉目。

（三）情境元素

在几份宋代文献记载中，只有《梦溪笔谈》所载画跋中提到了锺馗出现在宫殿中，但对于图像有无表现宫中的场景，并没有提及。

对梦境表现的选择上，中国古代美术作品中存在另一种更直接的方式，即在画面中描绘一人沉睡，然后用一团云雾从其头部散开，然后在云雾中表现其梦中的情景。这种图示在表现《长恨歌》中唐明皇梦中与杨太真相遇的情节有反映。这种图示似乎更加符合古人对梦境的理解。

二、"锺馗样"的实例

由于年代久远，沈括、郭若虚等人在内府所见到题为吴道子所绘的锺馗图已不复存在。当代的锺馗研究，对于传说中的锺馗图像，也只能以画论和其他文献所著录的文字材料来分析，而现存的一些五代或宋代的锺馗图像，

---

① 陈茂同. 中国历代衣冠服饰制 [M]. 天津：百花文艺出版社，2005：149-150.

如现存台北"故宫博物院"题为顾阂中所作的《锺进士出猎图》①，因与以上文献记载出入较大，无法作为研究锺馗基本型的资料，反过来也无法印证文献所载的可信度，因而对于其早期的锺馗形象无法得出相对准确的认识。考虑到锺馗图像的影响力和流传范围，笔者试图从海外寻找相似的图像。

（一）日本古代锺馗图像

日本作为深受中国文化影响的国度，也存有大量的锺馗图像，其中一幅名为"辟邪绘"②的画卷中有锺馗的形象，可能是日本现存年代最早的锺馗图（图13），现收藏于奈良国立博物馆。该图描绘的就是锺馗，它与其他四幅善神图像：天刑星③、旃檀干闼婆、神虫和毗沙门天构成了以往被称为"益田家本地狱草纸乙卷"的画卷，在第二次世界大战以后被截断改成挂轴。收录这幅作品的日本 E 国宝网站介绍：此作品与其他的地狱草纸同为一系列六道画卷的作品，大约制作于平安时代（894—1185）末期，即后白河法皇（1127—1192）时期，并收藏于莲华王院的宝库中。还有学者认为此作与《地狱草纸》（东京国立博物馆藏）、《勘当鬼图》（福冈市美术馆藏）上的"词书"出自同一手笔（词书指画卷中为了说明画中情景所添加的文字）。这幅画卷汇集了上述多种罕见图像，与南都（即奈良）有着密切的关系，而且与平安时代在宫廷中举行的"佛名会"（宫廷岁末惯例的忏悔法会）中所使用的"地狱变御屏风"也有关联。④

---

① 案：此图虽有宋徽宗题跋，但《宣和画谱》中顾阂中条目中并无收录。后有米友仁审定画跋，但《中兴馆阁储藏》和《南宋馆阁续录》均未收录，仅见于《石渠宝笈续编》中，其著录和流传线索不明显，可能为后世托名之作。构图和人物动作与现存美国克利夫兰美术馆题为颜辉所作的《锺馗元夜出游图》以及明代张穆所作的《锺进士元夜出游图》完全一致。

② 日本 E 国宝网站。

③ 天刑星如同其名即为施天之刑的星宿，为"阴阳道"的鬼神（阴阳道为日本方术的总称，结合了中国阴阳五行思想与日本固有的咒术信仰），在日本的密教"修法"即加持祈祷之法中也加以采用。

④ 日本 E 国宝网站。

图 13　［日］12 世纪《辟邪绘》（日本奈良国立博物馆藏①）

1. 前图像志描述

前图像志阶段主要描述作品的基本物理事实与视觉事实。此画面以手卷方式展现了两个人打斗的场面，从地面上有几丛小草可推知此图发生的地点在空旷的野外。这两个人体形差距较大，体型魁伟者比弱小者大三倍以上，使画面中打斗呈一边倒的趋势。身体魁伟者面对画面，双眉紧锁，怒目圆睁，双唇紧闭，唇上的髭和两颊到下颚的长髯以嘴为中心分别上扬，身穿右衽（有方胜点暗纹）乌袍，头内戴黑色软脚幞头左右飞扬，外罩圆形笠帽②，并用红色布带系于颈下；脚蹬深色皮靴。魁伟者小臂外露，肌肉虬结，左手捉住弱小者的嘴，右手从其眼眶中掏出眼球（图 14），其左边衣袖和裤管随着左手剧烈的动作而飘扬，整个袖口和裤口圆转。弱小者背对画面，身形瘦弱，双脚赤足，除下体穿红色犊鼻裈外，几乎全裸。弱小者头上仰，头发垂落，嘴被捉住，鲜血已充满了眼眶并已滴落到后背、左腿及地上；他双手抓住魁伟者左手小臂，左脚蹬地，右腿上扬，似乎要奋力挣脱后者的紧握；有一把方形扇子别在腰间，一只香囊缠在魁伟者的右手腕部，悬在右手下，红色的飘带

---

① 日本 E 国宝网站。

② 对于图中锺馗所戴的圆帽，林春美先生据《明史》舆服三的记载，指出这种宽檐笠帽在明洪武末年准许文人和低级官吏佩藏。明太祖在夺取政权后，废弃了元代的服制，根据汉人风俗，上采周汉，下取唐宋，制定了详细而近烦琐的服饰制度。因此这种圆帽可能出现在元代以前，也可以作为判断此幅手卷年代的证据之一。

随魁伟者动作飞舞，与魁伟者飞扬的左袖口和裤口、笠帽上飞扬的红色边缘、弱小者的鲜血正好呼应。另有一把弯刀（或木简）掉下被魁伟者压在脚下。魁伟者身体裸露处着褚红色，与弱小者身体黄褐色形成鲜明对比。

在绘画风格上，画面以工兼写的手法进行描绘。人物线条主要以线描表现，局部有钉头鼠尾描，然后略施罩染色彩。画面中魁伟者胡须、双袖、左脚裤管、白色腰带、红色帽檐带、黑色软脚幞头呈放射状扬起，与弱小者头部的头发自然垂落正好呈现出强弱上的对比。弱小者身形被魁伟者深色衣袍衬出加强了这一强弱对比。

2. 图像志描述

整个画面以黑色和红色为主，充满了血腥味。从旁边的日文内容"赡部州（现世）有一个人叫作钟馗，能捉种种疫鬼，挖出其眼珠，撕掉其身体。因此人们每逢新岁要想镇宅就把其图像贴在门上"[1]可知这幅画作的主题属于钟馗图像系列中的"钟馗击鬼"类型，这一类型的画面内容以表现钟馗传说为主。画面中的魁伟者是钟馗，弱小者是疫鬼"虚耗"，即小儿鬼。画面描绘的是钟馗传说中钟馗在唐明皇梦中捉鬼抉目的动作。

在图中，钟馗啖鬼没有使用掉在地上的朴刀（或木简），而是用手，这一点与《益州名画录》中描述的钟馗击鬼方式一致。画面中钟馗的动作与《图画见闻志》等文献中一致，即左手捉鬼，右手抉目。这表明了在早期的"钟馗击鬼图"中，即忠实地描绘了钟馗传说中钟馗的行为，也体现出当时人们对疫鬼痛恨的心理。在服饰方面，钟馗的服装和靴子与大多数文献所载相似，只是帽子较文献更为复杂：内有软脚幞头，外有圆形笠帽。在现存于世的钟馗图像中，这种圆形笠帽在元代至明代的作品中出现较为频繁，清代以后就较少出现。龚开《中山出游图》画面中钟馗所戴软脚幞头，在后世的钟馗图像中几乎成为钟馗头冠的基本装束。疫鬼（虚耗）的服装与文献描述一致，只是双足都是赤脚，与文献"屦一足，跣一足"相异。鬼浑身上下仅着犊鼻裤的造型，也出现在当时流行的主要鬼神题材——地狱变相中，这体现了当时人们对于鬼形象的共识。在器物方面，《梦溪笔谈·补笔谈》所记载小鬼（虚

---

① 辟邪绘钟馗 题文由日本学者山口津治先生提供翻译（汉语译文）：赡部州（现世）有一个人叫作钟馗，能捉种种疫鬼，挖出其眼珠，撕掉其身体。因此人们每逢新岁要想镇宅就把其图像贴在门上。词书（原文）：赡部州のあひたに钟馗となつくるものあり。もろもろの疫鬼をとらへてその目をくしり、躰をやふりてこれをすつ。かるかゆへにひと新歳にゐを镇するにはこれかかたをかきてそのとにおす。

耗）所窃取太真妃的香囊和纸扇也出现在画面上，玉笛在画面中却没有表现。在人物服饰描绘上，飞扬的衣纹、帽带、香囊飘带与文献记载对吴道子之画"吴之笔，其势圆转，而衣服飘举"相符，而有"吴带当风"之神韵。

图14　［日］12世纪《辟邪绘》局部，魁伟者右手中的眼球清晰可见

由此可以推论，日本画作中锺馗形象与中国文献记载的锺馗形象极为相似，体现了创作者在创作时可能受到中国同名作品的影响。由于此画作与宋代文献所记载的传为"（吴家）锺馗样"的作品有很大的相似性，此图极有可能是由"锺馗样"仿制而来。

3.图像志阐释

在这幅图像的题记中，表达了作品的用途：新年张贴于门上用于驱除疫鬼的镇物，动作为抓住疫鬼，"挖出其眼珠，撕掉其身体"。从以上图像和相关文字中，可以推测锺馗图像在12世纪的日本具有以下几个特点。

首先，锺馗图使用目的与同时代中国宋代作为门神出现在新年门神铺的锺馗像和宫内新年所用锺馗图的目的相同。其次，表明锺馗作为驱除疫鬼的善神，其身份——驱除疫鬼的祜神——来源于中国，最迟在平安时代晚期已传到日本。再次，日本古代也有"疫鬼作祟"的观念，接受了锺馗驱除疫鬼的方法：抉目，擘而啖之。这种民俗从中国传来，但在使用时也出现了一些变化。最后，锺馗击鬼图并非单独使用，而是与其他佛教的善神结合起来，并与地狱变相直接有关。在画面色调上，以黑色和红色为主，反映此题材与鬼神辟邪有关。

图15　（元）《新编连相搜神广记》刻本中的《锺馗样》①

　　如果这幅作品按照其介绍是作于12世纪属实，这对于研究早期的锺馗图像有着很重要的意义。首先，这幅图像在形象母题、情节元素上与锺馗传说大体相符。其次，这幅图像在绘画风格上与文献记载中的"锺馗样"相似。而这幅作品并不是"锺馗样"（吴家样）唯一存世的证据。

（二）元代刻本中的锺馗图

　　元代秦子晋编撰的《新编连相搜神广记》与明代《三教搜神大全》在文字上有许多相似之处，但两者插图则出入较大。从神荼、郁垒等条中比较研究可知前者略早于后者，为较早的版本。其中前者的锺馗图所采用的就是宋代流行的"锺馗击鬼图"，而后者则采用明代以后流行的"锺馗祈福图"（图15）。此插图用单色木刻版画的方式来描绘主题，风格上用白描的手法来表现内容，

①　（元）秦子晋.新编连相搜神广记[M].北京：中国国家图书馆藏。

这可能更接近于宋代的"（吴家）锺馗样"。图中，从背景的云彩表现可知此场景在室外。锺馗捉鬼的动态与日本《辟邪绘》相同，均表现了"左手捉鬼头，右手抉鬼目"的动作。其冠帽造型与日本《辟邪绘》相同，左手衣袖和裤腿的圆转和飘举方向也相同，反映出可能受到相同粉本——吴道子"锺馗样"——的影响。微小的差异体现在两个方面。一处差异是锺馗形象由正面稍转向右侧，眼睛为低头看着小鬼，头内戴软脚幞头，外罩圆形笠帽。因为版画表现服装以线描的方式呈现，其深色的外衣并没有表现出来；小鬼的装束相似，也是着犊鼻裈，对于小鬼脚的描绘则更为贴近文献的描述：一只脚穿鞋，另一只脚赤足，另一只鞋子也别在小鬼左腰。其另一处差异是对于小鬼所窃器物的描绘。在此图中，香囊缠在锺馗的左手上，其飘带飞舞的方向与日本《辟邪绘》相反，纸扇的造型较日本《辟邪绘》中的造型更长更大，与香囊正好呈对称之势。

总体来看，以上两张《锺馗图》虽然在一些形象元素上有所差异，但大体与文献记载中的"（吴家）锺馗样"主要动作"左手执鬼，右手抉目"相似。因此，可以推论出以下几点：首先，这两幅锺馗图像都属于早期锺馗图像主题类型中的"锺馗击鬼"题材；其次，这两幅作品可能根据共同的粉本绘制，即宋代流行的"锺馗样"，亦即文献所记载的"锺馗样"在宋代至元代依旧存世；最后，元代流行的《锺馗样》在描绘过程中如文献所述，艺术家大都表现相同的内容，只是临时变更一些细节，或抉目手指的差异，如《益州名画录》和《图画见闻志》中所记载的拇指或第二指的描绘，或体现在小鬼双足的差异，或表现在纸扇的大小和位置上。

小结

从唐朝中期到宋代的数百年间，流传着唐明皇梦遇锺馗显灵驱鬼，吴道子图写锺馗的传说。在传说出现之前，锺馗的身份并不明确，具有多种因素的影响。而在锺馗传说出现之后，锺馗首先脱离了其原有驱傩巫觋的影响，而开始具有普通举人的身份，并拥有终南山的籍贯；然后通过非正常死亡而获取正常的死后处理的方式，重新具有驱除疠疫的神祇身份，反映了中国古代传统鬼神观中的善恶观，而这些情节也成为后世戏剧、小说中情节衍生的基础。后世的锺馗图中对于锺馗的名号也增加了"终南进士""锺进士""或终南人氏"等称谓，这个身份得到许多文人的认同。

在其流传过程中，梦中锺馗
的动作从跳舞驱祟到捉鬼抉目啖
鬼，锺馗从驱鬼神到举子角色的
转变，屈死而获厚葬等情节的加
入，均反映了古代诸多民俗因素
的影响。在传说的推动下，锺馗
完成了从锺馗信仰中驱傩神祇到
锺馗传说中驱除疫鬼专有神祇的
转变，并在形象上拥有了较为稳
定的程式：身着襕衫，头戴幞头
或帏帽，面相丑陋，浓眉，长髯，
怒目。在文献记录中，五代以降
的宫廷画家及民间艺人，大都在
年末依据传说中由吴道子创作的
"锺馗样"作为祖型进行重述，锺
馗图像成为中华民族典型的民俗

图 16　潍坊杨家埠清代年画《锺馗捉鬼》

艺术图像。锺馗传说中击鬼锺馗形象在"锺馗样"的推动下，逐渐代替反映
锺馗信仰的祖型——舞锺馗图，成为锺馗图像流传的主要文本，即锺馗图像
的"基本型"。以致后人并不知晓锺馗图像表现的形态，而以锺馗传说作为锺
馗图像产生的源头，以表现锺馗击鬼的"锺馗样"作为锺馗图像的祖型。

现存日本的《锺馗图》和元代刻本中的《锺馗》插图，在图像上具有与
锺馗传说记载相似的人物造型和动作特征，被确认为最接近宋代流传的"锺
馗样"图像，即最能反映锺馗图像基本型的实物资料。这表明宋代文献中所
记载"（吴家）锺馗样"的《锺馗图》确实存在过，并影响了其他艺术家的创
作。其流传范围广泛，影响已达海外。但在后世的锺馗图像中，这种表现抉
目啖鬼动作的"锺馗样"并没有延续下来。元代以后，"锺馗样"就完全消失，
取而代之的是锺馗击鬼／啖鬼系列，画面内容为锺馗用刀或剑来杀鬼。潍坊
杨家埠的清代年画《锺馗捉鬼》（图16），虽然其动作还保留了"锺馗样"的
影响，衣袖摆动的方向也相似，但抉目的动作已改为用剑斩鬼。

第五章　后世锺馗图像的演变

自五代以后，锺馗图像的演变就已开始，首先体现在主题类型方面。

第一节　锺馗图像的"文人"衍生型

在主题类型之外，衍生出新的主题类型，即在"锺馗击鬼"和"锺馗出游"两种主题类型以外，还产生了新的主题类型。五代时期，就出现了较为特殊的《寒林锺馗》。

一、《寒林锺馗》的出现

（一）早期文献的记载

最早记载《寒林锺馗》的文献是《宣和画谱》第十一卷，"山水二"云：

> 董元，江南人也。善画，多作山石水龙。然龙虽无以考，按其形似之是否，其降升自如，出蛰离洞，戏珠吟月而自有喜怒变态之状，使人可以遐想。盖常人所以不识者，止以想象命意，得于冥漠不可考之中。大抵元所画山水，下笔雄伟，有崭绝峥嵘之势，重峦绝壁，使人观而壮之，故于龙亦然。又作《锺馗氏》，尤见思致。……今御府所藏七十有八：
>
> ……寒林重汀图一，寒林锺馗图二，雪陂锺馗图二，寒江窠石图一，寒林图一，松槚平远图一，水石吟龙图一，风雨出蛰龙图二，山洞龙图一，戏龙图二，升龙图一，跨龙图一，跨牛图一，饮水牧

牛图一，锺馗氏一，岩中罗汉像一……①

董元，一作董源，字叔达，锺陵人（今江苏南京人，一说江西进贤），其生卒年已不可考。曾为南唐的北苑副使，主要活动于五代南唐时期。他擅长山水、人物、水龙、牛虎，擅长《锺馗》画。在《宣和画谱》著录的锺馗画中，共有三类主题：《寒林锺馗》《雪陂锺馗》和《锺馗氏》，共计五幅作品，其中《寒林锺馗图》就有两幅。这表明在北宋宣和年间，内府曾收藏两幅题为董源作的《寒林锺馗图》。由于缺少其他资料，尚不能对其创作时间、创作动因、形制，材料和尺寸做出判断，仅从其名称上推测，可能描绘了站立在"寒林"中的锺馗。在同时代的其他画论和画史著作中，都没有其他画家创作《寒林锺馗》的记录，这也反映了董源可能是这一题材锺馗图像的开创者。另一方面，从各种文献所记录的锺馗图来看，董源创作的锺馗图像数量仅次南唐另一名画家——周文矩，而后者的身份为翰林待诏，著名的人物画家，他创作的锺馗画主要以《锺馗小妹图》为主，《宣和画谱》著录有五幅：

周文矩，全陵句容人也。事伪主李煜，为翰林待诏。……今御府所藏七十有六：

天蓬像一，北斗像一……锺馗氏小妹图五……锺馗图二……②

后来由于北宋灭亡，大量内府收藏书画流失，这两幅《寒林锺馗》可能也难逃厄运，在南宋和元代的画史及其他文献中消失，直到元代才重新出现。

（二）后世画跋上的记录

明代何良俊的《书画铭心录》曾记录了王蒙③所绘制的《寒林锺馗》：

王叔明画《寒林锺馗》，僵树色佳，但纸太薄，耳上题云：昔在大都，尝见董北苑画《寒林锺馗》，洪武甲子在海上外孙陶振家守岁，因想象其意作此一纸。④

---

① （宋）宣和画谱 [M]// 吴孟复 . 中国画论 . 合肥：安徽美术出版社，1995：542.

② （宋）宣和画谱 [M]// 吴孟复 . 中国画论 . 合肥：安徽美术出版社，1995：522–524.

③ 王蒙（1308—1385），字叔明，号黄鹤山樵、香光居士，吴兴（今浙江湖州）人。

④ 转引自（清）王原祁 . 佩文斋书画谱·卷九十八：历代鉴藏八·第五册 [M]. 北京：中国书店，1984：2889.

在这段画跋中，记录了作为元四家之一的王蒙，在元大都（今北京），曾见到董源所作的《寒林锺馗》，并于洪武甲子（1384年）除夕守岁时，模仿其笔意创作了同名作品。前面曾提到《寒林锺馗》并不是流行的锺馗题材，其数量相当有限。由于北宋以前的绘画作品中极少留有创作者的姓名，王蒙却能知道所见作品为《寒林锺馗》，系董源所作，表明作品上锺馗的形象可能容易辨识，画上也可能存有宣和内府的收藏印记或题记，表明由董源创作的《寒林锺馗》可能在北宋靖康之难或元末在北方流传，在元代末年仍存于世。而王蒙创作的时间在除夕也表明描绘锺馗画的时间仍处在岁末，其创作原因为"想象其意"的重述，其创作所用的材质为纸。由于何良俊对于画中内容的描述只有"僵树色佳"，表明作品可能主要描绘树林，手法为设色，而对于锺馗人物的描绘就不得而知。

贡布里希在《艺术与错觉》中曾提出"先制作后匹配（making comes before matching）"的艺术发展原则。意为艺术家在"匹配过程本身是通过图式和矫正的一个个阶段进行的。每个艺术家首先都必须有所知道并且构成一个图式，然后才能加以调整，使它顺应描绘的需要"[①]。在同一书中，贡布里希还指出："没有一个艺术传统像中国古代的艺术传统那样着力坚持对灵感的自发性的需要，但是，我们正是在那里发现了完全依赖习得的语汇的情况。"[②]

在中国传统绘画中，一种题材被创造出来，特别是被一些具有开创性或传奇色彩的艺术家所作，通常会被确立为一种样式，如"张（僧繇）家样""吴（道子）家样"等，后世的艺术家，不论其身份是民间画工还是宫廷画师，或者是官员或失意落魄的文人，在创作相近题材的作品时，往往复制传统的样式/图式，即进行"重述"。这可能比创造一个新的图式更为重要。在画史记载中，对于"寒林锺馗"这样具有文人内涵，并由董源所开创的题材，像王蒙也只能想象其意而为之。

此后明代另一位收藏家詹景凤在其《东图玄览》中也著录了这一作品：

---

① ［英］E.H.贡布里希.艺术与错觉：图画表现的心理学研究[M].林夕，李本正，范景中，译.长沙：湖南科学技术出版社，1997：84.

② ［英］E.H.贡布里希.艺术与错觉：图画表现的心理学研究[M].林夕，李本正，范景中，译.长沙：湖南科学技术出版社，1997：109.

　　王叔明《寒林锺馗①》，笔法秀爽，其《溪桥玩月图》，人物屋宇
树石并佳，顾仲方藏②。

　　顾仲方为明代著名收藏家，这段著述只讲明作品"笔法秀爽"，可能表明
作品描绘的树木清新爽朗，同样无法探究其人物造型特点。

　　在清代，王蒙的作品可能依然存世，金农在其著名的《醉锺馗》画跋中，
也提到了王蒙的同名作品。可惜王蒙的《寒林锺馗》也没有流传下来，与董
源同名作品的命运相似，都湮灭在历史的尘埃中③。

　　《寒林锺馗》作为文献中著录最早的锺馗图像之一，可能是由董源开创。
与其他创作锺馗图作者身份不同，他曾官至北苑副使，因此，这幅作品就可
能与北宋其他锺馗图像有着不同的内涵，而可能具有士大夫官员的审美趣
味。④ 明代的董其昌就将其作为文人画的佼佼者。元代王蒙在元代大都看到了
董源的作品，并模仿其意"重述"了一张相似的《寒林锺馗》。

二、后世的《寒林锺馗》图

（一）"寒林"名称的由来

　　从前述的文献记载中，可知董北苑创立的《寒林锺馗》，主要描绘的是锺
馗所站立的背景——"寒林"。因此，《寒林锺馗》实际上是描绘有锺馗的山
水画，与五代出现的"寒林"山水画直接有关。"寒林"山水题材首先出现于
五代，这与山水画的发展有关。明代董其昌论画，称唐代前无寒林图，自李
成、郭熙以后才有这种题材出现。其特点是描绘寒冬中的树木，萧瑟冰冷的
山水场景。

　　"寒林"题材出现在五代，其中一个因素可能与唐宋的政治、文化等各方
面因素对文人心态的影响息息相关。盛唐的富庶可能使唐人更偏爱堂皇、繁

---

① 原文作"旭"。

② （清）王原祁.佩文斋书画谱·卷九十九·历代鉴藏九：第五册 [M].北京：中国书店，1984：
2895.

③ 在王振德、李天庥编著的《历代钟馗画研究》中，曾收录题为王蒙的《寒林锺馗》，后从题款"寒
林锺馗甲午除夕戏作"证实为现藏台北"故宫博物院"题为文征明所作的《寒林锺馗》。见王振
德，李天庥.历代钟馗画研究 [M].天津：天津人民美术出版社，1983：82.

④ 在本书范围内，并不涉及文人画的产生与其范围。按传统的研究，文人画兴于唐代的王维，成
熟于元代，以赵孟頫和元四家为代表。

盛的艺术表现，而且唐代的强大国力又是文人把山水作为纯粹审美对象的原因；而宋的国势显然远不及唐，因此，五代、宋人在山水的审美之外，更赋予了画家自己内心对国家命运的忧心，这也是宋代艺术比唐代艺术更显内敛的原因之一。因此，董源等五代画家开创的《寒林图》是当时社会现实与文化心态双重作用下的产物。

另一重要因素来源于山水画自唐代以来发生的演变。其开创者之一就是董源。董源刻意描绘江南的秀丽景色，连绵的山林，林麓州渚，山村渔舍，与气势雄浑的北方山水画有很大的差别，其表现手法也有所不同。五代荆浩综合唐代吴道子山水画有笔无墨，项容山水画有墨无笔之长，独成一家，使山水画的风格为之大变。

还有沈平山等学者认为"寒林"与"翰林"有关，象征金榜题名①。郑尊仁先生认为这种观点虽言之成理，但与画面萧疏的氛围不符。在林春美先生的《午日锺馗画特展》一文中，认为李特（Stephen Little）因其谐音把"寒林"当成"翰林"时，没有考虑锺馗这位武举不捷之士，与司职文学的翰林学士性质完全相反②。此外，古人以为林中是魑、魅、魍、魉出没的地方，寒林自然是锺馗最需用武的地方了。

从同时代的其他作品来看，梁楷所作的《六祖出山图》也描绘了寒林中的僧人形象，如从宋代佛教对文人的影响来看，这幅作品当对《寒林锺馗》的出现有一定的影响。

（二）后世的同名作品

明代以后，有许多画家创作了《寒林锺馗》，其中一部分流传下来。

现存台北"故宫博物院"的三张《寒林锺馗图》，一张题为元代画家陈琳的同名作品（图19），另一幅为明四家之一的文征明作于甲午（1341年）除夕的《寒林锺馗》（图17），最后一幅则为明代画师李士达所作的《寒林锺馗》（图18）③。此外，还有一幅由文征明的学生钱毂所绘定名为《画锺馗》的作品④

① 郑尊仁.锺馗研究[M].台北：秀威资讯科技股份有限公司，2004：147.

② 引自林春美《午日锺馗画特展》。

③ 对于这幅作品的名称，据《石渠宝笈》三编第十册的题款："甲寅腊月写于石湖村舍，李士达。"和传世作品比对，其定名可能有误，据清代刘璞的《腊转春回》图来看，可能定为后者更为确切。这类画作也属出游系列。

④ 这四幅作品均著录于《石渠宝笈三编》，台北"故宫博物院"《故宫文物》第75期《画里锺馗》一文中有这几作品的图片。台北"故宫博物院""数位典藏计划"中也有这几张作品。

（图20），其构图和人物造型与前两幅作品相似，也应归属为"寒林锺馗"图像。南京博物院还藏有一幅由文征明儿子文嘉作于万历癸酉（1573）年的同名作品。日本大阪美术馆也藏有一幅李士达作的《寒林锺馗》。这些作品除台北"故宫博物院"藏的李士达的作品与其他作品有较大差异之外，其他作品在很大程度上具有相似性，都表现为寒林中持笏独立的锺馗，人物服饰造型、神态及动作动态相似，但对背景，即寒林的描绘上表现出较大差异。

图17　（明）文徵明《寒林锺馗》（台北"故宫博物院"藏）　　图18　（明）李士达《寒林锺馗》（台北"故宫博物院"藏）　　图19　（元）陈琳（款）《寒林锺馗》（台北"故宫博物院"藏）

文征明的《寒林锺馗》是这几幅作品中艺术表现力最强的作品。其背景的描绘与同时期的山水作品风格相符，而人物形象也表现细腻，特别是脸部表情丰富。石守谦在其研究中，认为此作品中的人物画可能为仇英所绘，其寒林背景则由文征明完成，并认为此主题的锺馗图像的开创者是王蒙。[①]

画上自题："寒林锺馗、甲午[②]除夕戏作"则揭示出锺馗图像文人创作的传统。从龚开《中山出游图》中画题称"人言墨鬼为戏笔"开始，"戏笔""戏作"及"戏墨"便成为后世文人创作锺馗题材时常见的款识。在《中山出游图》

①　石守谦.雅俗的焦虑：文征明、锺馗与大众文化[J]//台北：台湾大学《美术史论研究集刊》第16期，2004：307-336.

②　案：文征明生卒年为1470—1559，甲午为1534年，时年文征明65岁。

的题跋中，龚开并不同意墨鬼为戏笔，而是将其与书法中草书相比。而且他对当时人将锺馗画为野涧中的豪猪，甚为不满，因而创作《中山出游图》，目的是"庶不废翰墨清玩"。而文征明创作的锺馗，则更加儒雅，体现了近于真书的锺馗。其后，明代画家，如文嘉、钱穀、李士达、张翀（图21）、李麟等人，均创作了此主题类型的锺馗图像。

图20 （明）钱穀《画锺馗》（台北"故宫博物院"藏）　图21 （明）张翀《寒林锺馗》　图22 （清）奚冈《寒林锺馗》（中鼎国际拍卖公司拍品）

现存《寒林锺馗》的图式是否由文征明开创，古代的画家有着不同的观点。在1773年奚冈所作的《寒林锺馗》（图22）自题跋中，其自述作品虽仿自文水道人，即文嘉，但也认为此《寒林锺馗》也源自王蒙（王叔明）：

文水道人画《寒林锺馗》，乱樾纵横，云阴惨淡，甚得鬼神幽凛
之趣。大都本之叔明（王蒙），而用意则有独到者。①

奚冈的观点可能在清代有一定的代表性，即《寒林锺馗》的开创者为王
蒙。此段画跋也反映了后代艺术家创作时，亦以前代作品作为范本进行重述，
只在局部进行变化。

陈琳的同名作品（图19），题款为大德庚子（1300年）五月朔。如果按
照著录果真是陈琳的作品，那将为现存最早的《寒林锺馗》图。但据台北"故
宫博物院"在其数位典藏计划中，对其作者的真实性提出疑问：因其与文征
明作品相仿，且画功略逊一筹而归为明人托名之作。其另一个疑点在于画作
题跋"五月朔"。早期锺馗图一般作于岁末，即使钱榖所作的一幅后来定名为
《午日锺馗》的作品，其题款也是作于冬月②。另外三幅作品，均作于腊月。研
究者大都认为，锺馗图创作和使用时间出现变异，其明确时间要到明代后期。
由此可以确定这幅作品当为元以后的作品。

（三）同时代的其他锺馗画

在《宣和画谱》中，还著录有题为由董源创作的，其他两种主题类型的
锺馗图——《雪陂锺馗》和《锺馗氏》，但都没有保存下来。在其他文献中，
对其他艺术家创作的这两种类型锺馗图，有较详细的描述。这些记载对于推
测董源所描绘的《寒林锺馗》的内容，或许有些帮助。在宋代李廌所著的《德
隅斋画品》中，对《雪锺馗》有以下描述：

雪锺馗

破巾短褐，束缚一鬼，荷于担端，行雪林中，想见武举不中，胸
中未平，又怒鬼物扰人，擒捕击搏，戏用余勇也，皆孙知微所作。③

这里描述的《雪锺馗》内容，也体现了锺馗传说的影响，即锺馗"武举

---

① 见奚冈原画题跋。此画见于卓克艺术网.

② 原文：明钱榖画《午日锺馗》一轴，纸本。纵四尺九分，横九寸八分。浅设色。画松下锺馗。
乌帽绿袍，手执笏，旁有鬼卒捧瓶。插石榴灵芝以献。款：癸亥（1563）仲冬廿日，钱榖写。
（清）石渠宝笈三编·第十册·延春阁藏二十四·列朝名人书画[M]. 北京：北京出版社，2004：
1969.

③ （宋）李廌. 德隅斋画品[M] // 于安澜. 画品丛书. 上海：上海人民美术出版社，1982：161.

不中"，与沈括《梦溪笔谈·补笔谈》中内容相符，反映出在锺馗传说的影响下，锺馗文人身份的认知在宋代已成为较广泛的共识。而其表现内容与文献中记载的《锺馗击鬼》和《锺馗小妹图》存在差异。首先是人物构成上与《锺馗击鬼》相同，为锺馗和一鬼，但动作则有差别：锺馗将鬼捆绑起来，并荷鬼于担上，行走在雪林中。与现存的《寒林锺馗》图相比，在境景上相似，而动作上则有不同。

　　而在同篇画品中，还著录有另一种主题类型的锺馗图，是由石恪描绘的《鬼百戏图》：

　　　　锺馗夫妇对案置酒，供张果肴，乃执事左右，皆极其情态，前有大小鬼数十合乐呈伎俩，曲尽其妙。[①]

图 23　明无款《鬼戏图》（天津市艺术博物馆藏）

① （宋）李廌．德隅斋画品 [M]//于安澜．画品丛书．上海：上海人民美术出版社，1982：163．

在这幅锺馗图中，人物角色数量更多，几乎与"出游图"中的人物相仿。从著录中出现"锺馗夫妇"，反映出宋代对驱傩仪式中的锺馗与妇人形象，也有"夫妇"的解读。但无论是小妹还是夫妇，其最早都应该归于《秦中岁时记》中所记载的"岁除日进傩，皆作鬼神状，内二老儿：傩公傩母"。虽然这幅作品没有存世，但明代一幅无款的《鬼戏图》（图23）所描绘的画面与著录的内容相似，可作为图像参考。此图像与宋代流行的另一表现神鬼情节的《搜山记》中的鬼神形象相似，表现了自宋以来鬼神画作为人物画科一类的传统。

以下表格（表5-1）是对文献中载录宋代锺馗图像各主题与存世作品进行的分析。

表 5-1　宋代锺馗图像各主题与存世画作的元素分析

锺馗图像类型	动　作	服　饰	角　色	情境	例证		
					著录文献	传世作品	形制
寒林锺馗	秉笏独立	头戴幞头，身着进士服，斜领半开	锺馗	寒林中	《宣和画谱》董源作品	明代文征明《寒林锺馗》	轴、纸、墨笔
锺馗击鬼	左手捉鬼，右手抉目	头戴圆形笠帽，身着襕衫	锺馗、小鬼（虚耗）	野外	《梦溪笔迹》传吴道子所绘	日本平安时期《锺馗图》	卷、绢、设色
锺馗小妹／出游	锺馗坐舆中，小妹、随从（众鬼）出游	头戴幞头，身着襕衫。	锺馗、小妹（夫妇）随从（众鬼）	野外	《宣和画谱》董源等人所作	龚开《中山出游图》	卷、绢、设色
雪陂锺馗	束缚一鬼，荷于担中，行雪林中	破巾短褐	锺馗小鬼	雪林中	《德隅斋画品》孙知微作品		
鬼百戏图	对案置酒，供张果肴，乃执事左右，皆极其情态	前有大小鬼数十合乐呈伎俩，曲尽其妙	锺馗夫妇，大小鬼数十	野外	《德隅斋画品》石恪所作	明代无款《鬼戏图》	轴、绢、设色

从以上表格可以看出，在宋代的锺馗图像中，与其他图像主题类型相比，《寒林锺馗》是相对独特的一种主题类型：其主体为山水画，从图像中人物构

成的单一性①和无所事事的动作可以看出，此图可能更能反映文人对于锺馗悲愤致死而获功名的同情，以及对于寒林中人物独处，参禅入定的文人心态。

小结

从存世作品和文献著录来看，《寒林锺馗》是锺馗图像主题类型中较为特殊的一类。在形制上，《寒林锺馗》图采用与"锺馗样"相同的立轴来构图；在人物角色选择上，仅表现锺馗独自一人或加上一个小鬼；在行为元素上，与传统锺馗图像有较大的差异，既没有表现出游的傩仪，也没有刻画抉目唉鬼的动作；在人物的艺术表现上，创作者依然保留了传统锺馗图像中锺馗的固有特征，用工兼写的手法来描绘。其原因可能受到锺馗形象程式性的影响，也可能创作者需要保留其举子的形象特征，而得到观者的认知。从创作者的构成来看，这类作品仅由文人画家或官员创作，体现了创作者对锺馗文人身份的认同，并对其靠非正常死亡而获取的功名的理解。与传统锺馗图像相似之处在于，这些作品的创作时间依然在岁末，其作品使用的时间和空间可能与传统锺馗图像相似。

第二节　锺馗图像的"世俗"衍生型

一、祈福锺馗

与早期驱邪的锺馗图主题类型不同，在宋代以后出现了表达祈福迎祥民俗心理的锺馗图，其主要特征是画面中出现象征吉祥的物品和动物，如灵芝、石榴、柏枝、蝙蝠、蜘蛛等，或以动作的谐音来表达吉祥内涵。这种变化体现了古代吉祥文化的影响，但对于其出现的确切时间，尚有待发掘新的材料来证明。

如果据文献记录，图像中最早出现吉祥物品的是《石渠宝笈三篇》所著录题为南宋画家苏汉臣的《锺馗迓福图》："设色画岩树下锺馗执笏，一红蝙蝠翔笏上。旁有鬼卒，负壶卢十二枚。款：画家待诏苏汉臣。"②由于这幅作

---

① 在明代李麟的《寒林锺馗》中，也出现了小鬼。参见《名家翰墨：名家画锺馗特集》
② （清）石渠宝笈三编·延春阁藏十三·历朝名人书画 [M]. 北京：中国书店，1984；1483.

品已不存世，在其他画论、画史或鉴藏名录中也没有对明代以前"祈福锺馗"作品的记载，因此仅就这一件作品尚无法确定南宋末年出现了以"祈福"为主题类型的锺馗图像。

在存世的作品中，据林春美先生的研究，现藏台北"故宫博物院"题款为钱毂的《午日锺馗画》[①]可能为最早表现祈福题材的锺馗图像。在这幅作品中，锺馗置身于树林中，头戴一般农人耕种时戴的平顶、宽檐笠帽[②]。手持长笏的锺馗，迎视一小鬼捧来一瓶红色、熟透、象征能驱邪辟耗的五月石榴，和能延年益寿的灵芝。"灵芝"加上自林间飞下来的两只喻福的"蝙蝠"，以及寓喻平安的"花瓶"，确定了此画的吉祥意蕴。因此，画中的锺馗不只是驱邪神，已具有吉祥神身份。

题为明宪宗朱见深作于成化辛丑年（1481年）的《岁朝佳兆图》（附图10）又名《柏柿如意图》中，已出现了象征吉祥含义的物品。画中锺馗头戴宽檐笠帏帽，身着襕衫、穿靴、系角带，一脸严肃，平头迎视从天而降的蝙蝠，向画面的右边行进。他右手平举，持一把头饰灵芝的如意，喻益寿如意。他左边打赤脚的小鬼双手高捧一盘柏枝和柿子，取其谐音"百事"。两者手上的东西合起来又产生新的寓意，即百事如意，与作者自己题诗的标题《柏柿如意》相映衬。

柏林如意

一脉春回暖气通，风云万里值明时。画图今日来佳兆，如意年年百事宜。

从题款中可以明确看出此画的含意：期望锺馗在元旦降福，赐大家万事如意。从画名可知这幅作品仍作于岁末年初。

另一幅收录于《钟馗百图》中题为叶澄所作的《锺馗夜巡》，图中小鬼所执之物有双柿，如意、谷穗等物，也有祈福迎丰年佳兆之意。

---

① 此图的锺馗形象与其他两幅归为钱毂名下的锺馗作品《岁朝图》《寒林锺馗》在笔法上有差距，特别是在衣纹的处理上。后两幅线条流畅，用工兼写的笔法绘成，而第一幅处理得较为生硬，因此后两幅作品水平较高，前一幅可能为托名之作。

② 据《明史》卷67，志第43，舆服三载，这种帽子在洪武（1368—1398）末年准许文人和低级官吏戴这种覆斗暖帽，但在元代许多画作都有表现。

在祈福锺馗系列图像中出现最多的是蝙蝠，以至成为后世锺馗图像创作不可或缺的角色。《只见福来》《接福图》《立见福来》等画作，成为后世创作者喜爱的创作主题。特别是民间画师，在其创作中，更是将锺馗和蝙蝠共同表现。其他吉祥物品，如蜘蛛出现的频率也较高，也是因为其吉祥寓意。蜘蛛，俗称喜子。在《荆楚岁时记》的"七夕"条中，就有"是夕，人家妇女结彩缕……以乞巧。有喜子网于瓜上，则以为符应"的记载，表明南北朝时期，人们对于蜘蛛已有祥瑞之意的认识。除吉祥物品作为图像的形象表现外，一些动作，因其谐音的吉祥寓意，也成为祈福锺馗图像的表现对象。明代晚期李泽普等人合作的《山水人物》册页之七《吉庆图》，就是其实例之一。画面描绘锺馗摘帽脱靴，解剑和角带于身后，侧坐于榻上，左手支撑身体，右手用如意敲击悬挂的磬，意为"吉庆（击磬）"。画名《吉庆图》，即取各与"击磬"同音。从款识上可知此画作于明崇祯甲申年（十七年，即1644年）三月，其目的是为"燕翁先生'获兰'大喜"，作者署名为"越山梅颠"。另一幅现藏于台北"故宫博物院"的明人无款《吉庆图》（附图21），也表现相似的寓意。画面描绘锺馗头戴幞头，身着襕衫，配剑执笏，右手高扬，做击磬状。旁有童子捧瓶侍立，瓶中插一如意，其上悬挂玉磬。锺馗的造型，除了身材壮硕外，还表现在线条运用上，脸上的胡须飞扬、手足舞蹈的动势，均用笔豪迈、粗犷。而清代徐玫、杨晋、顾昉、徐云路作于康熙三十一年（1692年）的《锺馗梅鹊图》（附图12），与明代李泽普所绘动作相似，也是锺馗坐于榻上，用如意敲击悬挂的玉磬，属于同一祈福类型的锺馗图。所不同的是，两幅作品的构图相反，后者还增加了梅、竹、鹊、水仙等其他吉祥物品。本节后段的表5-2为锺馗图像中吉祥物分类表，搜集了自明代以来，锺馗图像中出现的吉祥物品。

二、《端午锺馗》

农历五月五日为端午节，也称天中节，是中国传统的节日。在古代，因其月令为仲夏，属于阴阳交汇的日子，据《荆楚岁时记》记载，"五月俗称恶月"[1]。从魏晋南北朝开始，就有采艾剪为人形，悬于门户上以禳毒气的风俗，并有以菖蒲、艾叶泡酒饮用，剪艾为小虎佩带，以五色丝带缠小儿臂谓之辟

---

[1] 梁宗懔撰《荆楚岁时记》第二十八条，宝颜堂秘籍本。

兵缯（或曰长命缕、续命缕、五色丝、朱索等名）以避瘟的风俗，并有水上竞渡纪念伍子胥或屈原，竞采杂药并蓄药以蠲除毒气等风俗；后世将夏至食角黍的习俗移至端午，宋代开始出现悬天师像和挂灵符以避瘟的风俗。这些风俗一直流传至今。而在明末清初，开始在端午节悬挂锺馗画，但其出现的具体时间和原因却很难考证。

从民俗资料的记载来看，最早记录端午悬挂锺馗画的是清代康熙十四年（1675年）修、二十二年（1683）继修的《海宁县志》："五月五为'天中节'。……各家贴符于堂，或悬真人、锺馗像以辟邪。"[①]从此段文字可以看出，锺馗画出现在端午，是与天师像和道符共同出现的，其作用是辟邪。此前明代陈三谟编修的《岁序总考全集》和田汝成撰的《熙朝乐事》等风俗文献中，均没有此方面的记载。此外，这种风俗并不是全国性的改变，而是具有明显的地域性特征。从民俗资料的记载来看，以华东地区为主，华北地区仅有北京、天津等少数县市悬挂锺馗，全国其他地区端午时节，仍以挂天师像为主。[②]

画跋上的记录则更早。林春美先生从画名来看，认为明代钱穀所绘制的《午日锺馗》可能为最早的端午锺馗作品。据《秘殿珠林石渠宝笈三编》所著录的款"癸亥[③]仲冬廿日，钱穀写"[④]，则此画作于1563年11月间，可知这幅作品尽管被著录为《午日锺馗》，但实际仍属于岁末描绘用于年初锺馗祈福系列。从存世的作品来看，最早在端午前后创作锺馗应属明代职业画家李士达的《锺馗图》（附图6）。画中锺馗双手持笏板，双目圆睁，斜眼盯着身前肩舆一小鹿似的小鬼。锺馗的装束与前代大体相似，头戴软脚幞头，身着官袍，穿革靴；小鬼身材瘦小，上身赤裸，下身仅着短裤，赤脚。此作品由美国高居翰（Dr. Jame Cahill，1926—2014）先生旧藏。从画跋可知此画作于万历丙午年（三十四年，即1606年）端午前一日。而此时大多数锺馗画作还是在岁末所作，用于岁朝祈福禳祸。到了明代末年，部分画家开始普遍在端午前后创作锺馗画，如著名人物画家陈洪绶就有两幅端午时所作锺馗图像作品传世。其中作于顺治一年（1645年），题为《劝蒲觞》的画作（附图14为任熊的仿本），表

---

① 丁世良，赵放.中国地方志民俗资料汇编：华中卷中 [M].北京：书目文献出版社，1991：663.

② 丁世良，赵放.中国地方志民俗资料汇编：华东、华北、东北、西南、西北各卷 [M].北京：书目文献出版社，1991.

③ 案：癸亥为嘉靖四十二年，即1563年.

④ （清）秘殿珠林石渠宝笈三编·延春阁藏二十四·列朝名人书画 [M].北京：北京出版社，2004：1969.

现了簪花锺馗的侧面形象。画中锺馗独自一人，右手执剑，左手捧一杯插有菖蒲和艾叶的酒尊。另一张为顺治五年（1648年）所作，题为《锺公进士像》。画中锺馗形象高古，长髯及胸，头戴进士巾，衣长袍，手持菖蒲、艾叶；后一侍从手捧插有艾草的花瓶，造型上已摆脱小鬼的形象，服饰与锺馗相似。

锺馗图在端午悬挂，为锺馗图像增加了新的主题类型——"午日／端午锺馗"。这种衍生型出现的原因，或与端午时节辟邪避瘟的风俗有关。《荆楚岁时记》五月条中有"多禁忌曝床荐席"，其下注："按《异苑》云，新野庚寔，尝以五月曝席，忽见一小儿死在席上。俄而失之，其后寔子遂亡。或始于此。"这里出现的小儿应为小儿鬼，与锺馗捉拿的"虚耗"相同。这个记载反映了五月的禁忌，同时也反映了人们对于其他时间出现小儿鬼的担忧。锺馗图从岁末的驱疫神到出现在端午，其目的在于辟邪、捉拿作祟的小鬼。另一方面，在明代以后的锺馗击鬼图中，锺馗开始使用宝剑斩鬼。收录《新编连相搜神广记》和《三教搜神大全》中的锺馗图，反映了在宋代以后，锺馗成为道教所认可的民间神祇。因此与天师共同出现在端午，也是其中的一个因素。此外，从现实的角度来看，明代万历、崇祯至清康熙年间，即公元1580年至1663年间，是中国暖冬与寒冬交接时期[1]。于希圣先生认为，这段时期的气候异常导致疠疫流行，死伤枕籍[2]。像锺馗这样具有驱除疠疾的神祇在明末清初出现在端午，反映了民间对于锺馗避瘟的现实需求。总体来讲，锺馗图出现在端午节，应是受到民俗事象的影响而产生的变化。

虽然午日悬挂锺馗画最初目的是为了避瘟，但受到明代以来锺馗图像从襄祸驱邪向祈福迎祥转变的影响，《午日锺馗》图表现的内容中，就包含有襄祸和祈福双重内涵。在文人和职业画师的推动下，"午日锺馗"成为后世锺馗图像的主要表现类型。陈洪绶、黄慎、任颐等画家均有大量的"午日锺馗画"存世，华嵒的《午日锺馗》在清代就进入皇家典藏。在近代，王震、溥儒、徐悲鸿等画家也有相当的午日锺馗画传世。

三、其他世俗化的锺馗图像

宋代以后，原来流行的"锺馗样"和锺馗出游系列图像，也出现了世俗

---

[1] 竺可桢先生认为，1550—1600年间为温暖冬季，而1620—1720年间是寒冷冬季。参见竺可桢. 中国近五千年来气候变迁的初步研究 [J]. 人民日报，1973-06-19.

[2] 参见于希圣. 中国古代物候异常与瘟疫防治.

化。这些世俗化与锺馗戏剧和小说相关。

锺馗戏剧在文献中明确出现，是周密的《武林旧事》"宫本杂剧段数"条目下，列有"锺馗爨"一本。由于这是最早明确的锺馗戏，其演出形式与"爨"有关。据王宁先生的研究，"爨"是宋元期间一种发展变化的伎艺形式，源于"爨人"的踏歌，其原始的形态是"歌伴舞"，在装扮上有化妆、戴假面等特点①。这与《东京梦华录》所记载锺馗与小鬼"舞判"的情节相似。元代以后，出现了很多锺馗戏剧。明代有宫廷杂剧《庆丰年五鬼闹锺馗》，为五鬼题材首现舞台。在江苏淮阴明代王镇墓出土的文物中，有明代早期画家殷善所作《五鬼闹判》，描绘锺馗在五鬼的陪伴下出游的情景。此画尚保留了早期出游作品的手卷形式，而此主题类型在明代以后成为"锺馗出游"系列中较普遍的创作题材。

据《曲海总目提要》卷五载，《杭州志余》有上元杂剧《锺馗捉鬼》《狮子赚》《天下乐②》等。其中以《天下乐》影响最大，目前各地方戏剧中的《锺馗嫁妹》，均承袭此剧。其剧情为：杜平与李四、任安、孙立、吴彦正五人拥有万贯资产，出四方散财普济穷民。杜平资助锺馗进京应试。锺馗应试因貌丑被黜，触阶自亡。玉帝封锺馗为驱邪斩祟将军。锺馗感杜平之资，以妹嫁杜平。后五人被封为五福财神。这出戏剧为明末清初江苏吴县张心其所作。此剧中情节与锺馗传说大体相同，只是增加了"锺馗嫁妹"的情节，并将唐明皇改为玉帝，更符合民俗信仰。这出戏剧的影响更体现在绘画中，即将原有锺馗与小妹出游场景演变成为锺馗将小妹嫁与杜平的情节，称为《锺馗嫁妹》，在场景增加一些体现民众出嫁的物品，如家具、吉祥物等。这种世俗"嫁妹"的题材在文献中的最早著录出现在明代张丑《清河画舫录》卷七收录的《文嘉书画录》中，题为龚开的《锺馗嫁妹图》③。而存世作品则以台北"故宫博物院"所藏的龚开《锺馗嫁妹图》最早④。

清代蒲松龄以写鬼闻名，所著的《馗妹庆寿》，则在前述戏剧之上有所

① 王宁.也说"爨"——兼致黄天骥先生.

② 《曲海总目提要》云：以五福财神为主。言此五人皆能散财济贫，力行善事，求得甘雨，以致丰年。国家既封五路大总管，厚赐金帛，玉帝复封为财帛司五路大将军，掌管人间利禄，令东西南北中五方，无不丰登富厚。自然天下安乐，万世太平，故名之曰天下乐也。

③ （明）张丑.清河书画舫：卷七[M]//四库全书本，武汉：武汉大学出版社，文渊阁原文电子版，1997.

④ 据台北艺术大学美术史研究所邱敏芳先生的考证，此画的人物造型与《清河书画舫》中著述出入较大，且道具中出现了明代的家具，因此此画可能为后人托名之作。

创新，其大意如下：馗妹为祝兄生日，遣一大鬼挑一小鬼和一坛酒前去祝寿，并内藏修书一封：兄如嫌小鬼太少，担鬼亦可享用。锺馗收信后大喜，将两鬼并烹之。此剧也影响到锺馗图像的创作，齐白石就有以"馗妹祝寿"为题，画一大鬼挑担，内有小鬼数名的作品①。而在"五鬼闹锺馗"的基础上，又衍生出"童子戏锺馗"和"甥戏锺馗"的图像，其中小鬼变为儿童，后者则只有一个小孩骑在锺馗头上嬉戏。

此外，锺馗还扮演了送子的角色，现藏北京故宫博物院题为明仇英所作的《天降麟儿》（附图5），就是这种主题类型的实例。图中锺馗肩舆一小孩，麒麟从天而降。锺馗所扮演送子的角色，原属于宋代以来另一个民俗信仰"张仙送子"传说中的张仙。清中叶以后，在北方将锺馗与判官身份混淆，出现"判官（儿）"的称谓，更增加其送子的角色特征。

据胡万川先生和郑尊仁先生的研究，明代以后产生的三本锺馗小说，是以锺馗传说为基础而产生的。最早出现在明代的《锺馗全传》，是借锺馗之名宣扬作者的宗教信仰；而清代刘璋所作《斩鬼传》和题为"东山云中道人"编《平鬼传》，"根本是借鬼骂人，将社会上各种不正不义之人以某某鬼称之"②。这种借鬼讽今、借鬼喻世的文人创作观也影响到清代，清代以来文人在创作锺馗画时，也有类似的作品。这类主题成为清代文人创作锺馗图像的重要内容，如高其佩、华嵒、李方膺、罗聘、任颐、钱慧安均创作了一些借鬼讥讽时事的作品③。

锺馗图像主题类型的世俗化衍生还包括表现锺馗文人身份的类型。从高其佩开始，锺馗的日常生活，如读书、照镜、磨剑、备武、赶考、垂钓、瞌睡等，也进入锺馗图像表现的范畴。作为民间信仰的神，锺馗一直是以孔武有力的驱鬼大神形象出现在画面中，而高其佩在《锺馗照镜》（图24）中，表现了其白发苍苍的老态，彻底将锺馗还原成一个普通人，这也是此前锺馗绘画传统中所没有的。

① 这类作品是锺馗图像中唯一没有出现锺馗本人的主题类型，因与锺馗戏剧有关而被归为锺馗图像。

② 郑尊仁. 锺馗研究 [M]. 台北：秀威资讯科技股份有限公司，2004：220.

③ 从传世作品数量和内容上来看，与体现民俗心理的祈福锺馗相比，这类作品还较少。

图24　（清）高其佩《锺馗照镜图》①（故宫博物院藏）

小结

明代以后，锺馗图像出现较大的转变，即出现反映祈福迎祥题材的世俗化锺馗图像。图像中出现的具有吉祥寓意的形象，如蝙蝠、蜘蛛、如意、柏、柿等，成为后世锺馗图像表现的常见形象。从表5-2中可以看出这种转变的影响。

在锺馗传说的影响下，宋代以后的锺馗戏剧中出现了锺馗感谢生前知己杜平的相助，而在死后将其妹嫁与杜平的情节，从《锺馗出游》衍生出《锺馗嫁妹》的图像。锺馗戏剧为锺馗图像增加了情节，拓展了表现内容。锺馗小说的出现，是后代文人对锺馗传说的再创作，其借鬼讽世的观念在锺馗图像上也有相应的体现。

---

① 其自题诗：蹙额人间耗孽堆，应添白发下连腮，愿存法相留秦镜，省得魑魅露胆来。

表 5-2　锺馗图像中的吉祥物分类及相关图像表

类别	名称	表现手法	寓意	图像			
				名称	构成	实例	图号
动物类	蝙蝠	谐音	福	只见福来	锺馗双手上扬，一手用剑指向从天而降的蝙蝠	民间年画《锺馗图》	附图1
				福从天降降福	锺馗仰望飞翔于空中的蝙蝠	（清）任颐《福从天降》	附图2
	蜘蛛	象征	喜	喜从天降	锺馗望着从上而降的蜘蛛	（清）任颐《喜从天降》	附图3
				接喜	锺馗用笏板或手接住从天降下的蜘蛛	（清）张嵩《锺馗图》	附图4
	麒麟	象征	传说中的祥兽	麒麟送子	锺馗肩舆小孩，麒麟从天而降	（明）仇英《天降麟儿》	附图5
	鹿	谐音	官禄	新年送禄	锺馗持笏，眼望身前小鬼肩舆小鹿	（明）李士达《锺馗图》	附图6
	喜鹊	谐音	喜	喜上眉（梅）梢	喜鹊停立树梢，树下锺馗仰望	（清）陈崇光作《锺馗图》	附图7
	蟾蜍	象征	财源兴旺	戏蟾	锺馗用手捉蟾蜍	（清）吴穀祥《锺馗捉蟾》	附图8
	白泽	象征	传说中辟邪瑞兽	辟邪	锺馗手持扇，白泽旁侍，一小孩手捧数小鬼	（清）任颐《锺馗图》	附图9
植物类	柏	谐音	百	百事（柿）如意	锺馗手持如意，小鬼手捧盛有柏树叶和柿子的盘子	（明）朱见深《柏柿如意》	附图10
	柿	谐音	事	事事（柿柿）如意	锺馗左手持双柿，右手持如意	（清）萧晨《事事如意》	附图11
	梅	同音取义	眉	喜上眉（梅）梢	喜鹊停立梅梢，树下锺馗，用如意击磬	（清）徐玫等作《锺馗梅鹊图》	附图12
	桃	象征	长寿	寿比南山	锺馗持笏仰视空中的笔和寿桃	民间年画《寿比南山》	附图13
	菖蒲艾草	象征	祥瑞、辟邪	劝蒲觞	锺馗手持插有菖蒲、艾叶的酒尊	（清）任熊《仿陈洪绶劝蒲觞》	附图14

（续表）

类别	名称	表现手法	寓意	图像			
				名称	构成	实例	图号
植物类	花	象征	富贵平安	赏花	锺馗插花	（清）顾应泰《赏花锺馗图》	附图15
	竹	象征	高洁	松竹高洁	锺馗在竹林中漫步，蝙蝠翔于半空	（清）释莲溪《锺馗图》	附图16
器物类	如意	表意	如意	如意	锺馗手持如意，坐磐石上	（清）朱沆《锺馗图》	附图17
	瓶	谐音	平安	平安	锺馗手持插着鲜花的花瓶	（明）张翀《持花过年》	附图18
	爵	谐音	进爵	簪花晋爵	锺馗手持酒爵，小妹插花于锺馗头上	（清）钱慧安《簪花晋爵》	附图19
	冠	谐音	升官	加冠晋爵	小妹将冠帽戴到锺馗头上	（清）钱慧安《加冠晋爵》	附图20
	磬	谐音	庆	吉庆图	锺馗手执如意，击打悬磬	（明）无款《吉庆图》	附图21
	剑	谐音	见	指见（剑）福来	锺馗一手指上扬，另一手执剑指向天空中飞翔的蝙蝠	（清）道光《指剑福来》笔洗	附图22
				暗见（剑）福来	锺馗手按宝剑，蝙蝠在身前飞舞	（清）朱沆《锺馗迎福》	附图23

第三节　锺馗图像的其他主题演变

一、文人独爱创作《醉锺馗》

（一）清代画家金农的《醉锺馗》

《醉锺馗》（图25）是锺馗图像系列中出现较晚的主题类型，从创作人群的分布来看，首先出现在职业画家中。清代扬州画派著名画家金农（1687—1763）的一幅锺馗图的画跋，列举了前代画家所绘锺馗图，且指出其中未曾有画及《醉锺馗》者，指出自己为绘制醉锺馗的首创者。

吾闻善酿者有国，藏贮者有城，沉湎者有乡。此中天地，彼甍甍者胡为，长年溺饮不醒也。若老馗须髯戟张，豪气摄鬼，睥睨不知有人方可一醉也。今图其状腾腾焉，陶陶焉，冠裳颠倒，剑佩皆遣，值得一醉耳。

七十三翁杭郡金农戏笔并题。

唐吴道子画《趋殿锺馗》，张渥有《执笏锺馗》，五代牟元德有《锺馗击鬼图》，宋石恪有《锺馗小妹图》，孙知微有《雪中锺馗》，李公麟有《锺馗嫁妹图》，梁楷有《锺馗策蹇寻梅图》，马和之有《松下读书锺馗》，元王蒙有《寒林锺馗》，钱毂有《锺馗移家图》，郭诩有《锺馗杂戏图》，陈洪绶有《锺馗元夕夜游图》，未有画及醉锺馗者，余用禅门米汁和墨，吮笔写之，不特御邪拔厉，而其醉容可掬，想见终南进士嬉遨盛世、庆幸太平也。昔人于岁终画锺馗小像以献官家，祓除不祥，今则专施之五月五日矣。农又记。

从画跋来看，此画作于作者73岁时，即清代乾隆二十六年（1761年）。在随后的几年中，此题跋又出现在其75岁和78岁的同名画作中。金农列举了他所看到的，自唐代以来名家创作的锺馗图像。但在画家的次序安排上，他误将元代画家张渥放到唐代吴道子之后，使人误以张渥为唐代画家。此外，吴道子的《趋殿锺馗》在前代的任何文献中都未著录，这件作品可能已是后世的托名之作。其他一些画家，如李公麟、牟元德、郭诩的作品都未存世。这篇画跋作为锺馗图像演变的一条线索，成为许多学者研究锺馗图像演变的参考。

画中锺馗醉卧于酒坛上，醉眼朦胧，与《寒林锺馗》的形象相似，反映了金农受到此题材的影响。在画跋中，金农叙述了自己创作《醉锺馗》是有感于"终南进士嬉遨盛世，庆幸太平"，应是借锺馗无事可做，安于醉酒来歌颂天下太平，这与其他锺馗图驱邪或迎福的功用都不相同。而这种创作意图应与其曾被"荐博学鸿词科"而"期有所遇"有关。据学者研究，金农曾在乾隆元年（1736年）被归安县令裘鲁青举"博学鸿词科"，推荐给浙江学政帅念祖。后由于他的举荐不合程序被取消了录用资格，但这被当时的文人看作是一生的殊荣。在其许多作品中，都以"荐举博学宏词杭郡金农"落款，表达他对这次举荐的重视。直到他76岁，乾隆皇帝三下江南时，金农仍作了

《拟进诗表》和《所业各体诗》，献于皇上，表现他"期有所遇"的心境①。金农创作《醉锺馗》图，也是以歌颂天下太平为主，以期作品闻达于内府，这是"期有所遇"心境在绘画领域的表达。② 这种心境在现代社会看来可能是阿谀奉承，献媚于封建皇帝；但在古代社会，在以"修身、齐家、治国、平天下"为己任的文人心目中，期望明主的垂青，得到一官半职，有安邦治国的机会，当是其合理的选择。作为金农学生的罗聘，曾于乾隆二十七年（1762年）九月既望描绘的同名作品，其款识与金农作品的款识基本相同。

与《寒林锺馗》另一个相似之处，存世的《醉锺馗》，都由文人或职业画师创作，包括任颐、陈半丁等后世画家，都临摹了金农的作品，并完整地抄录这篇画跋。锺馗以死博取功名，成为驱除疠疾的神祇，尽管只能在死后闻达于天下，却也成为许多文人心仪的对象。因此，对金农《醉锺馗》的重述，表现了创作者有着与金农"期有所遇"相似的心境。

（二）"醉锺馗"的创作源泉

从醉锺馗图像所描绘锺馗的形象来看，表现了锺馗喜好喝酒，醉容可掬的形态。宋元交替之际龚开《中山出游图》的自题画跋，已有"不如归饮中山酿，一醉三年万缘息"的文字，表现锺馗有喝酒的嗜好。

而用绘画表现醉酒人物的传统可以追溯到南朝齐国画家毛惠远，在唐初裴孝源撰的《贞观公私画史》中，记载了流传的《醉客图》，为隋朝官本。在《贞观公私画史》中，还记载了南朝梁国著名画家张僧繇有《醉僧图》二卷，可惜都没有流传下来。唐代的范长寿的《醉僧图》也是早期表现醉酒人物的画作，据《佩文斋书画谱》卷五载，传说范长寿曾绘《醉道图》，以讥讽道士沉溺饮酒而忘记修行。后应道士请求，范长寿描绘了另一幅《醉僧图》以反讽僧人。这两幅作品都未存世，已无法探究其表现的内容。现藏于上海博物馆的《憩寂图》（图26），描绘一僧人，坦腹趺坐松树下，树上悬一葫芦，似表现僧人醉酒的形象。此画无款，画风与梁楷接近。中国古代人物画经常表现的醉酒人物还有李白、杨贵妃、苏东坡等喜好喝酒的名人。此外，端午岁时喝雄黄酒的习俗也与锺馗醉酒有关。

---

① 参见金农的书画 [M] // 季伏昆，孙原平 . 金农书画集 . 北京：中国民族摄影艺术出版社，2003.

② 在清代内府的收藏中，著录于《秘殿珠林石渠宝笈》初编、继编和三编中清朝臣工所绘制的《锺馗图》，仅有金廷标、张仲学和华嵒三人的三幅作品，其中金廷标就是在乾隆第二次南巡江南时，进献白描《罗汉图册》，得到皇上赏识而诏宫中。参见附表1:《古代文献中著录锺馗图像统计表》。

3.《醉锺馗》的衍化

在金农创作《醉锺馗》之前，可能已存在表现锺馗醉酒的作品。华嵒曾绘有多幅《午日锺馗》(图27)[①]，其中一幅还收入内府，成为皇家收藏，现藏于台北"故宫博物院"。画面表现的就是锺馗醉酒的形态。在画面中，锺馗侧坐于倚椅上，醉眼蒙眬。身后有五鬼，一鬼撑破伞蔽日，一鬼手捧酒樽，一鬼簪花于首，一鬼窃盘中卢橘于腋下，一鬼觉之，以左手捉去，右手拳击其顶。窃鬼缩头吐舌，作惶怖之状。旁边有自题："黄油纸缴日边遮，中酒锺馗纱帽斜。醉眼也随蜂蝶去，小西园里闹群花。新罗山人写于绿筠小阁。"

图25 （清）金农《醉锺馗》

图26 （宋）无款《憩寂图》（上海博物馆藏）

图27 （清）华嵒《午日锺馗》局部
（台北"故宫博物院"藏）

---

① 已知另一幅出现在华嵒的《人物花鸟》12开册页中，画跋与现藏于台北"故宫博物院"的《午日锺馗》相同。画面中锺馗的姿态相同，只是侍鬼的数量和形态不同。此画现藏于北京市工艺品进出口公司，《中国古代书画图录》卷一著录。

同时代的李世倬、罗聘也描绘有相似的作品。他们的作品都表现了锺馗醉酒的状态，但与金农作品有所不同，并非表现锺馗单一的形象，而是都加入了小鬼或小妹等人物形象。后来，醉酒的锺馗也出现在其他主题类型中，如锺馗出游图中，晚清倪田就有《锺馗醉归图》传世。值得注意的是，这些画作的画跋与金农本的《醉锺馗》有所不同，这些作品有的是借锺馗醉酒讽刺时事，或另有所指，并不完全是歌颂天下太平，锺馗无鬼可捉。

二、赵嵓《小儿戏舞锺馗》定名考

在《图画见闻志》中，曾著录有五代画家赵嵓的一幅作品《小儿戏舞锺馗》。关于此画名称，学者有不同的见解。郑尊仁据台北广文书局1973年6月版的《图画见闻志》卷二断为《小儿戏舞锺馗》[1]。其他学者，如于安澜先生主编的《画史丛书·一》断为"《小儿戏舞》《锺馗弹棋》"[2]，黄苗子先生点校本《图画见闻志》卷二则断为《小儿戏舞》《锺馗》《弹棋》[3]，邓白注本《图画见闻志》与黄本同[4]，吴孟复主编《中国画论》卷一本中与于安澜先生相同[5]。因这幅作品并未传世，以上几种名称都有可能。如从现存文献对"舞锺馗"内涵的解读，以及宋代至明清的存世作品来解读，似乎定为《小儿戏舞锺馗》更为合理。

由前文所述周繇所作的《梦舞锺馗赋》，可知早期的锺馗驱除疠疫时都以跳神的方式，即以舞蹈的方式来进行。而沈括在《梦溪笔谈》记录李姓术士所制"舞锺馗"的捕鼠机，表现的则是锺馗左手执饵，右手握铁尺的动作[6]。《东京梦华录》所载"如锺馗像者，傍一人以小锣相招和舞步，谓之'舞判'"，也表现了与"舞锺馗"相似的动作。而这也与《武林旧事》中所记录的《锺馗爨》歌伴舞的方式相同。从以上的文献整理中，可知"舞锺馗"为早期锺馗传说和图像表现的内容，其动作为以歌伴舞，并和以击鼓或锣的节拍，而

① 郑尊仁.锺馗研究 [M].台北：秀威资讯科技股份有限公司，2004：140.

② 于安澜.画史丛书：卷一 [M].上海：上海人民美术出版社，1963：378.

③ （宋）郭若虚.图画见闻志 [M] 黄苗子校.北京：人民美术出版社，1963：36.

④ （宋）郭若虚.图画见闻志 [M] 邓白注.成都：四川美术出版社，1986：101.

⑤ 吴孟复.中国画论：卷一 [M].合肥：安徽美术出版社，1995：325.

⑥ 原文：庆历中有一术士姓李，多巧思，尝木刻一舞锺馗，高二三尺，右手持铁简，以香饵置锺馗左手中，鼠缘手取食，则左手扼鼠，右手运简毙之。（宋）沈括.梦溪笔谈·补笔谈 [M].胡道静校注.上海：上海书店出版社，2002：65.

这均在同时代的"婴戏图"中表现出来。

现藏台北"故宫博物院"的《傀儡婴戏图》（图28）无款，描绘了童子四人在庭园中演出悬丝傀儡戏的情景。画中一童子在帷幕后操纵悬丝锺馗，一童子背向击鼓，一童子打板，另一位则作指点状。悬丝傀儡锺馗的头和肢被五根丝线所控制，似表现手舞足蹈的"舞锺馗"形象。四童子皆面盯傀儡，神情专注。人物的五官、发型、服饰，皆用细笔勾勒，渲染细腻，有南宋院画苏汉臣"着色鲜润，体度如生"的特征①。比照1976年河南省济源县勋掌村出土的宋三彩瓷枕上绘制的相似图像（图29），这幅作品一般被定为宋人所作。现藏于天津市文物公司，题为清代宫廷画家徐扬所作的《仿宋人杂画》册页中，有一幅《婴戏图》（图30），也表现了相似的场景。画中绘三位童子，一童子击鼓，一童了操纵悬丝傀儡，另一童子击掌为拍，三子俱目视画面中央的傀儡。从造型上看，傀儡形象与"舞锺馗"相似；而从画跋来看，此画摹自苏汉臣。以上几幅传世作品表明，锺馗作为玩具，最迟在宋代已被描绘。

图28 （宋）无款《傀儡婴戏图》
（台北故宫博物院藏）

图29 （宋）三彩瓷枕《小儿戏傀儡》
（1976年河南省济源县勋掌村出土）

① （清）厉鹗.南宋院画录：卷二[M]//于安澜.画史丛书·第四卷.上海：上海人民美术出版社，1962：32.

图30　（清）徐扬《婴戏图》　　　图31　（元）无款《元人婴戏图》
　　（天津市文物公司藏）　　　　　　　（台北"故宫博物院"藏）

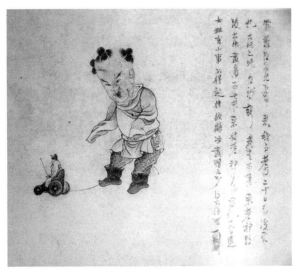 

图32　（明）陈洪绶《婴戏图》　　　图33　（清）华喦《婴戏图》
　　（中国美术学院藏）　　　　　　　　（上海博物馆藏）

　　这种传统并不只在宋代流行，在后世的作品中也有表现。另一幅藏于台
北"故宫博物院"的《元人婴戏图》（图31），也绘有锺馗作为玩具，陈于茶
几之上。现藏于中国美术学院题为明代晚期陈洪绶所作的《婴戏图》（图32），

描绘一童子牵引一童车玩乐的情景，童车上的人物为执剑的锺馗形象。现藏于上海博物馆题为清代华嵒所作的《婴戏图》的第二幅（图33），跋为《试拽青龙地上行》，骑在青龙身上的人物，也为持剑的锺馗。这些作品表明，锺馗作为儿童玩具的传统，一直延续到清代。

以上画作说明，锺馗作为儿童玩具，最早在五代出现于《婴戏图》中，赵嵒的《小儿戏舞锺馗》可能就是最早著录的作品。这一方面反映了锺馗形象在唐以后的普遍性；更为重要的是，这体现了锺馗信仰从娱神到娱人的转变在宋代或者五代就已开始，这与傩文化的发展变化规律基本一致。

小结

从《宣和画谱》的记载来看，自五代开始，就已存在三种锺馗图像主题类型，即体现锺馗传说的"锺馗样"——《锺馗击鬼／啖鬼》系列，反映锺馗信仰的《锺馗出游／小妹》系列，以及《寒林锺馗》系列。前两者主要表现"辟邪禳祸"的驱疠动作或仪式，而后者则体现出文人创作者的趣味。明代以后，又衍生出世俗的祈福锺馗系列图像。这种体现"祈福迎祥"民俗心理主题类型的出现，与明代以来以谐音为主要表现手法的吉祥文化发展和传播密不可分；明清之交，出现了集"辟邪禳祸"和"祈福迎祥"于一体的《午日锺馗》。这几种主题类型的发展沿着各自的轨迹，在不同的创作者手中传承，形成了内容丰富、反映不同民俗心理祈愿的锺馗作品。"禳祸祈祥"的民俗心理是这些主题类型演化的主要动因。

锺馗图像的主题类型从最初的"驱除疠疫"到"祈福迎祥"，再到后来的"文人赶考"，体现锺馗身份由神秘的驱鬼神祇到万人瞩目的进士的转变。锺馗传说所赋予其应试不中的举子身份最为重要，这种身份得到后代文人创作者的认同，也成为他们创作锺馗图的原因之一。其悲愤的性格特征，身后所获取的功名，在经历"十年寒窗"苦读和多年应试不中的文人心中，具有相当的影响力。在传说基础发展出来的戏剧和小说均以锺馗应试的情节为基础，并影响到明清两代锺馗图像的创作。锺馗形象在《婴戏图》出现，体现了中国从中古到近代，民俗信仰由酬神、娱神到娱人的转变，也反映出各种艺术创作者对于锺馗图像的喜爱，以及他们对于这一传统题材的创新。以下表格（表5-3）为锺馗图像主题类型演变的线索表，表明锺馗图像的发展演变并非沿单一线索展开，而有多条发展线索。

表5-3　钟馗图像主题类型线索表

主题		唐	五代	宋	元	明	清
基本型/击鬼系列	钟馗图		赵品《小儿戏舞钟馗》	杨棐《钟馗》	颜辉《钟馗图》	陈洪绶《钟进仕钟公像》	高其佩《钟馗》
	钟馗样/击鬼图	吴道玄《十指钟馗》	王道求《抉鬼钟馗》	《钟馗图》（日本12传世）			任颐《钟馗剖鬼》
	钟馗称鬼						华嵒《钟馗称鬼图》
	门神、年画			门神钟馗			打猪鬼、魁头、永镇家宅
构拟组型/傩仪系列	舞钟馗	吴道玄《趋殿钟馗》	僧知蕴《舞钟馗图》	李雄《舞钟馗》			
	钟馗出游	吴道玄《钟馗元夜出游图》	顾闳中《钟馗出猎图》	龚开《中山出游图》	颜辉《钟馗月夜出游图》	戴进《钟馗夜游》	华嵒、罗聘《钟馗出游图》
	钟馗小妹		周文矩《钟馗小妹图》	石恪《鬼百戏图》		尤求《钟馗小妹》	任霞《钟馗小妹图》
	钟馗嫁妹				张渥《钟馗嫁妹》	许俊《钟馗嫁妹》	华嵒《钟馗嫁妹图》

（续表）

主题		时代	唐	五代	宋	元	明	清
衍生型	文人系列	寒林锺馗		董源《寒林锺馗》		陈琳、王蒙《寒林锺馗》	文征明、文嘉《寒林锺馗》	罗聘、奚冈《寒林锺馗》
		雪陂锺馗		董源《雪陂锺馗》	孙知微《雪锺馗》		钱榖《梅花锺馗》	金廷标《梅花锺馗》
		醉锺馗	范长寿《醉道士图》		李公麟《醉道士图》			华喦、金农、罗聘《醉锺馗》
		锺馗赶考						王素《锺馗赶考》
	文人系列	锺馗吹箫/读书/寻梅					陆谦贞《锺馗吹箫图》	方薰《梅下读书》
衍生型		锺馗照镜						方薰《锺馗照镜》
	世俗系列	五子闹判					段善《五鬼闹判》	徐白斋《群子闹判》
		锺馗送子					仇英《天降麟儿》	
		折福迎祥			苏汉臣《锺馗迎福图》		朱见深《柏柏如意》	任颐《锺馗迎福图》
		午日锺馗					钱榖《午日锺馗》	黄慎《午日锺馗》

第四节 锺馗图像艺术风格的演变

一、媒材和形制的变迁

附表1《古代文献中著述锺馗图像统计表》和附表2的《现存古代锺馗画统计表》所收录的作品，基本为文人画家或职业画师所创作。宫廷中使用的锺馗门神，其主要用于岁末悬挂，在20世纪中期仍有存世。王世襄先生曾看到清代宫廷使用的门神画，均为等身门神，其中可能有锺馗。而民间的锺馗图像，由于使用上的特点，清代以前的作品很少存世。从绘画媒材的角度来看，明以前的作品大多为手卷方式在绢本上绘制，即使采用纸本，也为熟纸或素笺本。明代中后期以后，吸水性能好的生宣纸在书画界的运用也影响到锺馗形象的表现。清代以后，纸本大量被创作者采用，为锺馗图像艺术风格的转变提供了物质基础。

另一方面，锺馗图像表现也从相对单一的平面绘画、版画向其他美术种类拓展。据沈括《梦溪笔谈》载，宋代有李姓道士制"舞锺馗"状捕鼠机[1]，为最早锺馗雕刻的造型。从存世作品来看，直到清代才有木雕、玉雕、石雕、牙雕锺馗出现，广东佛山石湾窑也有瓷塑锺馗。此外，锺馗图像开始在瓷器上绘制，其器型包括笔洗、棒槌瓶、梅瓶、鼻烟壶等多种形态，用青花、粉彩、矾红、五彩、釉里红等多种釉料来表现。

二、艺术风格的演变

在艺术风格方面，民间艺术中的锺馗形象，仍以木版年画为主，其造型依照前代粉本而较为稳定，大多保留了"锺馗样"的造型特点。文人及职业画师所绘制的作品，则反映出同时代人物画的风格特征。早期的图像多传承"锺馗样"近于工笔的表现手法，用白描勾勒人物，然后赋以色彩。文献记载宋代梁楷曾创作《锺馗》，其风格与其传世作品，现存日本的《泼墨仙人图》和《李白行吟图》相似，可能开创了用减笔描表现锺馗的绘画风格。而龚开和颜辉用墨笔表现锺馗出游系列，则是这一风格的延续。明清以来的文人画家和职业画师，开始大量采用多种表现手法来描绘锺馗，产生了绘画风格迥异

---

① （宋）沈括．梦溪笔谈·补笔谈[M]．胡道静校注．上海：上海书店出版社，2002：65．

的锺馗画作。这些画作基本分为三种风格：即高古的工笔表现、世俗的写意表现和介于这两种风格之间的工兼写表现。前一风格以明代画家陈洪绶为代表，其他沿袭这一风格的画家包括任熊、任薰、钱慧安等；写意风格则以清代用指墨画表现锺馗的高其佩为代表，这一风格画家还有李世倬、黄慎、罗聘等；工兼写表现风格的画家最多，明代叶澄、戴进、文征明、仇英、钱榖、李士达、袁尚统等，清代萧晨、华嵒、王素、陆恢、陈崇光等画家，都采用这种手法。也有些画家的作品涵盖以上三种艺术表现风格，如任颐的锺馗画。

中国古代人物画自宋以后，与兴盛的山水画和花鸟画相比，整体呈现下滑趋势。而人物画中鬼神科的创作传统则几近消亡，如《地狱变相》仅出现在道释壁画中，其绘制者也多为民间画工。锺馗图像作为表现鬼神形象之一

图34　（明）陈洪绶《唐进士锺公像》

的题材，其中的人物形象仍保留了早期鬼神画的造型特点，并延续下来。其创作人群也遍及社会各个阶层。

从存世作品来看，元代及元代以前的作品很少，有的作品还存在后世托名而作的可能性。明代以后，锺馗图像的数量开始增多，表现的主题类型也拓展到祈福迎祥的吉祥文化范畴，明代晚期开始有端午锺馗作品存世。清代以来的作品传世较多，且风格多样，体现了创作者不同的艺术风格。锺馗图像在艺术表现风格上大体延续早期图像的特点，即大多以工兼写的手法来表现主题[1]，绘画风格也受到同时代人物画风格的影响，大多采用较工整的线描来表现，然后渲染颜色。

明代画家中，以陈洪绶的《唐进士锺公图》（图34）风格最为独特。

---

① 从文献的角度来看，梁楷可能属于特例，以传为其作品的《泼墨仙人图》和《李白行吟图》来看，其《锺馗图》当与其他锺馗图在风格上有较大的差异。

陈洪绶，字章侯，号老莲，浙江诸暨人，工于人物，所画经史故事，状貌服饰，必与历史吻合。其画人物伟岸，衣纹遒劲，浑然有太古风。他所塑造的锺馗形象，运用大胆的想象、夸张的手法进行创作，将其头部画大，身体变小，以达到返璞归真的艺术效果。其画线条独特，早年多以近版画刻刀的方笔表现衣纹，晚年则转入圆浑。而色彩则直接师法唐以前的风格，近于高古。其人物作品，早期成为后代画家新的粉本，并直接影响到清代晚期的"四任"的创作。

清代以后出现用写意的手法来描绘锺馗，以清初高其佩为开创者，以清中叶以后的华喦、罗聘、黄慎，晚清任颐的作品最具有代表性。

高其佩，辽宁铁岭人，隶汉军镶黄旗，先父随清军入关。据杨仁恺先生的研究，高其佩八岁开始学画，遇稿则摹，十分勤奋。17岁时其父遇三藩作乱而亡后，被其叔抚养。据饶宗颐先生考证，其叔幕僚吴韦擅指画，当是画家日后指画的来源。[①] 后以荫官至刑部侍郎。从《高其佩画集》所著录和存世的作品来看，高其佩表现的主题类型以驱邪降魔和日常生活中的锺馗为主，罕有祈福题材和寒林题材，可能与其生活经历有关。其指墨画艺术风格以《指画锺馗》（图35）为例，运用手掌、手指、指甲等不同部位来刻画对象，用墨不宜停留，故画面以枯墨、焦墨、泼墨为主，达到了指画艺术的颠峰。在锺馗形象的刻画上，其处理更近"戏笔"风格，表现出与运用毛笔所不能达到的粗犷风格，似乎更能体现锺馗的性格特征。高其佩的《指画锺馗》丰富了锺馗图像的表现传统，其对鬼神的表现对后世扬州画派的画家影响深远。

寓居杭州、扬州，以卖画为生的华喦，也创作了相当数量的锺馗画。华喦，字秋岳，号新罗山人，福建上杭人。其人物画远师李公麟，近法陈洪绶，于工致中兼有写意，并善于表现巨大场面。现藏南京博物院的《锺馗出游图》（图12），表现云端锺馗率领众鬼卒送嫁的情景。画面人物众多，气势恢宏。其《午日锺馗》曾收入清内府，成为清代宫廷外唯一有锺馗画作收入内府的画家。其锺馗作品也大多成为后世仿效的粉本。

扬州画派画家中，黄慎创作的锺馗画最多，且风格独特。黄慎的锺馗画，以狂草笔法入画，勾勒衣纹如行云流水。他的画作尺度都较大，适合在中堂悬挂，这也与扬州画派人物画的"润格"最高有关。而另一位以画鬼闻名于

---

① 参见杨仁恺.高其佩画集 [M]. 上海：上海书画出版社，1982.附录年表。这也表明指画并非由高其佩开创。

世的罗聘，自称曾见过鬼，所作《鬼趣图》，一时间成为朝野士人争相谈论的话资，其上题跋据称过百。他所作的《锺馗图》中小鬼形象，采用汉画像石拓片的造型风格而与众不同。

清末画家任颐，字伯年，浙江山阴人（今属绍兴）。幼承家学，后师萧山任熊、任薰，远摹陈洪绶、李公麟，并借鉴西洋水彩画和民间艺术的表现手法，成为擅长人物、花鸟、山水画于一身的大师。其早期人物画以焦墨勾勒，赋色浓厚，近老莲画风。后得八大山人画作后，始用中锋运笔。其所绘锺馗，神情生动，笔墨有致，达到古代锺馗图像的又一高峰。其作于光绪丁丑年（1877年）仲夏的《泼墨锺馗》（图36），用没骨法表现锺馗。从其众多《锺馗画》的画跋中，可知其作品大多作于端午，主要用于卖画，使用者多用之补壁、镇邪。

图35　（清）高其佩《指画锺馗》　　图36　（清）任颐《泼墨锺馗》

从附录一的两个统计表中可知，除了以上所列举的文人画家和职业画师之外，尚有许多创作者曾绘制各种主题类型的锺馗图，加上民间画工制作的年画、木雕、玉雕、石雕、牙雕、陶瓷等美术品，构成了中国古代丰富而多样的锺馗图像。这反映了不同阶层的创作者对于锺馗题材的偏爱。

小结

锺馗图像在艺术形式上的演变与同时代人物画的演变相似。从宋代到清代，绘画材质逐渐从绢本走向纸本，在形制上也从手卷过渡到立轴。表现维度也从平面绘画走向立体雕塑，材料则涵盖了木、玉、石、竹、陶瓷、玻璃等多种材料。

一方面，数量众多、内容丰富的锺馗画轴、手卷、年画、雕刻等创作构成古代锺馗图像的传统，成为古代人物画重要的表现题材。另一方面，古代锺馗图像延续了中国古代人物画中鬼神科的绘画传统，即保留了早期鬼魂图像"焰发、怒目、龇牙、咧嘴、上身赤裸、下身着犊鼻裈、肌肉发达、凶神恶煞"的造型特征，反映了佛教传入后鬼神画从妖魔精怪形向异质人化形演变的轨迹。

在艺术表现上，民间艺术中的锺馗形象，由于依照前代粉本而较为稳定，大多保留了"锺馗样"的造型特点。明清以来的文人画家和职业画师描绘了绘画风格迥异的锺馗画作，成为锺馗图像艺术风格演变的例证。这些作品，丰富了锺馗图像的表现力，并被其他美术作品所仿效。

第六章　古代锺馗图像的民俗艺术特征

作为民俗艺术的锺馗图像，其民俗艺术特征主要体现为图像功能的巫术性、艺术造型的程式性，以及主题类型、艺术风格和图像应用的多样性。

第一节　巫术性特征

巫术，其英文为 Magic，中文称为"作法"和法术。张紫晨先生对其定义为"巫术是人类企图对环境或外界作可能的控制的一种行为，它是建立在某种信仰或信奉基础上，出于控制事物的企图而采取的行为"[①]。也就是说，它是人类为了有效地控制环境（外界自然）与想象的鬼灵世界所使用的手段。这种手段的实际功效是非科学性的，只有当人们失去有关信仰以后，它的蒙昧性特征才会被认识，所以它是人类的原始特征，而非文明的表现。现代学者认为，"巫术是一种歪曲的虚妄的信念"[②]，有狭义巫术和广义巫术之分。狭义巫术指有具体的动作、实施主体，即一般学术上研究的巫术；而广义巫术是指巫师所进行的所有活动，以及在没有巫师施展法术的情况下，人们进行的巫术性活动，包括敬神信巫、占卜等禳祸辟邪的行为。本书所讨论的巫术是指广义的巫术。所运用的原理是弗雷泽提出的接触巫术和交感巫术原理。弗雷泽在《金枝》中提出，巫术思想包括两个方面：一是"同类相生"或"果

[①]　张紫晨 . 中国巫术 [M]. 上海：上海三联书店，1990：37.

[②]　张紫晨 . 中国巫术 [M]. 上海：上海三联书店，1990：58.

必同因"，二是"物体一经互相接触，在中断实体接触后还会继续远距离地互相作用"。前者称为"相似律"，后者"接触律"。基于相似律的法术叫作"模拟巫术"，基于接触律的法术称为"接触巫术"①。张紫晨先生在《中国巫术》中提出，"接触律"在中国巫术中应称为"象征律"，中国古代对于鬼神世界的想象和营造，"既是人为的制造，又是人为的相信，既是民俗意识的表露，又是巫术活动的一部分"②。

一、锺馗图使用功能上的巫术性

按学者们的研究，锺馗无论源于打鬼的木椎还是古代的驱鬼氏，或是驱傩活动中的神祇，都与驱鬼活动有关，而这也是中国古代巫术与信仰活动中最富有活力的部分。从傩仪中的宫中仪的角度来看，驱鬼活动是以群体方式进行的，而民间乡人傩的规模就小很多，扮"金刚力士"以驱傩。锺馗图像中，既有以个体方式驱鬼的"锺馗样"，也有以群体方式驱鬼的"锺馗出游"；既有描绘相对温和的鼓噪逐室驱鬼，也有直接表现血腥杀戮的抉目啖鬼。

就图像的使用功能来看，其驱邪的巫术性特征非常明显。锺馗图像最早是作为腊日礼物与历日表共同使用的。在张说和刘禹锡的谢表中，在其图像祖型"屏祛群厉，缋神象以无邪"，所表达的就是驱除疠疫的巫术功用。在五代以后出现的"基本型"，从文献和现存参考图像中，也可以看到锺馗图所具有的魔力，而这种巫术力量可能有更早的来源。在锺馗传说中，锺馗现身于唐明皇梦中，无论是跳神还是啖鬼，都可以说是巫师施展法术。而当唐明皇诏吴道子图其神威，并颁行天下时，则是运用图像的法力，即图像中锺馗形象的相似性，达到驱除疠疾的功效。这就进入接触巫术和模拟巫术的范畴。

而后世的锺馗图像中出现蝙蝠、如意、柏树、蜘蛛等形象，皆因谐音而产生的吉祥转向，则属于模拟巫术的范畴。

明末清初出现的《午日锺馗》，集驱邪避瘟和纳吉迎祥于一身，也是民众相信其所具有的法力所致。民间画工在创作《午日锺馗》时，用朱砂点锺馗头或眼睛的方法，也反映民众相信像朱砂这样具有驱邪力量的材料使用在锺馗画中，能增加其法力。民间这种用朱砂画锺馗的方法，后来也影响到文人

---

① ［英］弗雷泽 . 金枝 [M]. 北京：中国民间文艺出版社，1987：19.

② 张紫晨 . 中国巫术 [M]. 上海：上海三联书店，1990：72.

的创作。任颐的父亲任鹤声为民间画师，可能熟谙此道，任颐开创文人画家用朱笔创作锺馗的先例，应是受其影响。

二、图画的巫术性

在古代画论中，有相当数量图画具有某种巫术力量的记载。某些题材的作品，如龙、狮、罗汉等图像，具有与锺馗图像同样的法力。在宋代的画史著作中，这样的记载相当普遍。

黄休复所著的《益州名画录》中，有位画家蒲延昌，曾根据隋代展子虔所绘制的《狮子图》壁画，又作了一幅《狮子图》以献。当时一位官员有宠妾患了疟病，将其画悬挂于内室，其病情立刻得到很大的缓解。这位官员召画家问为何有此神异，蒲延昌云："展子虔于金陵延祚寺佛殿之内画此二狮子，患人因坐壁下，或有愈者。梁昭明太子偶患风恙，御医无减，吴兴太守张僧繇模此二狮子，密悬寝堂之内，应夕而愈，故名辟邪，有此神验久矣。"①在这则传说中，《狮子图》起到了与锺馗图像同样治愈疟病及其他疑难杂病的巫术功能，反映了某些图像"神验"观在中古时期具有相当的信仰。

《图画见闻志》卷三载："高益，涿郡人。工画佛道鬼神，蕃汉人马，太祖朝潜归京师，始贷药以自给，每售药必画鬼神或犬马于纸上，藉药与之。"②这种用绘有鬼神的纸作为包装的心态，可能与推销自己的药品有关，也可能是为了展示自己的绘画能力，同时也包含借鬼神的形象使药力增加药效的巫术心态。

《图画见闻志》卷二载："禅月大师贯休，婺州兰溪人，道行文章外，尤工小笔，尝睹所画水墨罗汉，云是休公入定观罗汉真容后写之，故悉是梵相，形骨古怪。其真本在豫章西山云堂院供养，于今郡将迎请祈雨，无不应验。"③

《东坡续集》卷七也有相似的文字："家有黄筌画龙，拔起两山间，阴威凛然。旧作郡时以祈雨有应，今具香灯试祷之。"④

对于图像所具有的法力，直到清代仍有人相信。在纪昀《阅微草堂笔记卷九·如是我闻三》载有这样的传闻。

---

① （宋）黄休复.益州名画录 [M].何韫若，林孔翼注.成都：四川人民出版社，1982：91–92.

② （宋）郭若虚.图画见闻志 [M].黄苗子点校.北京：人民美术出版社，1963：69.

③ （宋）郭若虚.图画见闻志 [M].黄苗子点校.北京：人民美术出版社，1963：55.

④ 转引自陈高华.宋辽金画家史料 [M].北京：文物出版社，1984：145.

从孙翰清言，南皮赵氏子，为狐所媚，附于其身，恒在襟袂间
与人语。偶悬锺馗小像于壁，夜闻室中跳踯声，谓驱之去矣，次日
语如故。诘以曾睹锺馗否，曰：锺馗甚可怖，幸其躯干仅尺余，其剑
仅数寸，彼上床则我下床，彼下床则我上床，终不能击及我耳。然
则画像果有灵欤？画像之灵，果躯干皆如所画欤？设画为径寸之像，
亦执针锋之剑，蠕蠕然而斩邪欤？是真不可解矣。①

在这则传闻中，锺馗图化为真人，其形态恐怖，持剑与中邪之人周旋，
其灵验性令著录者疑惑。所有文献的记载均以图像是否具有"应验"作为民众
接受的标准，而这一点与中国古代民间信仰中民众接受和传播的规律相似。

三、锺馗图在医药方面的应用

在传说中，锺馗因其显灵于唐明皇梦中，捉鬼啖之而令明皇疟病痊愈而
名声大噪，其图像又通过另一位名人——画圣吴道子描绘出来，因此，古人
就相信锺馗图所具有的法力，能在药方上显现出来。

（一）药方上的体现

锺馗画在医方上的体现首先由高国藩先生指出②。在其《敦煌古俗与民俗流
变》一书中，谈到锺馗驱傩风俗对后世的影响表现在医药方面时，引用了《本
草纲目》卷三十八"服器部"③的内容，并附带与锺馗图像有关的两条偏方，摘
录如下。

①难人难产，锺馗左脚烧灰，水服。（杨起《简便方》）；②"鬼
疟来去，画锺馗纸烧灰二钱，阿魏、砒霜、丹砂各一皂子大，为末，
寒食面和、丸小豆大。每服一丸，必时冷水下。正月十五日、五月
初五日修合。（《圣济录》）④

按高国藩先生的研究，《圣济录》原为宋政和中期（约1111~1117）奉敕

---

① （清）纪昀．阅微草堂笔记 [M]．上海：上海古籍出版社，1980：175.
② 郑尊仁先生的研究中也提到这一点，参见其专著《锺馗研究》第92页。
③ 按今本的《本草纲目》因服器部中多为一些巫术而将其删除，在早期的影印本中还有保留。
④ 引自高国藩．敦煌古俗与民俗流变 [M]．南京：河海大学出版社，1989：342.

编纂的医书，在金人灭北宋时佚失，现存版本为清人程林所辑20卷本。他认为用锺馗画治疗疟疾的偏方是北宋时期的产物，大约与锺馗图像"基本型"——"锺馗样"流行于世的时间相同。这从医学角度证明了锺馗图像产生的传说与治疗疟疾有一定的关系：在北宋时，人们在对待像疟疾这样的顽症时，可能会使用锺馗画这样具有接触巫术的物件，特别是其具有曾在梦中显灵，治愈唐明皇疟病的魔力的传说。这个药方在一定程度上说明在北宋时期，有锺馗形象的图画具有祛除疟病的神力，也从侧面证实了锺馗祛除疟病的传说在北宋流传相当广泛，并非只限于绘画的创作人群中。

对于锺馗图像中锺馗左腿能治疗妇人产病的原因，尚无学者做出解释。笔者推测，在锺馗图像中，锺馗的左脚可能被描绘为履有破损而露出脚趾。从模拟巫术的角度来看，"露趾（子）"可以与"送了"产生一定的联系，因此也成为助产妇生产的药引。这可能也与古代治疗妇女产病的一则药方有关。在《千金要方》中，有这样一条记载："取父名书儿足下即顺生。"①

在王树村先生著的《中国门神画》中，收录了一则相似的传说：在清代绵竹门画故事中，流传着这样的传说："有一家子两口人，女的怀孕十个月了，但孩子生不下来。有人说把门神的头扯下来烧了，孩子就会从天上下来无阻。男的信以为真，把门神头撕下，烧成了灰给女的喝了，果然生下个婴儿来。"②王树村先生认为此则故事是"作坊故神其说，以广销产品而已"，这则故事可能是由北宋锺馗画具有助产功用的医方转变而来，反映了相同的巫术心理。近代北方将锺馗的名字，唤作"判官儿"，使锺馗具有送子神的功能，也是具有相似的巫术心理。

（二）其他记载

在周密所辑的《武林旧事》中，也有许多与锺馗画像相关的记载。其中一条记载可能揭示出锺馗画在当时民众心目中所具有的巫术功用，在"岁除"条中，讲到"禁中以腊月二十四日为小节夜，三十日为大节夜，呈女童驱傩，装六丁六甲六神之类，大率如《东京梦华录》所载。……而殿司所进屏风，外画锺馗捕鬼之类，而内藏药线，一爇连余百余不绝"③。前一段文字所提及

---

① 引自《备急千金要方卷第二（妇人方上）》178方。

② 王树村.中国门神画[M].天津：天津人民出版社，2005：43.

③ （宋）周密.武林旧事[M]//刘坤，赵宗乙.中国古典名著民俗集粹（一）——《梦粱录》（外四种）.哈尔滨：黑龙江人民出版社，2003：298.

的跳傩的风俗与《东京梦华录》所记载的相似，后面则讲由殿司呈贡的屏风上面绘有"锺馗捕鬼"作为镇襀之用，而里面所装的药线，则用于祛除疠疫，因而所绘的锺馗图像具有模拟巫术的作用。

小结

在古代社会中，由于时代的局限和科学技术水平的低下，民众普遍相信图画具有魔力或法力，其事例经常出现在一些文献中。锺馗在其传说中，由于在梦中显灵，成功使唐明皇摆脱了痁病的困扰，而被赋予了更准确的身份：治疗类似疟疾等顽症的捉鬼大神。在医药上的反映，就是在宋代已成为治疗痁病的药引。除了其原有祛除疟疾的功能之外，在某些地域，锺馗图还具有帮助妇女生产的神效，因此，巫术性特征是锺馗图像最显著的特征。

第二节 程式性特征

如前所述，民俗艺术的最显著的特征之一为传承性，在图像上的表现为主题类型的重复性和图像造型的程式性。程式性，也称模式性，包括两个方面的内涵：一是图像本身的程式性，另一方面指对图像使用和创作的程式性。

一、图像的程式性

锺馗图像的程式性指锺馗图像在其产生一段时期后，在不断被重述的作品中，所呈现出来的具有相对稳定性的特征。这体现在具体的作品中，表现为一些主要形象、内容或情节、构图等意象群表现相同或相似。这种程式性体现在各种题材的民俗艺术中，在锺馗图像中显得尤为明显。

（一）锺馗形象的程式性

如前所述中，锺馗从其起源来看，受到多种因素的影响，其形象也表现出同时代其他鬼神画传统的影响。

从存世的锺馗图像来看，锺馗的形象具有相当的稳定性，都被描绘为长髯、身穿襕衫、头戴幞头的形象。表6-1仅是存世锺馗图像中很少的一部分，但从中可以看出锺馗具有形象上的程式性。

表 6-1　锺馗形象图表

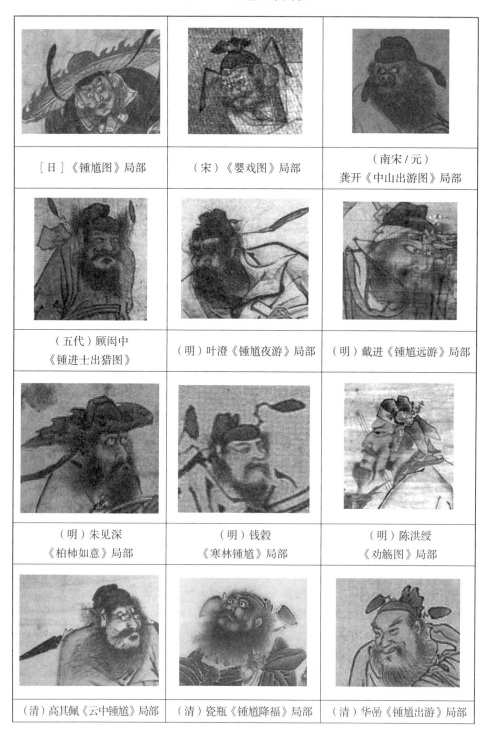

［日］《锺馗图》局部	（宋）《婴戏图》局部	（南宋 / 元） 龚开《中山出游图》局部
（五代）顾闳中 《锺进士出猎图》	（明）叶澄《锺馗夜游》局部	（明）戴进《锺馗远游》局部
（明）朱见深 《柏柿如意》局部	（明）钱榖 《寒林锺馗》局部	（明）陈洪绶 《劝觞图》局部
（清）高其佩《云中锺馗》局部	（清）瓷瓶《锺馗降福》局部	（清）华嵒《锺馗出游》局部

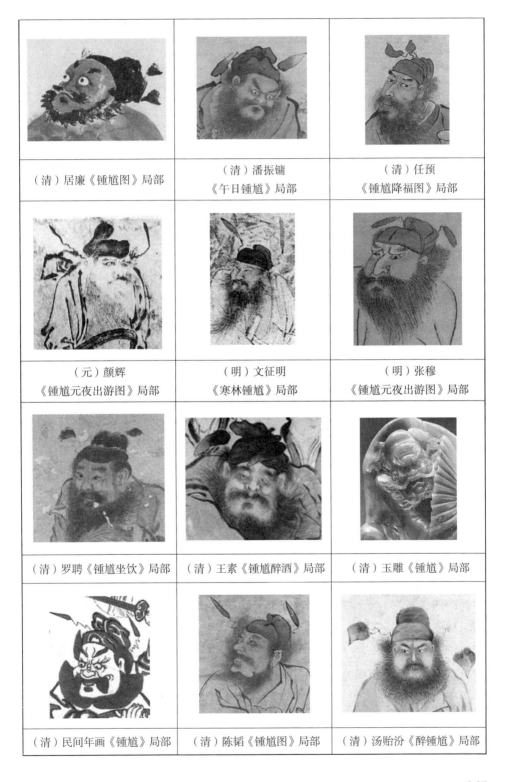

（清）居廉《锺馗图》局部	（清）潘振镛《午日锺馗》局部	（清）任预《锺馗降福图》局部
（元）颜辉《锺馗元夜出游图》局部	（明）文征明《寒林锺馗》局部	（明）张穆《锺馗元夜出游图》局部
（清）罗聘《锺馗坐饮》局部	（清）王素《锺馗醉酒》局部	（清）玉雕《锺馗》局部
（清）民间年画《锺馗》局部	（清）陈韬《锺馗图》局部	（清）汤贻汾《醉锺馗》局部

从以上图像中，可以看出锺馗的开脸相似，所戴头冠分为两大类：一类是最为常见的软脚幞头，这为唐代以来下层官员的标准装扮；另一类为带帏幔的宽檐笠帽，在早期的锺馗图像中经常出现，比较罕见于清代以后的作品中。对其浓眉、怒目圆睁和长髯的表现，也是其形象重要的特征。其他服饰方面，襕衫、角带、笏、靴的造型也较为稳定。明代以后，锺馗幞头上多了一枝鲜花，更增加其祈福的意义表达。

（二）小鬼等其他形象的程式性

作为锺馗图像的配角，小鬼的形象在日常生活中也没有直接对应物。在最早的锺馗图像中，受到唐代《地狱变相》等鬼神画传统造型的影响，其"焰发、露牙、面目丑陋、身体瘦弱、上身赤裸、下身着短裙或犊鼻裈"的形象特征非常明显。随着锺馗图像的演变，主题类型的增加，有的锺馗图像中并不出现小鬼。在出现小鬼的锺馗图像中，其形象特征也呈现相对的稳定性。文人艺术家所创作的画作中，小鬼形象则呈现一定的变化。

在锺馗图像中，其他形象包括小妹、侍女、儿童；作为交通工具的驴、牛、轿子；作为道具的破伞、花瓶、书、琴、剑；祈福锺馗中的吉祥物，如蝙蝠、蜘蛛、梅花、如意、柏树枝、柿子、菖蒲、艾叶等，因属于日常生活中可见的物品，其造型受到同时代其他题材画作的影响，也呈现出形象的稳定性。

（三）构图的程式性特征

构图的程式性特征指图像在构图上表现出相似性的特点。在相同主题类型的锺馗图像中，构图具有明显的相似性。如前所述，锺馗图像的基本型，即传由吴道子开创的"锺馗样"，其构图采用立轴构图，后世画家，如五代孟蜀的宫廷画家也只变化其局部。后世《锺馗击鬼》图，以及由此类型衍生的"祈福锺馗""端午锺馗"系列图像，构图均是立轴。由五代董源开创的《寒林锺馗》，其构图的程式性更为突出，均用立轴式构图表现处在寒林中的锺馗。清代出现的《醉锺馗》系列作品，则均用立轴式表现。锺馗出游系列作品的构图比较多样，早期作品都以横卷方式构图。如现藏台北"故宫博物院"题为五代顾闳中所作的《锺进士出猎图》，现藏美国克利夫兰美术馆题为元代颜辉所作的《锺馗元夜出游图》，由刘作筹先生所藏题为明代张穆所作的《锺馗出猎图卷》，其构图完全相同，人物造型、动态、数量也基本一致。

二、创作和使用上程式性的表现

相比其他锺馗艺术，如锺馗戏剧、锺馗小说，锺馗图像与民俗生活结合最为紧密。这与图像的功能所具有的巫术性有关，也与锺馗图像的创作和使用时间有关。本书按锺馗图像主题的演变为主轴，将其分为三个时期：唐至五代为初创时期，宋元两代为发展时期，明清两代为繁盛时期。

（一）初创时期的程式性

从现存唐代所见到的与锺馗图像相关的记载来看，锺馗图像都与历日表同时出现，并在腊日与赏赐官员产生了一定的关联。虽然目前尚不能证明唐代已普遍有悬挂锺馗图像的模式性行为，但可以明确的是，在上层社会中，具有锺馗名称的图像通过一次造神传说，从原有的驱傩仪式中分离出来，成为具有独立身份的驱除疠疫的信仰。其使用的方法、悬挂的地点也体现出锺馗信仰的影响，体现出岁时民俗的特征。其创作的时间也大体在年末。

从五代到宋，宫廷画师和民间画工都在岁末创作锺馗画，显示锺馗画的绘制和使用已具有一定的模式性。后蜀鬼神科画家岁末"例进锺馗"表明迟至五代锺馗画的创作，已成为具有一定影响力的美术民俗。而民间对于锺馗图像的认同，也出现在正史记载中。

（二）发展时期的程式性

宋元时期，是锺馗图像发展和完善阶段。到了宋代，锺馗图像已经成为民间画工、文人艺术家和宫廷画家创作的对象，而其使用也遍及宫廷和寻常人家。《东京梦华录》《梦粱录》《繁胜录》《武林旧事》中对此均有记载。

孟元老《东京梦华录》卷下"十二月条"载："近岁节市井皆印卖门神、锺馗、桃板、桃符，及财门钝驴、回头鹿马、天行帖子。"[①]

吴自牧《梦粱录》卷六"十二月条"中也有相似的文字："岁旦在迩，席铺百货，画门神桃符，迎春牌儿，纸马铺印锺馗、财马、回头马等，缋与主顾。"[②]

同书"除夜条"云："士庶家不论大小家，俱洒扫门闾，去尘秽，净庭户，换门神，挂锺馗，钉桃符，贴春牌，祭祀祖宗。"[③]

周密《武林旧事》卷三"岁晚节物条"载："都下自十月以来，朝天门内竞售锦装、新历、诸般大小门神、桃符、锺馗、狻猊、虎头，及全綵缕花、春帖旆胜之类，为市甚盛。"[④]

---

① （宋）孟元老.东京梦华录[M].邓之诚，注.北京：中华书局，1982：249.

② （宋）吴自牧.梦粱录[M]//东京梦华录（外四种）.北京：文化艺术出版社，1998：168–169.

③ （宋）吴自牧.梦粱录[M]//东京梦华录（外四种）.北京：文化艺术出版社，1998：169.

④ （宋）周密.武林旧事[M]//东京梦华录（外四种）.北京：文化艺术出版社，1998：360.

《西湖老人繁胜录》记载:"城外有二十座瓦子……宽阔处踢球,放胡哮,斗鹌鹑,卖等身门神、金漆桃符板、锺馗、财门。"[1]

这些文献表明,宋代民间锺馗图像的创作和使用依然在年末,并明确作为门神和纸马使用,成为具有普遍意义的民俗节物。在文人创作圈内,开始以"戏墨""戏笔"称谓锺馗画的创作,而使其具有美术民俗的意义。从画史所记画跋可知王蒙的《寒林锺馗》为守岁时所作,表现在这一时期,文人画家创作锺馗画的时间可能也在年末。

(三)繁盛时期的程式性

明清两代,民间锺馗年画的创作和使用时间分化为两个时期,即岁末和端午。《旧京遗事》载"禁中岁除,各宫门改易春联,及安放绢画锺馗神像。像以二尺长素木小屏装之,缀铜环悬挂,最为精雅。先数日各宫颁锺馗神于诸皇亲家"[2],反映了皇家年末悬挂锺馗神像延续宋代以来的风俗。有的地域,如南京,年末张贴锺馗画的地点从大门改为后门,其原因是锺馗为单神,而让位于秦琼和尉迟恭等双门神。顾录《清嘉录》"五月部·挂锺馗条":"堂中挂锺馗画图一月,以祛邪魅。后引《江震志》云:'五日,堂中悬锺馗画像,谓旧俗所未有。'"[3]表明端午时节,锺馗画在室内悬挂。

从元代开始,文人画家和职业画师的画作,其款识上开始有明确的纪年。从明清两代锺馗画的题跋中,可知文人画家和职业画师的创作时间,在明末以前,都以年末为主。到了明末才出现端午创作的锺馗图像。清代以后,其创作时间以端午为主。这些作品尺度较大,一般用于中堂悬挂。

明清以来,"祈福锺馗"和"午日锺馗"等世俗衍生型图像的出现,使锺馗图像的使用和创作至少有两个时段,即与岁末年初和端午节的岁时节令有关,并成为表达民众禳祸趋祥民俗心理最常见的民俗节物。

作为民俗艺术的锺馗图像,从其产生开始就具有相当的程式性。在图像上,锺馗、小鬼、小妹、蝙蝠等图像基本元素,基本保持造型的稳定性。无论是民间锺馗年画,还是文人的锺馗画,在使用和创作时间上,都体现出与岁时民俗结合紧密的特点。表6-2为古代文献和现存锺馗图像与民俗关系所做的分析。

---

① (宋)西湖老人繁胜录[M]//东京梦华录(外四种).北京:文化艺术出版社,1998:109.

② 转引自郑尊仁.锺馗研究[M].台北:秀威资讯科技股份有限公司,2004:143-144.

③ 郑尊仁.锺馗研究[M].台北:秀威资讯科技股份有限公司,2004:144.

小结

表6-2 锺馗图像与民俗的关系表（模式性的行为方式）

类型		图像					造型因素		民俗 行为方式				
		代表作品	创作者 名字	创作者 身份	图像创作年代	形式/材质/尺寸	人物	情节	使用方式	使用时间	创作/使用原因	使用者	模式性
锺馗图像祖型	文献	画锺馗	佚名	不详	唐武宗后、中宗、玄宗朝	不详	锺馗	不详	悬挂	年末	腊日赏赐官员	上层少数官员	无法判断
	文献	十指锺馗	吴道子	宁王友	唐开元间	卷/不详	锺馗	不详	不详	不详	应诏而作	不详	无法判断
构拟祖型	文献	锺馗小妹图	周文矩/董源	翰林待诏/北苑副使	五代南唐	卷/不详/不详	锺馗、小妹	出游	不详	不详	不详	宫廷	是
	实例	中山出游图	龚开	文人画家	元代	卷/纸/32.8厘米×169.5厘米	锺馗、小妹、侍女及小鬼	出游	不详	不详	不详	文人	否
锺馗传说/基本型	文献	锺馗样	黄荃、蒲师训、赵忠义	画院、画家	五代后蜀、吴越	卷/绢/不详	锺馗、小鬼	一手执鬼、一手抉目	宫廷内悬挂	岁末	驱邪镇横	宫廷贵族	是

169

（续表）

类型	代表作品	创作者 名字	创作者 身份	图像 创作年代	形式/材质/尺寸	造型因素 人物	造型因素 情节	使用方式	使用时间	创作/使用原因	使用者	模式性
锺馗传说/基本型 实例	日本《辟邪绘》	佚名	不详	平安时代末期（1127—1192）	卷/纸/高26厘米 纵42厘米	锺馗、小鬼	左手执鬼 右手抉目	宫廷	岁末	佛名会	宫廷	是
	三教连相搜神广记	秦子晋撰	不详	元代	版画/纸/不详	锺馗、小鬼	左手执鬼 右手抉目	民间流行	平时	锺馗捉鬼的插图	民间	是
	寒林锺馗	董源	北苑副使	五代	不详	锺馗	不详	不详	不详	不详	不详	否
	寒林锺馗	王蒙	文人画家	洪武甲子年	不详	锺馗	不详	不详	岁末	不详	不详	是
文人衍生型 文献	寒林锺馗	文征明	文人画家	明嘉靖甲午年	轴/纸 69.6厘米×42.5厘米	锺馗	山林中独立	家中悬挂	平日	戏作	文人	是
	锺馗赶考	王素	文人	清	轴/纸/设色 132厘米×61厘米	锺馗	锺馗骑驴出行	不详	不详		文人	不详
	醉锺馗	金农	文人	清	125.1厘米×50厘米	锺馗	锺馗站立	悬挂	不详	创新	文人	是

（续表）

类型		图像							民俗				
		代表作品	创作者		图像		造型因素		行为方式				模式性
			名字	身份	创作年代	形式/材质/尺寸	人物	情节	使用方式	使用时间	创作/使用原因	使用者	
世俗衍生型	文献	锺馗	苏汉臣	画院待诏	南宋	98.9厘米×48.3厘米	锺馗、红蝙蝠	锺馗执笏，蝙蝠翔于上	不详	不详	不详	不详	是
	实例	柏柿如意	朱见深	明宪宗	明成化辛丑年	轴/绢/不详	锺馗、小鬼、蝙蝠	锺馗执如意	不详	新年	祈福迎祥	宫廷	否
其他衍生型	文献	锺馗年画	佚名	民间画工	北宋	不详	锺馗	不详	门户	腊月	作门神	民间	是
	实例	判子闹判	徐白斋	民间画工	嘉庆年间	页/纸/不详	锺馗、儿童（鬼）	小童围绕锺馗	室内	腊月	年画	民间	是
	文献	锺馗画	不详	民间画工	明末清初	纸	锺馗	锺馗执剑	室内	天中	辟邪	民间	是
	实例	只见福来	任颐	职业画师	清末光绪年间	纸/	锺馗、蝙蝠	锺馗执剑指向蝙蝠	室内	天中	禳祸迎祥	民间	是

171

第三节　多样性特征

锺馗图像出现后，尽管在总体上呈现出程式性特征，但在演变过程中，由于各种原因，也出现一定程度的变异，表现出多样性的特征。其中以前文如述在主题方面的多样性最为明显，存在至少三种类型：基本型——锺馗样、构拟原型——锺馗小妹／出游、世俗衍生型——文人锺馗和祈福锺馗。除此之外，在图像表现和使用功能上也存在变化，既有地域性的差异，也有内涵上的变异。

一、图像内容的变异

尽管在大多数的锺馗图像中，锺馗都被描绘成相似的面孔，具有相当的程式性特征，但分析各个时期不同艺术家的艺术作品，都有不同的表现。而其画面其他角色，如小鬼、小妹、坐骑、道具等，随着时代的演进也发生着微妙的变化。

（一）锺馗图像造型的变化

在上节锺馗形象的图表中，可以看到锺馗的开脸尽管具有相当的程式性，但也存在一定的多样性。这种变化在文人画家、职业画师、宫廷画家的创作中比较突出，即各个艺术家在对前代粉本进行重述时，也依据自己的理解进行一定的变化。而在民间美术作品中，其变化程度就相对较小。

在锺馗击鬼图像系列作品中，锺馗所握道具的变异性较为突出。

在早期文献"锺馗样"的描述中，锺馗杀鬼直接用手，所执的道具竹木简也插在怀里。对《雪陂锺馗》和《鬼戏百图》的描述中，锺馗或荷担，或端坐案前，并没有其他道具。从元代刻本和日本平安晚期的《辟邪绘》中，均表现锺馗"左手执鬼、右手抉目"的动作，反映早期的锺馗图没有用其他兵器来对付疫鬼。而在出游系列作品如《中山出游图》中，宝剑由小鬼所执，行进在出游队伍中。在《锺馗元夜出游图》中，锺馗握剑出游。此后的锺馗击鬼图也开始采用宝剑斩鬼。而在明代以后传世的《寒林锺馗》中，不仅没有出现宝剑，连所捉的小鬼也消失了。这也可能反映出早期的锺馗击鬼图中可能没有宝剑。对于宝剑出现的原因，应与驱傩活动中执戈扬盾的驱鬼仪式有关。清代以后，锺馗手中出现新的道具——破扇。这一道具的出现更能表现锺馗落魄文人的身份。《午日锺馗》以后，酒樽、酒杯、酒坛等表现饮酒的器物也成为画面表现的主要内容。这些道具的出现，与锺馗图像的世俗化有关。

锺馗图像中道具的其他变异还包括一些驱邪物品的加入，比如民间驱鬼活动中常见的大蒜、菖蒲、艾叶等。这些道具的加入，丰富了锺馗图像的表现内容。

在表现锺馗出游图像中，锺馗的出行方式显示出一定的变异性。在文献记载的驱傩活动中，方相氏和其他成员均以步行的方式巡游，这也体现在早期锺馗图像中。早期文献中描述不多，只有《雪陂锺馗》中提到锺馗"行于雪林"中。元代三幅作品中，锺馗就有三种不同的出游方式：在《中山出游图》中，锺馗与小妹是坐鬼舆出行；在《锺馗元夜出游图》中，锺馗坐鬼辇出游；在《锺馗月夜出游图》中，锺馗则骑驴出行。明代的作品中，如《锺馗夜游》《柏柿如意》中锺馗则以步行的方式出行；李士达《寒林锺馗》中，锺馗骑牛出行。这些不同的出游方式体现锺馗身份的变迁：早期步行方式与驱傩活动相似；其后坐辇、舆出行或骑驴出行与其传说中进士身份相符。后期的表现出行系列的作品中，用马鞭等道具表现出行，表明创作者受到同时代锺馗戏剧的影响。

（二）锺馗行为的多样性

在锺馗图像演化过程中，图像中人物的动作也发生着一定的变迁。这种行为的变异与锺馗主题类型直接相关。表6-3为文献和存世作品中，锺馗动作的变迁。

表 6-3 锺馗图像动作元素的变异图表

题材		五代	宋	元	明	清
构拟祖型 锺仪系列	锺馗出游	顾闳中《锺馗出猎图》：锺馗骑驴出游	龚开《中山出游图》：锺馗坐鬼舆出行	颜辉《锺馗出游图》：锺馗坐鬼辇出行	戴进《锺馗夜游》：锺馗步行出游	任颐《锺馗出游图》：锺馗骑驴出行
	锺馗小妹(夫妇)		石恪《鬼百戏图》：锺馗夫妇对坐		广求《锺馗小妹》：锺馗与小妹对坐	任霞《锺馗小妹图》
	锺馗嫁妹				评俊《锺馗嫁妹》：送嫁队伍行进在山间	华品《锺馗嫁妹图》：送嫁队伍行进在云端
基本型 击鬼系列	锺馗击鬼图		《锺馗图》（日本十二世纪传世）：左手执鬼，右手抉目	元刻《三教连相搜神广记》插图：左手执鬼，右手抉目		任颐《锺馗剖鬼》：左手执鬼，右手用剑斩鬼
						华品《锺馗称鬼图》：华品看两小鬼称鬼
	门神、年画		门神锺馗：（不详）			打猪鬼，魁头、永镇家宅：锺馗右手摇剑，左手指蝠
衍生型 文人系列	寒林锺馗	董源《寒林锺馗》（不详）		陈琳、王蒙《寒林锺馗》：锺馗独立林中	文征明、文嘉《寒林锺馗》：锺馗独立寒林	罗聘《寒林锺馗》：锺馗独立寒林
	雪坡锺馗	董源《雪坡锺馗》	孙知微《雪锺馗》：锺馗行进进入雪林中			金廷标《锺馗探梅图》：锺馗行进在雪地中

（续表）

题材		时代	五代	宋	元	明	清
衍生型	文人系列	钟馗赶考					金农《醉钟馗》：钟馗醉卧酒坛上 / 王素《钟馗赶考》：钟馗骑驴赶考
		吹箫/读书/观异				陆谦贞《钟馗吹箫图》：钟馗吹箫	
		钟馗照镜					方薰《钟馗照镜》：钟馗望镜
	世俗生活系列	五子闹判				段善《五鬼闹判》：五鬼和钟馗行进山野中	徐白斋《群子闹判》：儿童戏钟馗
		钟馗送子				仇英《天降麟儿》：钟馗育肖小孩	
	祈福系列	钟馗迎福/引福/接善		苏汉臣（款）《钟馗迎福图》：钟馗立岩下，望天空翱翔的蝙蝠		朱见深《柏柿如意》：钟馗手执如意出行	钱慧安《福善双至图》：钟馗用笏接下降的蜘蛛和蝙蝠。
		吉庆图				无款《吉庆图》：钟馗用手敲击磬	
	端午系列	午日钟馗				钱毂《午日钟馗》：钟馗执笏，眼望墙角的小鬼	华喦《午日钟馗》：钟馗侧坐倚椅中

从表6-3可以看出，图像中锺馗的行为根据不同主题，有着不同的表现。具体而言，早期基本型图像中锺馗的动作比较符合传说的记载，明以后的动作则以所握剑斩鬼。构拟祖型图像中的动作则比较稳定，都是出行，其变异性体现在出游的方式上。衍生型中祈福系列图像以动作谐音体现吉祥含义，如"立见福来""只见福来""福喜双至"等；《寒林锺馗》动作变化很小，而《醉锺馗》则描绘不同醉酒姿态的锺馗，或倚坐，或立，或半卧，或酩酊大醉。其他世俗化的锺馗图像则表现了日常生活中的锺馗，或读书，或照镜，或磨剑等。总体来看，锺馗的动作呈日常生活化的趋势，其驱邪避瘟的动作逐渐被体现吉祥含义的动作所替代。

（三）人物构成的变异

从表6-4可以看出，锺馗图像中的人物除锺馗外，其他人物构成并不稳定，大都依据图像的主题类型来确定。相对比较稳定的是《寒林锺馗》为锺馗一人，其动作和形象也较为固定。在出游／嫁妹系列图像中，其区别在于小妹是否出现。清代中期以后，儿童替代小鬼，成为锺馗图像中的主要配角。而在基本型的图像中，早期锺馗和小鬼同时出现，但后期小鬼或消失，或化为以狐狸为代表的妖怪。在祈福系列图像中，锺馗和其他吉祥物成为主角，而小鬼或成为随从，或消失。

表6-4　钟馗图像人物构成变异表

题材			五代	宋	元	明	清
构拟祖型	催仪系列	钟馗出游	顾闳中《钟馗出猎图》：钟馗及随从小鬼	龚开《中山出游图》：钟馗、小妹、侍女和小鬼若干。	颜辉《钟馗月夜出游图》：钟馗、小鬼	戴进《钟馗夜游》：钟馗和小鬼若干	任颐《钟馗出游图》：钟馗和一个小鬼
	催仪系列	钟馗小妹（夫妇）		石恪《鬼百戏图》：钟馗夫妇和小鬼若干		尤求《钟馗小妹》：钟馗与小妹	任霞《钟馗小妹图》：钟馗和小妹
	催仪系列	钟馗嫁妹				许俊《钟馗嫁妹》：钟馗和数量众多的小鬼	华嵒《钟馗嫁妹图》：钟馗和迎亲队伍，内有小鬼若干
基本型	击鬼系列	钟馗击鬼图		《钟馗图》（日本十二世纪传世）：钟馗和疫鬼	元刻《三教连相搜神广记》插图：钟馗和疫鬼		任颐《钟馗斩妖》：钟馗和狐狸
基本型	击鬼系列	钟馗击鬼图					华嵒《钟馗称鬼图》：钟馗和小鬼
基本型	击鬼系列	门神、年画		门神钟馗：钟馗和小鬼			打猪鬼、魁头、永镇家宅：钟馗
衍生型	文人系列	寒林钟馗	董源《寒林钟馗》不详		陈琳、王蒙《寒林钟馗》：钟馗一人	文征明、文嘉《寒林钟馗》：钟馗一人	罗聘《寒林钟馗》：钟馗一人

（续表）

题材		时代	五代	宋	元	明	清
衍生型	文人系列	雪骑锺馗	董源《雪骑锺馗》：不详	孙知微《雪锺馗》：锺馗和小鬼			金廷标《锺馗探梅图》：锺馗和小鬼
		锺馗赶考					金农《醉锺馗》：锺馗一人；王素《锺馗赶考》：锺馗骑驴赶考
		吹箫／读书／观异				陆谦贞《锺馗吹箫图》：锺馗吹箫	
	世俗系列	锺馗照镜					清方薰《锺馗照镜》：锺馗一人
		五子闹判				殷善《五鬼闹判》：五鬼和锺馗	徐白斋《群子闹判》：五个儿童和戏锺馗
		锺馗送子				仇英《天降麟儿》：锺馗和小孩	
	祈福系列	锺馗迎福／引福／接喜		苏汉臣（款）《锺馗迎福图》：锺馗		朱见深《柏柿如意》：锺馗和小鬼	钱慧安《福善双至图》：锺馗
		吉庆图				无款《吉庆图》：锺馗和小鬼	
	端午系列	午日锺馗				钱榖《午日锺馗》：锺馗和小鬼	华嵒《午日锺馗》：锺馗和五个小鬼

二、构图形式的变化

锺馗图像中，手卷方式可能为最早的形制，其构图多为一字型展开人物。在前文所提到日本《辟邪绘》中的锺馗图，与其他四位善神本属于一幅长卷，只是在第二次世界大战后才截开。在相同主题的锺馗图像中，其构图保持相对的稳定性。但在某些主题中，如出游系列图像，其构图则在较大程度的变化。

早期反映锺馗出游或出猎的图像中，都以横卷的形式来展开构图。在托名为五代南唐顾闳中的《锺进士出猎图图》、南宋苏汉臣《锺馗嫁妹图》、宋末元初龚开《中山出游图》、颜辉《锺馗元夜出巡图》、元代王振鹏《锺馗送嫁》，都是以手卷的形式展开构图。画作着重描写人物表情、动作，而没有背景描绘，出游队伍行进的方向是从左向右"一"字型展开，这与手卷展开由右向左的顺序正好相反，这反映了自魏晋以来《洛神赋》开创的手卷构图的影响。唐代张萱《虢国夫人游春图》，也采用同样的行进方式来处理。而从明代叶澄《锺馗夜游》（图11）和戴进《锺馗远游》（图10）开始，出现以立式结构来表现锺馗出游。明代有的出游作品，如日本私人收藏的许俊所作的《锺馗嫁妹》（图37）则受到《明皇幸蜀图》的影响，将出游的地点改在山中，队伍规模极为庞大，其行进方式改为"U"型，从右向左行进。而有的出游作品，如现藏美国弗利尔美术馆清代画家洪午（音）

图37 （明）许俊《锺馗嫁妹》（日本私人收藏）

所作的《锺馗出游》(图38),采用立轴构图,锺馗骑毛驴,随从只有五个小鬼,行进在宫苑中。现藏南京博物院华嵒所作的《锺馗嫁妹》(图12),也采用立轴构图,但将出游队伍描绘在云端行进。清末任颐的《锺馗出游》(图39),构图为立轴,出游队伍已简化为锺馗和一个撑破伞的小鬼。

图38 (清)洪午(音)《锺馗出游》　　图39 (清)任颐《锺馗出游》
　　(美国弗利尔美术馆藏)　　　　　　(上海工美拍卖公司拍品)

　　这些不同构图的锺馗出游图像,反映了其他人物画创作形式对此主题的影响,也表现了创作者对于此主题的不同理解。

三、创作和使用上的演进

　　锺馗图像在创作和使用上的演进,主要体现在时间上。从锺馗图产生以来,无论是民间还是宫廷,其使用的时间最初是在岁末年初创作和悬挂。直到明代晚期，才出现端午节使用的变异。如前文所述，这种变异在地方志中最早的记录出现在清代初年康熙十四年（1674年）修，二十二年（1682年）续修的浙江省《海宁县志》中。画作的反映出现在明代晚期李士达的作品中。

而从作者身份的分布来看（参见表6-5），最初只由画工创作，到明代以后遍及社会不同阶层，反映了不同阶层画师、画工、官员、王公贵族对锺馗题材的喜爱，也体现出锺馗图像创作群体的普遍化趋势。以皇帝创作为例，明宪宗朱见深曾作《岁朝佳兆图》，清高宗弘历也曾有两幅《岁朝图》著录于《石渠宝笈续编》中。

在锺馗图像媒材和表现形制不断拓展的背景下，锺馗图像开始被描绘在一些实用器物，如陶瓷笔洗，棒槌瓶、梅瓶、鼻烟壶等。这些绘有锺馗图像实用器物的出现，意味着锺馗图像内涵发生了一些变异，从单纯驱邪迎祥的民俗美术造型演变为具有装饰功能的纹样。而锺馗各种材质雕像的大量出现，则显示其已从单一的岁时民俗节物泛化为族群内部具有镇物功能的装饰品。

表6-5　文献和现存锺馗画中创作群体的分布表

题材		唐	五代	宋	元	明	清
祖型	舞锺馗	A、C	B				
构拟祖型	锺馗小妹/嫁妹		A			A、B、C	A、B、C
构拟祖型	锺馗/中山出游	A	A	A、B、C	B	A、B、C	A、B、C
基本型/锺馗样	锺馗击鬼		A、C	A、B、C		A、B、C	B、C
基本型/锺馗样	立锺馗					A、B、C	A、B、C、D
衍生型 世俗型	锺馗祈福			A	A	A、B、C	A、B、C、D
世俗型	五鬼闹判					A、B、C	B、C
世俗型	锺馗送子					A	
文人型	寒林锺馗		B	B	B、C	B	B
文人型	锺馗读书/赶考					B	B
文人型	醉锺馗						B

注：A.宫廷画师；B.官员、贵族、画僧或文人；C.民间画工；D.皇族。

小结

锺馗图像的多样性体现在许多方面，其中以主题的多样性最为明显。除了早期的"锺馗样"外，其他类型的锺馗图像并没有因为新类型的产生而消失，因受到不同阶层创作者的垂青而延续下来。在使用功能上，体现单一"禳祸辟邪"观念的"锺馗样"被集"祈福迎祥"和"辟邪避瘟"于一体的"锺馗图"所替代，反映了中国古代吉祥文化的影响。形制的变异也导致了使用功能的变迁。像陶瓷笔洗上出现锺馗图像，意味着锺馗图像开始具有装饰纹样的意义，而非单纯的辟邪民俗美术品。

结　语

本书在前人研究的基础上，发现了一些新的锺馗图像资料，通过这些资料的整理和研究，对于锺馗图像的产生和演变有了新的认识。

锺馗作为驱鬼神祇的信仰，最迟在唐代早期就已形成，成为锺馗图像产生的基础。锺馗驱鬼的行为与同时代的驱傩活动有很大的相似性，均以出游的方式进行；在动作上体现出跳傩的特征，并因手舞足蹈而被冠以"舞锺馗"的名称。表现此动作的锺馗图在盛唐初期，曾与历日表一同作为腊日皇帝赏赐官员的礼物。由于在文献记载中吴道子最早绘制此类作品，一些研究者将其作为锺馗画的创始者。

本书认为，锺馗图像的产生与演变，与驱傩、打夜胡、赛神等其他民俗活动密不可分，并受到如参军戏、舞判、《天下乐》等戏剧，医学中的《千金翼方·禁经》《同济录》，道教中的《斩鬼经》等其他因素的影响。锺馗图像的民间应用也影响到其他民俗活动的变迁，端午悬挂锺馗图就是最明显的一个例子。

锺馗图像的演变体现在主题、艺术风格、材质、形制等几个方面。在主题方面，类型的衍生和丰富最为突出，其演变的线索并非单一，而是沿多条脉络展开，其中禳祸趋祥的民俗心理是其演变的主要动因。

在分析已有材料基础上，本书判断锺馗图像的"祖型"可能是"舞锺馗"，首见于盛唐初期的文献中，与锺馗驱鬼的信仰直接有关，岁末悬挂在门户上以驱除群厉。图像最初的描绘者应是民间画工，而吴道子只是其中最为著名者，画史曾著录其《十指锺馗》。

唐代以后锺馗主题类型开始衍生。后世在锺馗信仰的基础上，产生了锺馗现身于唐明皇梦中，捉住作祟的疫鬼并抉其目，使明皇痁病痊愈，吴道子奉诏画锺馗像的传说。在原有民间信仰中，锺馗为一个普通的驱鬼神祇；传说将其身份人格化，成为一名应试不中的举子，然后通过含冤屈死厚葬而重新神格化，终成为专司捉鬼之神。在传说中，他现身于"梨园始祖"、风流天子唐明皇梦中，并借由"画圣"吴道子图写其神威而诏行天下，从而成为万众瞩目的捉鬼大神。宋代有关锺馗传说的"梦中显灵""疫鬼作祟""抉目啖鬼"和"图写神威"等几个情节，均受到中国古代民俗信仰和其他民间传说的影响。这些情节丰富了原有的锺馗传说，使锺馗图的威力附加上为皇帝治愈痁病的神迹，对于锺馗形象的最终成型、后世锺馗小说和锺馗戏剧的发展有着重要意义。这是锺馗传说产生和传播的最主要动因。锺馗传说既是对锺馗信仰的阐释和再创，也传播了锺馗图的神力，使之成为民众喜爱的民俗美术品。

锺馗因梦中驱除疬鬼的行为被描绘成画，一开始就与中国古代造神的基本要素相一致，即通过名人和梦中显灵的方式而确立了其神灵的身份。吴道子的"锺馗样"成为锺馗图像的主流，本书则称之为锺馗图像的"基本型"。从文献记载中可知"锺馗样"表现为"锺馗击鬼式"，形式为单幅立轴，描绘锺馗"左手捉鬼，右手抉目"的动作，反映了锺馗传说的影响。在锺馗图像的存世作品中以日本平安时代晚期《辟邪绘》中的《锺馗图》和元代《新编连相搜神广记》中的插图为代表，较忠实地反映了五代以后文献对于"锺馗样"的记载，成为锺馗图像基本型存世的实物资料。这些存世的图像资料证实了沈括和郭若虚在内府所看到题为吴道子所作《锺馗图》在宋代的确存在，并且影响深远，波及海外。后世此主题逐渐演化为表现锺馗执剑捉鬼或杀鬼的动作，并在民间门神中得到延续。在图像不断重述的过程中，驱疟神的角色在不同的艺术家手中被塑造成各类锺馗图像。

五代以后，还存在另一种以手卷形式表现锺馗出行/嫁妹的题材，则与锺馗信仰傩戏的出游行为有关，反映了锺馗信仰最早的傩戏形态，本文将其称为"构拟祖型"。存世的南宋/元代画家龚开的《中山出游图》和颜辉的《锺馗元夜出游图》就是这类题材的实例。在五代到宋代，还产生了另一类由文人创作的主题——"寒林锺馗"。这类主题在文献著录中最早由董源创作，主要描绘"寒林"山水，锺馗独自站立在寒林中，实际为配有锺馗的山水画。这类主题在明代被文征明重新描绘，成为后世文人画家热衷表现的题材。祈福式的主题出现在明代初期，图像中出现石榴、蝙蝠、柏枝等吉祥物品，这种主题与"击鬼"主题皆从基本型演化而来，在形制上亦采用单幅立轴。

明末清初，锺馗图像的创作和使用开始产生变化，产生了集避瘟和祈福于一体的"午日锺馗"图像，并成为后世职业画师和文人画家创作的主流。而清朝中期出现的《醉锺馗》图像，则是由个别文人创作，为文人"期有所遇"心境的自然流露。

在锺馗传说的影响下，元代以后产生的锺馗戏剧也为锺馗图像增加了新的情节，丰富了其表现内容。例如，在《天下乐》中，出现了锺馗感谢生前知己杜平的资助，而在死后将其妹嫁与杜平的情节，导致从《锺馗小妹》衍生出《锺馗嫁妹》的图像。锺馗小说的出现，是后代文人对锺馗传说的再创作，其借鬼讽世的观念在锺馗图像上也有相应的体现。

锺馗图像在艺术形式上的演变与同时代的人物画相似。从宋代到清代，绘画在材质上逐渐从绢本走向纸本，在形制上也从手卷过渡到立轴。在构图上，大多数主题保持相对的稳定性。基本型——锺馗击鬼图，一直采用单幅立轴。《寒林锺馗》《祈福锺馗》《午日锺馗》和其他世俗锺馗图像，也采用单幅立轴构图。而出游/小妹系列图像，包括后世衍生的"嫁妹"系列，最初多采用横卷方式，一字形展开出游或送嫁队伍；明代以后，开始出现用立轴形制，表现出游队伍按"之"或"U"字型路线，或行于山间，或立于云端，或行于宫苑中，其数量也由多趋少。

一方面数量众多、内容丰富的锺馗画轴、手卷、年画、雕刻等创作构成古代锺馗图像的传统，成为古代人物画重要的表现题材。另一方面，古代锺馗图像延续了中国古代人物画中鬼神科的绘画传统，保留了早期鬼魂形象"焰发、怒目、龇牙、裂嘴、上身赤裸、下身着犊鼻裈、肌肉发达、凶神恶煞"的造型特征，反映了佛教传入后鬼神画从妖魔精怪形向异质人化形演变的轨迹。

在艺术风格方面，民间艺术中的锺馗形象，由于依照前代粉本而较为稳定，大多保留了"锺馗样"的造型特点。文人及职业画师所绘制的作品，则反映出同时代人物的风格特征。早期的图像多传承"锺馗样"近于工笔的表现手法，用白描勾勒人物，然后赋以色彩。宋代梁楷的创作可能开创减笔描表现锺馗的绘画风格，而龚开和颜辉用墨笔表现锺馗则延续了这一风格。明清以来的文人画家和职业画师，开始采用多种表现的手法描绘锺馗，产生了绘画风格迥异的锺馗画作，成为锺馗图像艺术风格演变的例证。民间画工、文人画家、职业画师和宫廷画家的创作，丰富了锺馗图像的表现传统，反映了不同阶层创作者对于锺馗的理解。这些作品，被其他美术作品所仿效。

锺馗图像的民俗艺术特征主要体现为图像的巫术性，图像造型的程式性，以及图像应用的多样性。其巫术性表现的极端例子是锺馗画在宋代成为治疗疟疾和妇女难产的药引，在清代依然流传。其图像造型的程式性，表现在锺馗形象的稳定性：长髯及胸、头戴幞头、身着襕衫、束角带、脚蹬朝靴。而其图像应用的多样性则体现在其绘制和使用的时间不再限于岁末年初，而出现在端午或其他时间。

其他与锺馗图像相关的一些问题，今后尚待深入思考和探究。

其一，有关锺馗传说的结构考察。锺馗传说的情节虽不复杂，却内涵丰富。对其叙事结构和情节，本书用阴阳两分的方法着重讨论了锺馗身份的变迁。而对于其他情节的结构，是否具有更深层的含义，尚有待做出更多的努力。

其二，锺馗与傩文化的关系研究。本书以锺馗产生和锺馗玩具方面的探讨，得出锺馗与傩文化关系紧密的认识。锺馗图像与锺馗小说、锺馗戏剧等其他艺术形式构成的锺馗艺术丛，与傩文化有着相当紧密的联系。由于研究经历方面的局限，对于傩文化在田野资料和文献资料方面还有深入拓展的空间。锺馗与傩文化的深层关系，将成为后继研究的重点。锺馗作为汉文化圈中的民俗艺术，在其他族群中也有影响，如贵州苗族的地戏中也有锺馗面具。而对于其他民族，如藏族、蒙古族中类似驱鬼神祇的对比研究，都是值得深入探求的。

其三，有关锺馗图像应用的研究。对于锺馗图像的民间应用，即不同时期的民众对于锺馗图像的信仰与解说、购买与使用等民俗，这些民俗对于锺馗图像的作用，使用者的喜好对画师的影响等尚未进行深入研究。这也将是后继研究的方向。

附　录

附表 1　古代文献中著述锺馗图像统计表

朝代	序号	作者		作品名称	媒材	文献内容	著录
		姓名	身份				
唐	1	佚名	不详	画锺馗（历日表附）	不详	屏枝群厉，缋神象以无邪	唐·张说《谢赐锺馗及历日表》
	2	吴道玄	宫廷画家	十指锺馗	绢本	吴画……《十指锺馗》传于代	唐·张彦远《历代名画记》第九卷
	3	吴道玄	宫廷画家	锺馗图	设色	破帽敝襕，庞眉大目，方颐广额。	宋·黄休复《益州名画录·卷中》
	4	吴道玄	宫廷画家	锺馗元夜出游图	卷	吴道子锺馗元夜出游图，欸云臣吴道玄奉旨画，内教博士势至像。	《佩文斋》卷100，历代鉴藏10·明汪砢玉《珊瑚网》
	5	佚名	不详	画锺馗（历日表附）	不详	缋其神象，表去历之方	唐·刘禹锡《为李中丞谢锺馗历日表》
	6	佚名	不详	画锺馗（历日表附）	不详	图写威神，驱除群厉	唐·刘禹锡《为杜相公谢锺馗历日表》
五代·梁	1	赵品	驸马都尉	小儿戏舞锺馗	不详	梁驸马都尉赵品，善画人马，挺然高格，非众人所及，有……《小儿戏舞锺馗》等图传于世。	宋·郭若虚《图画见闻志》卷一
	2	黄筌	翰林待诏	锺馗	不详	以拇指揾其鬼目	同上卷五
五代·孟蜀	3	黄筌	翰林待诏	写锺馗氏图一	不详	筌于是不用道元之本，别改画以拇指抉鬼之目者进焉。……筌对曰："道元之所画者，眼色意思俱在第二指；今臣所画，眼色意思俱在拇指。"	《宣和画谱》卷16花鸟二
	4	蒲师训	宫廷画家	锺馗	不详	以第二指挑鬼眼睛	
	5	赵忠义	宫廷画家	锺馗	不详	以拇指刳鬼眼睛	宋·黄休复《益州名画录·卷中》

（续表）

朝代	序号	姓名	身份	作品名称	媒材	文献内容	著录
五代	6	王道求	民间画家	捉鬼锺馗	不详	工画佛道、鬼神、人物、禽兽。始依周昉遗范，后类卢楞伽之迹，多画鬼神……《捉鬼锺馗》传于世	宋·郭若虚《图画见闻志》卷二
五代	7	智蕴	僧人	舞锺馗图	不详	工画佛像、人物。学深曹霸。……周祖时进《舞锺馗图》，赐紫衣	清·金农《锺馗》画跋
五代·南唐	8	牟元德	不详	锺馗击鬼图	不详	五代牟元德有《锺馗击鬼》	《宣和画谱》第七卷人物三
五代·南唐	9	周文矩	翰林待诏	锺馗氏小妹图五	不详	工道释、人物、车服、楼观、山林、泉石，不堕吴曹之习，而成一家之学	《宣和画谱》第七卷人物三
五代·南唐	10	周文矩	翰林待诏	锺馗图二	不详	周文矩	宋·周密《云烟过眼录》卷上
五代·南唐	11	周文矩	翰林待诏	锺馗像	不详	锺馗像	《宣和画谱》第11卷山水二
五代·南唐	12	董元/源	北苑副使	寒林锺馗图二	不详		《宣和画谱》第11卷山水二
五代·南唐	13	董元/源	北苑副使	雪陂锺馗图二	不详		《宣和画谱》第11卷山水二
五代·南唐	14	董元/源	北苑副使	锺馗氏一	不详	文作《锺馗氏》，尤见思致	《宣和画谱》第11卷山水二
五代·吴越	15	顾闳中	翰林待诏	锺馗出猎图	素笺本	画锺馗按剑骑驴，导从者十五，持弓矢戈盾，臂鹰牵犬系虎。有宋徽宗识，米友仁跋	《石渠宝笈续编》第1913页，第36卷，御书房藏一，列朝名人书画一
五代·吴越	16	佚名	民间画工	锺馗击鬼图	不详	岁除，画工献《锺馗击鬼图》，综以诗题图上	《新五代史》卷67，吴越世家第七
北宋	1	高益	图画院待诏	锺馗	轴	（高益）岁初复画《锺馗》一轴为献	《圣朝名画评》第一卷，人物门第一、神品六人

（续表）

朝代	序号	作者		作品名称	媒材	文献内容	著录
		姓名	身份				
北宋	2	石恪	民间画家	鬼百戏图	不详	钟馗夫妇对案置酒，供张果肴，乃执事左右，皆极其情态，前有大小鬼数十合乐呈伎俩，曲尽其妙	宋·李廌《德隅斋画品》
北宋	3	石恪	民间画家	钟馗氏小妹图	不详	一年少妇人，四女鬼相随	元·朱德润《存复斋集》卷七
北宋	4	石恪	民间画家	钟馗氏图一	不详	工画道释人物	《宣和画谱》第七卷人物三
北宋	5	石恪	民间画家	钟馗	不详	石恪《钟馗》	宋·周密《云烟过眼录》
北宋	6	孙知微	民间画家	雪钟馗	不详	破巾短褐，束缚一鬼，荷于担端，行雪中。想见举不平，胸中未平，又恐鬼物扰人，擒捕击搏，戏出余勇也	宋·李廌《德隅斋画品》
北宋	7	杨棐	画家	钟馗氏一	不详	又作钟馗亦工	《宣和画谱》第七卷人物三
北宋	8	李雄	翰林祇侯	舞钟馗	不详	富商高生家亦有雌画《舞钟馗图》，尤为精粹	《圣朝名画评》鬼神门第五
北宋	9	程坦	民间画工	钟馗小妹二幅	不详	程坦，元章时人。人物甚俗，民收钟馗小妹二幅，甚恶	元·汤垕《画鉴》
北宋	10	佚名	画工	《钟馗图》	版画	上令画工摹拓传说中由吴道子画的《钟馗图》，刻划木版，印制成画赐两府辅臣各一本。岁除夜，遣人内供奉官梁楷就东西府给赐钟馗之象	宋·沈括《梦溪笔谈·补笔谈三》
北宋	11	佚名	民间画工	钟馗	木版年画	近岁节，市井皆卖门神、钟馗、桃板、桃符，及财门钝驴、回头鹿马、天行帖子	南宋·孟元老《东京梦华录》卷10

（续表）

朝代	作者		作品名称	媒材	文献内容	著录
	序号	姓名 身份				
南宋	12	梁楷 画院待诏	钟馗	不详	虎口插蛇髭，蓝鲞鬈胸破；帽裙全破碎，袍袖半离垂。夜雨高堂静，秋风耗鬼悲。人间多大怪，不独饲棚儿	明·张羽《王笏集》卷八、梁楷《钟馗》
南宋	13	梁楷 画院待诏	钟馗	不详	梁楷画之传世者……钟馗图一	《南宋院画录》卷五、梁楷《绘事备考》
南宋	14	梁楷 画院待诏	钟馗	不详	虎口剽须真可怪，如何不解缚人妖？偷花窃笛浑闲事，忍见三郎万里桥	《南宋院画录》卷五、梁楷《樵林摘稿》蒋主孝题梁楷画《钟馗》诗
南宋	15	马远 图画院祗侯	钟馗月下弹琴图	卷轴	马远《钟馗月下弹琴图》："古柏苍郁，树身屈曲如儿，馗老坐其上抚琴，一兜自后听之，月影朦胧，景象幽怪，笔作篆法，或超出其上，亦末可知。"凭上玉水汪子题	清·厉鹗《南宋院画录》卷七·马远·明汪砢玉珊瑚纲
南宋	16	马远 画院待诏	钟馗移家图	不详	顾先生大有家藏宋马远《钟馗移家图》	清·厉鹗《南宋院画录》卷七·马远·王椎登《雨航记》
南宋	17	马麟 国画院祗侯	钟馗图	不详	老日无光霹雳死，王殿啾啾叫阴鬼。赤脚行天踏龙尾，偷得红莲出秋水。终南进士发指冠，绿冠束带乌靴觉。铜声漓存剥秋风酸，猪龙跳梁小鬼哭。大鬼淋漓饥嚼酸，至今怨气扰末消，犀钱参差努双目	元·萨都剌《天锡雁门集》卷三·《终南进士行，和李五峰马麟画〈钟馗画图〉》

（续表）

朝代	序号	作者		作品名称	媒材	文献内容	著录
		姓名	身份				
南宋	18	陈清波	国画院待诏	锺馗图	不详	陈清波多作西湖全景，为大幅，叙致典雅，笔墨娴润。……画之传世者……《锺馗图》四……	清·厉鹗《南宋院画录》卷八·陈清波《画史备要》
南宋	19	苏汉臣	国画院待诏	锺馗迎福图	轴	设色画岩树下锺馗执笏，一红蝙蝠翔笏上。旁有鬼卒，负壶卢十二枚	《石渠宝笈三编》延春阁13，列朝名人书画
元	1	龚开	文人画家	中山出游图	卷	霁君顾盼，气吞万夫。舆从诡异杂遝，魑魅束缚以待烹	《佩文斋》84卷·历代画跋四－《铁网珊瑚》（朱存理）
元	2	龚开	文人画家	中山出游图	手卷	龚开《锺馗元夜出游图》。开家文自题，并前元十余人跋	《佩文斋》100卷·历代画表·茅维《南阳名画表》
元	3	龚开	文人画家	中山出游图	卷	淮阴龚开番写怪怪奇奇《中山出游图》，用浓墨描写之，笔趣又复过之，兼人分诗题极工。亦非浅士所能及也	明·张丑《清河画舫录》10卷上
元	4	龚开	文人画家	锺馗嫁妹	卷	龚翠岩《锺馗嫁妹图》一，用浓墨写，然用笔亦精妙，此法古人所未有，后亦无能继者。盖龚乃奇士，故所作亦怪怪奇奇如此	明·张丑《清河画舫录》七卷上，收录《文嘉文跋》
元	5	龚开	文人画家	锺馗元夜出游图	卷	龚开《锺馗元夜出游图》。开家文自题，并前元十余人跋	《佩文斋》100卷·历代鉴藏10
元	6	王振鹏	漕运千户	锺馗送嫁	手卷	元王振鹏画《锺馗送嫁图》，素笺本，墨画。款识云：孤云处士王振鹏画	《石渠初编》卷之六，贮御书房

（续表）

朝代	序号	作者 姓名	作者 身份	作品名称	媒材	文献内容	著录
元	7	颜辉	文人画家	元夜出游图	卷	乃写众鬼幻作小队前导。有擎大石者、有掀立而欲饮饮者、有肘鼍而行者、有持籥者、有卓大刀者、有挥刀者、有舞盾者、有执壶盖者、有捧觞进者、有负荷者、有携琴书笔砚者、锺馗于后三鬼载之而行。又数鬼拥从。后有张盖者、鸣鼓者、吹笛击板者、诡态异状、各尽形势	《佩文斋》卷85，历代画跋五·《册颇网》（汪砢玉）
元	8	颜辉	文人画家	锺馗出游嫁妹二卷	卷	颜秋月《锺馗出游嫁妹图》二卷	《佩文斋》98卷·历代鉴藏八·明严氏书画记
元	9	颜辉	文人画家	锺馗图	不详	颜秋月写《锺馗图》	《佩文斋》100卷，历代鉴藏十，《册颇网》（汪砢玉）
元	10	陈琳	画工	寒林锺馗	素笺本	陈琳画《寒林锺馗》	《秘殿珠林续编》242页
元	11	王蒙	文人画家	寒林锺馗	轴	王叔明画《寒林锺馗》僵树色佳，但纸太薄，耳上题云：昔在大都，洪武甲子34在海上小孙陶振家守岁，因想象其意作此一纸	《佩文斋》98卷，历代鉴藏八，何良俊《书画铭心录》
元	12	王蒙	文人画家	寒林锺馗	轴	王叔明《寒林锺馗》，笔法秀爽	《佩文斋》99卷，历代鉴藏九，明詹景凤《东图玄览》

（续表）

朝代	序号	作者		作品名称	媒材	文献内容	著录
		姓名	身份				
明	1	文征明	文人画家	寒林钟馗	轴	水墨画云林泉石，钟馗立石上	《石渠宝笈三编》重华宫藏，列朝名人书画
明	2	钱榖	职业画师	午日钟馗	轴	画松下钟馗，乌帽绿袍，手执笏。旁有鬼卒捧瓶。插石榴灵芝以献	《石渠宝笈三编》延春阁24，列朝名人书画
明	3	钱榖	职业画师	钟馗	卷	画钟馗秉笏徙倚林间	《石渠宝笈三编》乾清宫藏10，列朝人书画
明	4	钱榖	职业画师	梅花钟馗	轴	钱磬室梅花钟馗，樊川诗意人、细青绿山水，有顾硕山印记	《佩文斋》100卷·历代鉴藏十
明	5	钱榖	职业画师	钟馗移家图	卷	钟馗事仅见唐传奇中，杨用修以为乔钟馗葵字辟邪，后人因而附会之，恐亦非也。李伯时戏作嫁妹图，或云即移家图。余尝见其副本，叔宝虽仿佛其意，而所憎饰过半，深得小人情状，昔谓忠，跳跟之态，神貌丑恶，不祇（？）异日，叔宝可免勾摄之苦矣。张平子图之，敢见	《佩文斋》87卷·历代鉴藏七、王世贞《弇州山人稿》
明	6	钱榖	职业画师	钟馗移家图	卷	钱磬室夏山欲雨图……钟道移家图	《佩文斋》98卷卷儿18，历代鉴藏八、明王世贞《尔雅楼所藏名画》
明	7	李士达	文人画家	寒林钟馗	轴	钟馗戴笠骑牛。前后四鬼使。一执梅枝、一荷蹇琴，两捧书轴。上有寒柳，数雀飞鸣其间	《石渠宝笈三编》延春阁藏25，列朝人书画

（续表）

朝代	序号	作者		作品名称	媒材	文献内容	著录
		姓名	身份				
明	8	佚名	不详	吉庆图	轴	画锺馗乌帽蓝袍，佩剑执笏。旁一童侍立，瓶中如意一、磬一	《石渠宝笈三编》延春阁 27、列朝名人书画
清	1	华嵒	文人画家	午日锺馗	轴	画榴花筠石杨柳举清池。面对锦葵，旁罗酒菓。一锺馗乌帽青袍搊荷侧坐，随侍五鬼物。一张破伞障日，一捧酒樽，一箸花于首。一窃觉之，以左手捉去，一鬼手橘于腋下。一鬼缩头吐舌，作惶怖之状击其顶。窃鬼缩头吐舌，作惶怖之状	《石渠宝笈三编》延春阁藏 30、本朝臣工书画
清	2	金廷标	宫廷	锺馗探梅图	轴	画锺馗戴笠，背束梅花一捆，擷衣行雪桥上。一人口衔梅枝，手擎破伞随之	《石渠宝笈三编》宁寿宫藏五、本朝臣工书画
清	3	张仲学	不详	岁朝锺馗图	不详	锺馗搦笔书桃符	《石渠宝笈三编》延春阁藏 34、本朝臣工书画
清	4	清高宗（乾隆）	皇帝	岁朝图	轴	画筹花锺馗。款：喜报春信，乙亥立春日，仿唐黄筌法于长春书屋	《石渠宝笈续编》懋勤殿一、皇上御笔书画，宫内等处藏三
清	5	清高宗（乾隆）	皇帝	岁朝图	轴	朱笔画锺馗	《石渠宝笈续编》懋勤殿一、皇上御笔书画，宫内等处藏三

附表 2　现存古代锺馗绘画统计表（1912 年以前）

时代	作者	作品名称	形式	质地	墨、色	创作年代	尺寸（厘米）	收藏地、收藏者或拍卖公司拍品	备注
五代	顾闳中	锺馗出猎图	卷	不详	设色	无年款	28.7×372.1	台北"故宫博物院"	★
宋	无款	婴戏图（儿童戏舞锺馗）	轴	绢	设色	无年款	120.3×77.2	台北"故宫博物院"	★
宋	苏汉臣	锺馗嫁妹图	卷	绢	设色	无年款	28.1×463.8	台北"故宫博物院"	★
宋	无款	射妖图	轴	绢	墨笔	无年款		台北"故宫博物院"	★
元	龚开	中山出游图	卷	纸	墨笔	无年款	32.8×169.5	美国弗利尔美术馆	
元	龚开	锺进士移居出游图	卷	绢	设色	无年款	11.1×332.6	台北"故宫博物院"	★
元	颜辉	锺馗月夜出游图	卷	纸	墨笔	无年款	不详	美国纳尔逊美术馆	
元	颜辉	中山出猎图	卷	纸	墨笔	无年款	不详	美国克利夫兰美术馆	
元	陈琳	寒林锺馗	轴	不详	设色	大德四年庚子（1300 年）	56.4×28.8	台北"故宫博物院"	★
元	王振鹏	锺馗送嫁	卷	素笺本	墨笔	无年款	27.5×298.2	台北"故宫博物院"	★
元	张栋	锺馗嫁妹	卷	绢	设色	无年款	不详	不详	
明	张灵	招仙图	卷	纸	墨笔	无年款	29×111	北京故宫博物院 -1255	△[38]
明	段善	五鬼闹判	卷	纸	设色	无年款	211.2×64.2	淮安市博物馆	▲
明	朱见深	岁朝佳兆图（柏柿如意）	轴	绢	设色	成化辛丑（1481 年）	不详	北京故宫博物院	▲
明	叶澄	钟馗夜游图	轴	纸	设色	无年款	不详	中国美术馆 -017	▲
明	戴进	锺馗夜游	轴	绢	设色	无年款	不详	北京故宫博物院	▲

（续表）

时代	作者	作品名称	形式	质地	墨、色	创作年代	尺寸（厘米）	收藏地、收藏者或拍卖公司拍品	备注
明	戴进	钟馗出猎图	卷	绢	设色	无年款	36×431	佳士得香港有限公司1999春季拍卖会拍品	流拍
明	无款	鬼戏图	轴	绢	设色	无年款	162.8×112	天津市艺术博物馆-0537	△
明	无款	钟馗	轴	绢	设色	无年款	162×103	天津市艺术博物馆-0543	△
明	无款	社戏图	轴	绢	设色	嘉靖元年（1522年）	159×101.5	中国历史博物馆-286	△
明	文征明	寒林钟馗	轴	绢	墨笔	嘉靖甲午（1534年）	69.6×42.5	台北"故宫博物院"	★
明	陈有寓	骑虎钟馗图	轴	绢	墨笔	无年款	不详	安徽省博物馆-050	★
明	仇英	天降麟儿			设色	无年款	不详	北京故宫博物院	▲
明	钱毂	午日钟馗	轴	纸	浅设色	嘉靖癸亥（1563年）	131×31.6	台北"故宫博物院"	★
明	钱毂	寒林钟馗	轴	纸	设色	隆庆改元（1567年）	105.9×30.9	台北"故宫博物院"	★
明	钱毂	岁朝图	轴	绢	设色	隆庆壬申（1572年）	92.5×29.8	台北"故宫博物院"	★
明	文嘉	寒林钟馗	轴	纸	墨笔	万历癸酉（元年，1573年）	54.5×23.1	南京博物院[40]-0107	△
明	尤求	钟馗小妹图	轴	绢	墨笔	万历庚辰（八年，1580年）	64.5×27	广东省博物馆-0104	▲
明	张穆	钟馗出猎图卷	卷	纸本	墨笔	癸丑中元（1637年）	29×481	刘作筹藏	[41]
明	李麟	寒林钟馗图	轴	纸本	设色	无年款	79×32	刘作筹藏	
明	陆谦贞	钟馗吹箫图	轴	纸	设色	万历二十九年辛丑（1601年）	不详	上海文物商店-039	

（续表）

时代	作者	作品名称	形式	质地	墨、色	创作年代	尺寸（厘米）	收藏地、收藏者或拍卖公司拍品	备注
明	张翮	寒林锺馗图	轴	纸	墨笔	天启二年壬戌（1622年）	不详	天津市艺术博物馆 -0475	△
明	张翀	锺馗移居图	轴	绢	设色	崇祯五年壬申（1632年）	141.5×76.5	南通博物苑 -041	△
明	张翀	锺馗	轴	纸	设色	崇祯癸酉（1633年）	不详	安徽省博物馆	
明	张翀	锺馗	轴	纸	设色	崇祯辛巳（1641年）	不详	不详	▲
明	张翀	昇平乐图	轴	纸	设色	无年款	124×60.5	天津市艺术博物馆 -0474	△
明	袁尚统	锺馗	轴	纸	设色	崇祯七年甲戌（1634年）	不详	天津市艺术博物馆 -0448	
明	袁尚统	寒梅锺馗图	轴	纸	墨笔	崇祯十三年庚辰（1640年）	79×29.3	上海博物馆 -1529	△
明	袁尚统	锺馗	轴	纸	设色	顺治八年辛卯（1651年）	60×33.7	广东省美术馆 -280	
明	袁尚统	锺馗	轴	纸	设色	顺治九年壬辰（1652年）	不详	天津市艺术博物馆 -0450	
明	袁尚统	锺馗图	轴	纸	墨笔	顺治十四年丁酉（1657年）	不详	上海文物商店 -072	
明	张彦	寒林锺馗图	轴	纸	设色	崇祯四年辛未（1631年）	不详	北京故宫博物院 -2836	

（续表）

时代	作者	作品名称	形式	质地	墨、色	创作年代	尺寸（厘米）	收藏地、收藏者或拍卖公司拍品	备注
明	张宏	钟馗	轴	纸	墨笔	崇祯十二年己卯（1639年）	不详	常州市博物馆 -09	
明	张宏	钟馗骑驴图	轴	纸	墨笔	无年款	31.5×44	贵州省博物馆 -09	△
明	无款	吉庆图	轴	绢	设色	无年款	96.4×53.7	台北"故宫博物馆"	★
明	无款	Chung Kuei Taming the Five Pestilences（五瘟闹判）	轴	绢	设色	无年款	101.7×59.6	美国弗利尔美术馆	
明	许俊	钟馗嫁妹图	轴	纸	设色	无年款	不详	[日]私人藏	
明	李士达	钟馗	轴	不详	设色	不详	不详	日本大阪美术馆	
明	李士达	钟馗图	轴	纸	设色	万历三十四年丙午（1606年）	138.4×53.6	美国高居翰先生（Dr. James Cahill）旧藏	
明	李士达	寒林钟馗	轴	绢	设色	万历四十二年甲寅（1614年）	104.6×58	台北"故宫博物院"	★
明	李泽普 等	吉庆图	册	绢	设色	崇祯十四年甲申（1644年）	32×25.5	山西省博物馆 -039	
明	陈洪绶	钟进士像	轴	绢	设色	顺治二年乙酉（1645年）	124.5×58.6	苏州博物馆	
明	陈洪绶	钟进士元夜出游图	轴	不详	设色	顺治五年戊子五月五（1648年）	不详	不详	▲

（续表）

时代	作者	作品名称	形式	质地	墨、色	创作年代	尺寸（厘米）	收藏地、收藏者或拍卖公司拍品	备注
明	陈洪绶	唐进士锺公像	轴	纸	设色	1649年	108.1×53.5	翁万戈先生生藏	
明	无款	吉庆图	轴	纸	设色	无年款	不详	台北"故宫博物馆"	★
明	无款	鬼戏图	轴	绢	设色	无年款	162.8×112	天津市艺术博物馆-0537	△
明	无款	锺馗	轴	绢	设色	无年款	162.8×103	天津市艺术博物馆-0543	△
明	无款	写像	轴	绢	设色	无年款	66×64.5^{42}	温州市博物馆-20	△
清	爱新觉罗福临	画锺馗	轴	纸	墨笔	无年款	132.4×63.6	台北"故宫博物院"	★
清	陈舒	锺馗	轴	纸	设色	无年款	89.5×44.8	扬州博物馆-044	△
清	陈舒	锺馗	轴	纸	设色	无年款	不详	扬州博物馆-045	
清	陈舒	锺馗	轴	纸	设色	康熙三年（1664年）	不详	吉林省博物馆-137	
清	黄鼎	锺馗图	轴	绢	设色	康熙十七年戊午81岁（1678年）	不详	福建省博物馆-030	
清	周荃	锺馗	轴	纸	设色	康熙二十六年丁卯（1687年）	109.5×37.4	天津市艺术博物馆-0650	△
清	何文煌	锺馗图	轴	纸	设色	康熙三十七年戊寅（1698年）	118.5×46	天津市艺术博物馆-1003	△
清	徐云路	吉庆图	轴	绢	设色	康熙31年壬申（1692年）	73.5×36	上海敬华拍卖公司拍品	△
清	周璕	锺馗图	轴	绢	设色	无年款	154.5×74	辽宁省博物馆-441	△

（续表）

时代	作者	作品名称	形式	质地	墨、色	创作年代	尺寸（厘米）	收藏地、收藏者或拍卖公司拍品	备注
清	萧晨	锺馗图	轴	纸	设色	无年款	88×40.2	广州市美术馆-308	△
清	原济	锺馗图	轴	纸	墨笔	无年款	69.5×33.5	上海博物馆	
清	高其佩	指画文魁星图	轴	花绫		无年款	131.5×48.4	绍兴市博物馆-041	△
清	高其佩	指画锺馗二开	页	绢	墨笔	无年款	25.5×29	杭州市西泠印社-096	▲
清	高其佩	锺馗图	轴	纸	指画设色	无年款	129×87	广州市美术馆-312	△
清	高其佩	锺馗	轴	纸	指画设色	无年款	114×57.8	上海文物商店-239	△
清	高其佩	锺馗	轴	纸	指画设色	无年款	200×94	山西省博物馆-115	△
清	高其佩	锺馗变相图	册	绢	水墨指画	康熙四十二年癸未（1703年）	26.6×30.6	北京故宫博物院-5106	◆
清	高其佩	锺馗图	轴	纸	墨笔	无年款	不详	北京市文物商店-265	
清	高其佩	锺馗图	轴	绢	设色	无年款	72.7×136.4	美国加州大学伯克莱分校艺术馆	
清	高其佩	锺馗	轴	纸	指笔设色	无年款	138×71.8	中国嘉德国际拍卖有限公司2006春季拍卖会拍品	◆
清	高其佩	锺馗降魔图	轴	绢	指画设色	康熙五十二年癸巳（1713年）	139.3×62.5	辽宁省博物馆-458	◆
清	高其佩	怒容锺馗	轴	纸	指画设色	雍正六年戊申（1728年）	149×67	辽宁省博物馆-459	◆

（续表）

时代	作者	作品名称	形式	质地	墨、色	创作年代	尺寸（厘米）	收藏地、收藏者或拍卖公司拍品	备注
清	高其佩	云中锺道	轴	纸	指画设色	无年款	105.4×60.4	辽宁省博物馆 -468	◆
清	高其佩	锺道	轴	纸	指画设色	无年款	134×65.3	辽宁省博物馆 -470	◆
清	高其佩	锺道图	册	纸	指画调色	无年款	164×80.8	北京荣宝斋	◆
清	高其佩	锺道骑牛图	轴	纸	指画设色	无年款	33.3×27.1	上海博物馆	◆
清	高其佩	琴剑朗天图	轴	纸	指画设色	无年款	33.3×27.1	上海博物馆	◆
清	沈韶	锺道	轴	绢	设色	无年款	31×69.5	浙江省嘉兴市博物馆 -12	△
清	王云	锺道	轴	纸	设色	无年款	不详	中国文物商店总店 -118	
清	王云	锺道戏婴图	轴	绢	设色	无年款	114.2×57.3	浙江省余姚市文管会 -05	△
清	徐方	锺道寻梅图	轴	绢	设色	康熙五十一年壬辰（1712 年）	135.9×65.1	南京博物院 -0782	△
清	程鸣	锺道听萧图	轴	纸	墨笔	康熙五十九年庚子（1720 年）	94×48.6	天津市艺术博物馆 -1327	△
清	华嵒	锺道	轴	纸	设色	雍正甲寅（1734 年）	163.5×77	中国嘉德国际拍卖有限公司 2005 秋季拍卖会拍品	
清	华嵒	午日锺道	轴	纸	设色	无年款	131.5×63.7	台北"故宫博物院"	★

（续表）

时代	作者	作品名称	形式	质地	墨、色	创作年代	尺寸（厘米）	收藏地、收藏者或拍卖公司拍品	备注
清	华嵒	锺馗赏竹图	轴	纸	设色	乾隆二年丁巳（1737年）	176×94.8	天津市艺术博物馆-1177	△
清	华嵒	锺馗炼气图	轴	绢	设色	无年款	98×169.3	杭州市文物考古所-147	△
清	华嵒	锺馗进士出游图	轴	纸	设色	乾隆十三年戊辰春（1748年）	116.5×59.5	北京翰海拍卖有限公司2005春季拍卖会拍品	
清	华嵒	锺馗嫁妹图	轴	绢	设色	乾隆十四年己巳（1749年）	135.5×70.1	南京博物院-0856	△
清	华嵒	锺馗称觥图	轴	纸	设色	乾隆十七年壬申（1752年）	136.4×67	北京故宫博物院-5338	△▲
清	华嵒	锺馗图	轴	纸	设色	无年款	134.2×53.8	北京故宫博物院-5369	△
清	华嵒	锺馗晚觥图	轴	纸	浅绛	乾隆十八年癸酉二月（1753年）	141×75.5	上海朵云轩拍卖有限公司96春季中国艺术品拍卖会拍品	款识44
清	华嵒	锺馗	轴	纸	浅绛	乾隆十八年癸酉秋九月（1753年）	130×63.2	佳士得香港有限公司2005年春季艺术品拍卖会拍品	
清	康焘	大造化图	轴	绢	设色	雍正十三年乙卯（1735年）	106.5×45.5	天津市艺术博物馆-1295	△
清	黄慎	午日锺馗	轴	纸	设色	雍正三年（1725年）	123.5×64.5	北京鸿正国际拍卖有限公司2006迎春书画精品拍卖会拍品	
清	黄慎	锺馗	横幅	纸	设色	雍正四年丙午（1726年）	124.5×169.5	四川省博物馆-380	△

（续表）

时代	作者	作品名称	形式	质地	墨色	创作年代	尺寸（厘米）	收藏地、收藏者或拍卖公司拍品	备注
清	黄慎	钟馗	轴	纸	设色	雍正六年（1728年）	170×28.5	扬州私人收藏	
清	黄慎	钟馗	轴	纸	设色	雍正九年辛亥（1731年）	167×94	江苏省美术馆-33	△
清	黄慎	钟进士	轴	纸	设色	雍正九年辛亥（1731年）	100.4×115.1	扬州博物馆-163	△
清	黄慎	钟馗（戏婴）	轴	纸	设色	雍正九年辛亥（1731年）	148×110	南京博物院-0909	图103
清	黄慎	钟馗图	轴	纸	设色	雍正九年辛亥（1731年）	117×58.5	广州市美术馆-381	△
清	黄慎	钟馗图	轴	纸	设色	雍正十二年甲寅（1734年）	不详	上海博物馆-3791	
清	黄慎	钟馗	轴	绢	设色	雍正十二年甲寅（1734年）	99.2×65.7	扬州博物馆-164	△
清	黄慎	钟馗图	轴	纸	设色	乾隆三年戊午（1738年）	不详	泰州博物馆-39	
清	黄慎	钟馗	轴	纸	设色	乾隆十八年癸酉（1753年）	不详	浙江省鄞县文管会-01	
清	黄慎	钟馗图	轴	纸	设色	乾隆二十年（1755年）	99.2×65.7	扬州博物馆藏	
清	黄慎	钟馗	轴	纸	设色	无年款	不详	北京市文物商店-304	

（续表）

时代	作者	作品名称	形式	质地	墨、色	创作年代	尺寸（厘米）	收藏地、收藏者或者拍卖公司拍品	备注
清	黄慎	锺馗	轴	纸	设色	无年款	195×104	中国嘉德国际拍卖有限公司 2006 春季拍卖会拍品	
清	黄鼎 禹之鼎	寒林锺馗	轴	纸	设色	康熙辛丑秋七月（1721 年）	32×108	上海崇源艺术品拍卖有限公司 2004 秋季艺术品拍卖会中国书画精品第二场	
清	蔡嘉	锺馗观异图	轴	纸	墨笔	雍正五年丁未（1727 年）	不详	扬州博物馆 -145	
清	蔡嘉	锺馗图	轴	纸	设色	雍正五年丁未（1727 年）	不详	沈阳故宫博物馆 -276	
清	蔡嘉	锺馗图	轴	纸	墨笔	无年款	97×35.5	天津市艺术博物馆 -1342	△
清	李世倬	锺馗策蹇载酒图	轴	纸	指笔设色	雍正十二年甲寅（1734 年）	不详	辽宁省博物馆 -518	
清	李世倬	锺馗图	册	纸	墨笔	无年款	22.4×28.1	辽宁省博物馆 -521	△
清	李世倬	春元图	轴	纸	墨笔	无年款	86.3×40	天津市艺术博物馆 -1245	△
清	冷枚	锺馗图	轴	绢	朱笔	无年款	90.1×58.8	上海文物商店 -273	△
清	黄恒	锺馗图	轴 页装	纸	设色	无年款	33.2×32.3	上海文物商店 -346	△
清	杨良	锺馗图	轴	纸	设色	乾隆四年己未（1739 年）	不详	上海文物商店 -347	

（续表）

时代	作者	作品名称	形式	质地	墨、色	创作年代	尺寸（厘米）	收藏地、收藏者或拍卖公司拍品	备注
清	郭朝祚 端朝祚	锺馗	轴	纸	设色	乾隆十一年丙寅（1746年）	不详	山西省晋祠文物管理处 -23	
清	裘尊生	将进酒	轴	绢	设色	乾隆十三年戊辰（1748年）	58×41	天津市艺术博物馆 -1386	△
清	黄彩凤	锺馗	轴	绢	设色	乾隆十六年辛未（1751年）	不详	镇江市博物馆 -11	
清	陆翰	锺馗骑狮图	轴	绢	设色	无年款	不详	朵云轩 -0407	
清	金农	醉锺馗图	轴	纸	墨笔	乾隆十四年己卯（1759年）	125.1×50	浙江省博物馆 -465	△▲
清	金农	醉锺馗图	轴	纸	墨笔	乾隆二十四年（1759年）	不详	中国美术馆 -117	
清	金农	醉锺馗图	轴	纸	设色	乾隆二十四年（1759年）	123.5×55.8	佳士得香港有限公司2006年秋季艺术品拍卖会拍品	
清	金农	醉锺馗图	轴	纸	墨笔	乾隆二十五年（1760年）	113.3×54.5	上海博物馆 -3775	△
清	金农	醉锺馗图	轴	纸	设色	乾隆二十六年辛巳（1761年）	不详	上海朵云轩拍卖有限公司 -0498	
清	金农	锺馗图	轴	纸	设色	乾隆二十六年辛巳（1761年）	112.5×36	中国嘉德国际拍卖有限公司2005迎春拍卖会拍品	[46]

（续表）

时代	作者	作品名称	形式	质地	墨、色	创作年代	尺寸（厘米）	收藏地、收藏者或拍卖公司拍品	备注
清	金农	锺馗	轴	绢	设色	乾隆二十六年辛巳（1761年）	123×56.5	中国嘉德国际拍卖有限公司2006秋季拍卖会拍品	
清	李方膺	锺馗图	轴	纸	设色	乾隆十年乙丑（1745年）	120.5×49.1u7	浙江省博物馆藏	
清	李鱓	锺馗图	轴	纸	设色	无年款	不详	济南市博物馆-101	
清	傅雯	锺馗迎福图	轴	绢	设色	乾隆二十一年丙子（1756年）	不详	上海朵云轩拍卖有限公司-0553	
清	高洼	指画锺馗图	轴	纸	墨笔	乾隆二十五年庚辰（1760年）	118.3×62.6	天津市艺术博物馆-1496	△
清	金廷标	锺馗探梅图	轴	纸	设色	无年款	154.6×78.9	台北"故宫博物院"	★
清	奚冈	雪林锺仙	轴	绢	设色	乾隆癸巳（1773年）	101×29	上海朵云轩拍卖有限公司95春季拍卖会拍品	
清	奚冈、西梅	寒林锺馗图	轴	纸	设色	无年款	101×42	上海东方国际商品拍卖有限公司2004春季拍卖会拍品	
清	罗聘（款）	锺馗进士出猎图	卷	纸	设色	乾隆辛未（1751年）	20×179	深圳市世纪经典拍卖有限公司2005秋季中国书画拍卖会拍品	
清	罗聘	醉锺馗图	轴	绢	设色	乾隆三十七年壬辰（1772年）	不详	不详	▲
清	罗聘	锺馗嫁妹	轴	绢	设色	壬寅（1782年）	98×83	上海国际商品拍卖有限公司2005春季艺术品拍卖会拍品	

（续表）

时代	作者	作品名称	形式	质地	墨、色	创作年代	尺寸（厘米）	收藏地、收藏者或拍卖公司拍品	备注
清	罗聘	锺馗	轴	纸	设色	乾隆五十四年己酉（1789年）	不详	北京市文物商店 -420	
清	罗聘	锺馗醉吟图	轴	纸	设色	乾隆五十七年壬子（1792年）	77×32	天津市文物公司 -145	△
清	罗聘	锺馗醉酒图	轴	绢	设色	乾隆五十八年癸丑（1793年）	不详	中国美术馆 -142	▲
清	罗聘	鬼趣图	卷	绢	设色	无年款	不详	中国美术馆 -144	
清	罗聘	醉锺馗图	轴	绢	设色	无年款	98.4×38.3	上海博物馆 -4099	△
清	罗聘	寒林锺馗图	轴	纸	墨笔	无年款	不详	北京市文物商店 -427	
清	罗聘	醉锺馗图	轴	绢	设色	无年款	不详	上海博物馆 -4100	
清	罗聘	锺馗出游图	卷	纸	设色	无年款	27.3×112.5	北京故宫博物院 -5916	△
清	罗聘	醉锺馗图	轴	绢	设色	无年款	57×39	北京故宫博物院 -5925	△
清	罗聘	锺馗	轴	绢	设色	无年款	129×49	武汉市文物商店 -179	△
清	罗聘	锺馗	轴	纸	墨笔	无年款	91×41.5	江西省博物馆 -33	△
清	罗聘	锺馗嫁妹图	轴	绢	墨笔	乾隆四十七年壬寅夏五月（1782年）	98×83	上海国际商品拍卖有限公司2005年春季艺术品拍卖会拍品	
清	罗聘	锺馗醉酒	轴	纸	设色	无年款	不详	美国克利夫兰美术馆	
清	王元勋	锺馗游猎图	卷	纸	设色	乾隆四十八年癸卯（1783年）	不详	沈阳故宫博物院	

（续表）

时代	作者	作品名称	形式	质地	墨、色	创作年代	尺寸（厘米）	收藏地、收藏者或拍卖公司拍品	备注
清	弘午（音）	锺馗出游图	轴	绢	设色	无年款	宽158.7	美国弗利尔美术馆	
清	张敔	锺馗	轴	纸	指笔设色	乾隆四十七年壬寅（1782年）	不详	吉林省博物馆-249	
清	张敔	锺馗	轴	纸	设色	乾隆五十八年癸丑（1793年）	不详	南京博物院-1061	
清	殷奇	锺馗	册	绢	设色	无年款	不详	北京市工艺品进出口公司-153	
清	方薰	锺馗像	轴	纸	设色	无年款	不详	上海博物馆-4128	▲
清	闵贞	锺馗	轴	纸	设色	乾隆四十四年乙亥（1779年）	108×46.5	四川大学-117	△
清	闵贞	锺馗像	轴	纸	设色	无年款	不详	郑州市博物馆-4	
清	闵贞	醉锺馗图	轴	纸	设色	无年款	不详	上海朵云轩拍卖有限公司-0660	
清	马根仙	锺馗醉酒	扇面	纸	设色	嘉庆元年丙辰（1796年）	27×27	上海敬华艺术品拍卖有限公司2005秋季艺术品拍卖会拍品	
清	姜壎	锺馗出行图	轴	纸	设色	嘉庆七年壬戌（1802年）	136×55.5	天津市艺术博物馆-1699	△
清	汪恭	锺馗	立轴	绢	设色	嘉庆九年甲子（1804年）	66×37		
清	范醇	锺馗迎福	扇面	纸	设色	嘉庆戊辰（1808年）	16.5×50	天津市文物公司2004秋季文物展销会拍品	

（续表）

时代	作者	作品名称	形式	质地	墨、色	创作年代	尺寸（厘米）	收藏地、收藏者或拍卖公司拍品	备注
清	潘恭寿	仿钱叔宝锺馗图	轴	纸	设色	无年款	不详	上海朵云轩拍卖有限公司拍品-0742	
清	改琦	锺馗嫁妹	硬片	纸	设色	无年款	64×121	北京中招国际拍卖有限公司2006春季拍卖会拍品	
清	汤贻汾	锺馗	轴	纸	设色	道光酉年	128×37	大华饭店珍藏	
清	汤贻汾	锺馗进士图	轴	绢	设色	道光庚子（1840年）	96×27	上海工美拍卖有限公司2003年春季艺术品拍卖会拍品	
清	陈崇光	锺馗嫁妹图	轴	绢	设色	同治十年辛未（1871年）	167.1×56.1	南京博物院-1335	△
清	任薰	锺馗试剑图	轴	纸	设色	同治十二年癸酉（1873年）	不详	安徽省博物馆-740	
清	任薰	锺馗	扇页	瓷青纸	设色	无年款	不详	南京师范大学-09	
清	任薰	午日锺馗	轴	纸	设色	光绪七年辛巳四月（1881年）	131×65	北京翰海拍卖有限公司2001秋季拍卖会拍品	
清	任薰	锺馗像	轴	纸	设色	光绪五年己卯（1879年）	不详	上海画院-17	
清	任薰、卫铸生	锺馗赏乐	扇面	纸	设色	同治十二年癸酉（1873年）	56.3×18.6	北京诚轩拍卖有限公司2005秋季拍卖会拍品	
清	费丹旭	寒林锺仙图	轴	纸	设色	无年款	不详	上海博物馆-4456	
清	朱沆	锺馗	轴	纸	设色	无年款	不详	上海文物商店-515	

（续表）

时代	作者	作品名称	形式	质地	墨、色	创作年代	尺寸（厘米）	收藏地、收藏者或拍卖公司拍品	备注
清	任熊	锺馗	轴	绢	设色	咸丰纪元辛亥（1851年）	不详	苏州博物馆 −479	△
清	任熊	醉锺馗	纨扇	绢本	设色	咸丰六年丙辰端午（1856年）	不详	上海崇源艺术品拍卖有限公司2003春季艺术品拍卖会拍品	
清	任熊	锺馗试剑图	轴	纸	设色	无年款	不详	浙江省博物馆 −724	
清	张祥河	锺进士图	拓片	纸	墨色	咸丰二年（1852年）拓本	109×62.5	台北"历史博物馆"	
清	王素	锺馗像	轴	纸	设色	无年款	176.8×93	上海博物馆 −4432	
清	王素	锺馗	轴	纸	设色	1848年	125×74	扬州博物馆 −291	
清	王素	锺馗	轴	纸		无年款			
清	王素	锺馗嫁妹	轴	纸	设色	无年款	132×61	中国嘉德国际拍卖有限公司嘉德四季第1期拍卖会拍品	
清	王素	锺馗征考	轴	纸	设色	光绪二年丙子端午（1876年）	133×67	北京中招国际拍卖有限公司2006春季拍卖会	
清	莲溪	锺馗	轴	纸	设色	同治乙丑天中节（1865年）	124×30	云南典藏拍卖有限公司2005年秋季艺术品拍卖会拍品	
清	费以耕	锺馗	轴	绢	设色	无年款	不详	苏州文物商店 −139	
清	竞芋	锺馗迎福	轴	绢	设色	光绪乙亥（1875年）	39×83	天津市文物公司2005春季文物展销会拍品	
清	马筼	锺馗图	扇页	金笺	设色	无年款	不详	上海友谊商店 −15	

（续表）

时代	作者	作品名称	形式	质地	墨、色	创作年代	尺寸（厘米）	收藏地、收藏者或拍卖公司拍品	备注
清	胡锡珪	锺馗	轴	纸	设色	无年款	不详	苏州博物馆 -499	
清	胡锡珪	锺馗像	轴	纸	设色	光绪九年癸未（1883年）	117.7×32.4	北京故宫博物院 -6548	△
清	胡锡珪	锺馗	轴	纸	设色	光绪九年癸未（1883年）	124.5×40	杭州市西泠印社 -198	△
清	赵之谦	锺馗像	轴	纸	设色	同治九年庚午（1870年）		北京故宫博物院 -6505	▲
清	赵之谦	锺馗像	轴	纸	设色	同治九年庚午（1870年）	92×35	太平洋国际拍卖有限公司 2003 年第六期拍卖会拍品	
清	吴云	醉锺馗	轴	纸	设色	同治甲戌秋八月（1874年）	64×30	上海工美拍卖有限公司 2002 春拍卖会拍品	画跋[50]
清	任颐	锺进士像	轴	纸	设色	光绪庚寅中秋节（1870年）	88×43.5	北京翰海拍卖有限公司 2004 春季拍卖会拍品	
清	任颐	端阳献端	轴	纸	设色	同治甲戌十三年（1874年）	139.5×66.5	叶浅予先生旧藏；香港苏富比有限 2003 年公司秋季艺术品拍品拍卖会拍品	▲
清	任颐	锺馗图	轴	纸	设色	同治十三年甲戌（1874年）	不详	中央美术学院 -106	
清	任颐	锺馗读书图	轴	纸	设色	同治十三年甲戌首夏（1874年）	133.8×66	中国嘉德国际拍卖有限公司 2006 春季拍卖会拍品	

211

（续表）

时代	作者	作品名称	形式	质地	墨、色	创作年代	尺寸（厘米）	收藏地、收藏者或拍卖公司拍品	备注
清	任颐	锺进士	轴	纸	设色	乙亥天中前三日（1875 年）	123×65.5	上海朵云轩拍卖有限公司 2002 秋季艺术品拍卖会拍品	
清	任颐	锺馗图	轴	纸	设色	光绪二年丙子（1876 年）	不详	中央美术学院 -107	
清	任颐	锺馗图	轴	纸	设色	光绪三年丁丑（1877 年）	不详	上海朵云轩拍卖有限公司 -1054	
清	任颐	锺馗像	轴	纸	朱笔	光绪四年戊寅（1878 年）	不详	常熟市文物管理委员会 -146	
清	任颐	锺馗醉酒图	轴	纸	设色	光绪四年戊寅（1878 年）	不详	中国美术馆 -185	▲
清	任颐	锺馗捉鬼图	轴	纸	设色	光绪四年戊寅（1878 年）	不详	中贸圣佳拍卖有限公司 2001 春季拍卖会拍品	
清	任颐	锺馗捉鬼	轴	纸	设色	光绪四年戊寅夏（1878 年）	不详	上海敬华艺术品拍卖有限公司 2004 秋季艺术品拍卖会拍品	
清	任颐	仿金衣锺馗图	轴	纸	设色	光绪六年庚辰（1880 年）	不详	中央工艺美术学院 -192	
清	任颐	锺馗图	轴	纸	设色	光绪六年庚辰（1880 年）	不详	上海工艺品进出口公司 -102	
清	任颐	锺馗捉鬼图	轴	纸	设色	光绪壬辰夏五月（1880 年）	136.5×65	佳士得香港有限公司 1998 秋季拍卖会拍品	

（续表）

时代	作者	作品名称	形式	质地	墨、色	创作年代	尺寸（厘米）	收藏地、收藏者或参拍卖公司拍品	备注
清	任颐	锺馗	轴	纸	设色	光绪七年辛巳（1881年）	133.5×47.5	上海朵云轩拍卖有限公司2003年秋季艺术品拍卖会拍品	▲
清	任颐	剖碧图	轴	纸	设色	光绪八年壬午（1882年）	不详	叶浅予先生旧藏	
清	任颐	锺馗	轴	纸	设色	光绪十三年丁亥（1887年）	133×61.5	北京华辰拍卖有限公司2005年春季拍卖会拍品	
清	任颐	锺馗图	轴	纸	设色	光绪八年壬午（1882年）	不详	中央工艺美术学院-193	
清	任颐	锺馗像	轴	纸	设色	光绪十二年丙戌天中节（1886年）	250×120	上海信仁拍卖有限公司2005秋季拍卖会拍品	
清	任颐	锺馗按剑图	镜心	纸	设色	无年款	60×126	2006首届澳门艺术品拍卖会拍品	
清	倪田	锺馗仕女图	轴	纸	设色	无年款	不详	徐悲鸿纪念馆	
清	任颐	锺馗骑驴图	轴	纸	设色	光绪十三年丁亥（1887年）	不详	中国美术家协会上海分会-15	
清	任颐	背临五代劳之德锺馗小妹图	轴	纸	设色	光绪十四年戊子（1888年）	不详	上海工艺品进出口公司-117	
清	任颐	朱笔锺馗图	轴	纸	朱笔	光绪十四年戊子（1888年）	不详	浙江省博物馆-759	▲
清	任颐	锺馗	轴	纸	设色	光绪十七年辛卯（1891年）	123×42.5	河北省博物馆-264	△

213

（续表）

时代	作者	作品名称	形式	质地	墨、色	创作年代	尺寸（厘米）	收藏地、收藏者或拍卖公司拍品	备注
清	任颐	锺馗	轴	纸	设色	光绪十七年辛卯（1891年）	不详	浙江省博物馆-761	
清	任颐	锺馗啖鬼	轴	纸	设色	光绪十七年辛卯（1891年）	不详	苏州东方艺术品拍卖有限公司10周年大型艺术品拍卖会拍品	
清	任颐	锺馗	轴	纸	设色	光绪十八年壬辰（1892年）	不详	无锡市博物馆-386	
清	任颐	锺进士接喜图	轴	纸	设色	光绪甲午（1894年）	135×64.5	上海朵云轩拍卖有限公司2004春季艺术品拍卖会拍品	
清	陈崇光	锺馗嫁妹图	轴	纸	设色	光绪十年甲申（1884年）	180×96	北京荣宝拍卖有限公司第53期精品拍卖会拍品	
清	无款	丰绥先兆图（锺馗照镜）			设色	无年款	不详	台北"故宫博物院"	
清	江介	锺馗	轴	纸	设色	无年款	不详	浙江省长兴县博物馆-06	
清	任颐	鬼趣图（十开）	册	纸	设色	无年款	不详	上海博物馆-4731	
清	任预	锺馗夜游	轴	纸	设色	光绪九年癸未（1883年）	不详	不详	▲
清	任预	锺馗图	轴	纸	设色	光绪二十三年丁酉冬12月（1897年）	不详	浙江省德清县博物馆-55	
清	余欣	锺馗挑耳图	轴	纸	设色	无年款	不详	上海博物馆-4745	▲
清	陆镐	锺馗	嫿页	纸	设色	无年款	不详	无锡市文物商店-66	

（续表）

时代	作者	作品名称	形式	质地	墨、色	创作年代	尺寸（厘米）	收藏地、收藏者或拍卖公司拍品	备注
清	倪田	钟进士	轴	纸	设色	光绪二十一年乙未（1895年）	不详		▲
清	倪田	钟馗图	轴	纸	设色	光绪乙未（1895年）	132×67.5	朵云轩2005年7月拍卖会拍品	
清	倪田	钟馗	轴	纸	设色	光绪二十五年乙亥（1899年）	133.5×65.5	江苏省美术馆-90	△
清	倪田	醉归图	轴	纸	设色	光绪辛丑（1901年）	122.5×49		
清	倪田	钟馗与小妹	轴	纸	设色	光绪甲辰（1904年）	131.8×65.2	嘉德国际2005年秋季拍卖会拍品	
清	倪田	钟馗	轴	纸	设色	光绪甲辰（1904年）	135×53	海天拍卖2006年秋季拍卖会拍品	
清	倪田	钟馗图	轴	纸	设色	无年款（己巳年任堇补题）	131.8×65.2	苏州东方艺术品拍卖有限公司2005年秋季拍卖会拍品	
清	倪田	钟馗图	轴	纸	设色	光绪丁未（1907年）	90×40	上海老城隍庙拍卖有限公司2005年秋季拍卖会拍品	
清	倪田	钟馗醉酒	扇面	纸	设色	光绪戊申（1908年）	14×43	朵云轩2005年7月拍卖会拍品	▲
清	倪田	朱砂钟馗图	轴	纸	设色	宣统庚戌（1910年）	300×137	西泠拍卖2005年冬季拍卖会拍品	
清	任霞	钟馗小妹图	轴	纸	设色	光绪三十三年丁未（1907年）	不详	不详	▲
清	吴俊卿	美髯钟馗	轴	纸	设色	光绪十九年癸巳（1893年）	不详	不详	▲
清	无款	钟馗	轴	绢	设色	无年款	不详	北京市文物商店-479	
清	刘韡	端午钟馗图	轴	绢	设色	无年款	93×49.7	天津市艺术博物馆-1860	△

（续表）

时代	作者	作品名称	形式	质地	墨、色	创作年代	尺寸（厘米）	收藏地、收藏者或拍卖公司拍品	备注
清	金城	荐学博学宠词（摹本）	轴	纸	设色	仿金农七十又五	不详		▲
清	陆恢	终南进士	轴	纸	设色	光绪十三年丁亥（1887年）	128.5×30.5	天津文物公司2005年春季文物展销会展品	
清	陆恢	锺进士像	轴	纸	设色	光绪十四年戊子端午敬写（1888年）	68×33	浙江南北拍卖有限公司2006春艺术品拍卖会拍品	
清	陆恢	锺馗	轴	纸	设色	光绪十七年辛卯（1891年）	120×58.5	上海国际商品拍卖有限公司2004年秋季艺术品拍卖会拍品	
清	陆恢	锺馗	轴	纸	设色	光绪十七年辛卯（1891年）	170×76	中国嘉德国际拍卖有限公司1999秋季拍卖会拍品	
清	陆恢	锺馗持笏图	轴	纸	设色	光绪乙未五月五（1895年）	32.5×24	上海朵云轩99年秋季拍卖品	
清	陆恢	锺馗	轴	纸	设色	光绪乙未五月五（1895年）	102×31		
清	陆恢	锺进士秋林觅句图	轴	纸	设色	光绪二十六庚子（1900年）	110×38	北京华辰拍卖有限公司第4期藏拍卖品	
清	陈康侯	锺馗嫁妹	扇面		设色	庚申	18×47	中贸圣佳2004迎春艺术品拍卖会	
清	钱慧安	锺馗图	轴	纸	朱笔	光绪二十年甲午长夏仿冬心本	136×63	北京保利国际拍卖有限公司2006春季拍卖会	

（续表）

时代	作者	作品名称	形式	质地	墨、色	创作年代	尺寸（厘米）	收藏地、收藏者或拍卖公司拍品	备注
清	钱慧安	锺馗	轴	纸	水墨	戊黄暮春仿新罗山人笔	176×95	上海敬华艺术品拍卖有限公司 2005 秋季艺术品拍卖会拍品	
清	钱慧安	锺进士嫁妹	轴	纸	设色	光绪三十三丁未（1907 年）	176×92	中国嘉德国际拍卖有限公司嘉德四季第 2 期拍卖会拍品	
清	钱慧安	锺馗祈福	轴	纸	设色	宣统元年己酉新夏（1909 年）仿冬心先生本	137.5×67.5	上海敬华艺术品拍卖有限公司 2005 春季大型艺术品拍卖会拍品	
清	邱拱宸	锺进士出游	轴	纸	设色	无年款	83×120	上海崇源艺术品拍卖中国书画精品第二场拍品秋季大型艺术品拍卖会 2004 中国书画精品	

说明：由于国内出版物在引用图片时大多没有标明收藏者和尺寸，因此很多作品并没有注明尺寸和收藏。而一些书画目录只录画名而无图片，因此只能摘录于兹。另外，还有相当部分的古代书画作品散落民间和海外收藏者或美术馆，因此，此表只是锺馗绘画作品中的一部分。

资料来源：

一、中国古代书画鉴定组．中国古代书画目录（第一至第十册）[M]．北京：文物出版社，1984年至1993年出版，凡备注中没有注明的均辑自此目录。

二、中国古代书画鉴定组．中国古代书画图录（第一至二十三册，二十四册为索引）[M]．北京：文物出版社，1993年至2001年出版。标注△符号的为入选的图片；

三、王振德．李天麻．历代钟馗画研究[M]．天津：天津人民出版社，1985.

四、王阑西．王树村．钟馗百图[M]．广州：岭南美术出版社，1997.标注▲为收入该书的图片。

五、台北"故宫博物院"．海外遗珍·绘画：卷一、卷二、卷三[M]．故宫博物院印行。

六、中国绘画全集．杭州：浙江人民美术出版社，1999.

七、《故宫文物》月刊第75期，台北：台北"故宫博物院"，1989年六月出版，标注★符号为收入该书中的图片。

八、杨仁恺．高其佩画集[M]．上海：上海书画出版社，1989.标注为◆收录入该书的作品。

九、许礼平．名家翰墨：名家画锺馗特集[M]．香港：名家翰墨出版公司，1992（1）.

十、江兆申．故宫藏画大系卷五[M]．台北：台北"故宫博物院"，1993.

十一、杨仁恺．辽宁博物馆藏画。

十二、南京博物院藏画[M]．上海：上海人民美术出版社，1981.

十三、美国弗利尔博物馆网站．

十四、美国克利夫兰美术馆网站．

十五、日本 E 国宝网站．

十六、中国艺搜网．

十七、中国卓克艺术网．

附图

附图 1：祈福锺馗系列

附图 1　民间年画《锺馗图》
（杨柳青木版年画）

附图 2　清任颐《福从天降》
（北京翰海拍卖公司拍品）

附图 3　清任颐《喜从天降》
（北京翰海拍卖公司拍品）

附图 4　清张嵩《锺馗图》
（江苏文海拍卖公司拍品）

附图 5　明仇英（款）《天降麟儿》
（北京故宫博物院藏）

附图 6　明李士达《锺馗图》
（美国高居翰旧藏）

附图7 清陈嵩光《锺馗图》　　附图8 清吴毂祥《锺馗捉蟾》　　附图9 清任颐《锺馗图》
（嘉德国际拍卖公司拍品）　（江苏嘉恒国际拍卖有限公司拍品）　（嘉德国际拍卖公司拍品）

附图10 明朱见深《柏柿如意》　　附图11 清萧晨《事事如意》　附图12 清徐玫等作《锺馗梅鹊图》
（北京故宫博物院藏）　　　（广州市美术馆藏）　　（上海敬华拍卖公司拍品）

附图 13　民间年画《寿比南山》　　附图 14　清任熊《仿陈洪绶劝觞图》　　附图 15　清顾应泰《钟馗赏花图》
　（《钟馗百图》著录，第 87 图）　　　（苏州博物馆藏）　　　　　（深圳荣峰拍卖公司拍品）

附图 16　清释莲溪《钟馗图》　　　附图 17　清朱沆《钟馗图》　　　附图 18　明张翀《举花过年》
　（云南典藏拍卖有限公司拍品）　　（上海云荟拍卖有限公司）　　　（《钟馗百图》著录，第 6 图）

附图19　清钱慧安《簪花晋爵》　　附图20　清钱慧安《加冠晋爵》　　附图21　明无款《吉庆图》
　　（嘉德国际拍品）　　　　　　（《名家画锺馗特集》集古斋提供）　　　（台北"故宫博物院"藏）

附图22　清道光《指剑福来》笔洗　　　附图23　清朱沆《锺馗迎福》
　　（上海嘉泰拍卖公司拍品）　　　　　（北京华辰拍卖有限公司拍品）

古代锺馗图像年表

唐（618—907）

685年，乙酉，武后垂拱元年。

吴道子约于此时出生。

685—704年，武后称帝，历垂拱、天授、延载、圣历、久视、长安六次改元。

张说约于此入朝。

705—709年，中宗朝，改元神龙。

张说任职朝中。

712—741年间，玄宗开元元年至开元二十九年。

张说作《谢赐锺馗及历日表》。

吴道子入宫，非"奉诏不能画"，期间奉诏画《十指锺馗》[1]，《历代名画记》著录。

805年，德宗贞元二十一年。

刘禹锡作《为李中丞谢赐锺馗历日表》和《为淮南杜相公谢赐锺馗历日表》9世纪后半叶至10世纪初。

周繇作《梦舞锺馗赋》，已有诏吴道子写梦中锺馗像的描述，为后世锺馗传说的基础。

五代两宋（907—1279）

907年，丁卯，后梁太祖开平元年。

梁驸马都尉赵喦，善画人马，《图画见闻志》著录《小儿戏舞锺馗》。

王道求，工画鬼神、人物、禽兽。《图画见闻志》著录《挟鬼锺馗》。

935年，乙未，后蜀明德二年。

后蜀主孟昶设翰林图画院。

每年十二月末旬，翰林中攻画鬼神的画家，例进《锺馗图》。据《益州名画录》著录攻画鬼神的画家有赵德玄、房从真、黄筌、赵忠义、蒲师训、蒲延昌、周行通、赵才、程承辩等。

937年，丁酉，南唐烈祖李昪昪元元年。

董源，南唐北苑副使，工山水、人物、水龙、牛虎。其作《锺馗氏》，尤

---

[1] 王伯敏先生著《吴道子》附录"吴道子年表"将开元十一年作为吴道子奉诏画锺馗的时间。

见思致。《宣和画谱》著录《寒林锺馗图》二,《雪陂锺馗图》二,《锺馗氏》一。

周文矩,事南唐后主李煜为翰林待诏,工道释、人物、车服、楼观、山林、泉石。《宣和画谱》著录《锺馗氏小妹图》五、《锺馗图》二。

顾闳中,事南唐后主为待诏,善画,独见于人物。《宣和画谱》《南宋馆阁继录》未著录;现存《锺馗图》,现台北"故宫博物院"《锺馗出猎图》《石渠宝笈继编》著录。

947年,丁未,吴越天福十二年。

岁除,画工献《钟馗击鬼图》,钱弘倧以诗题图上,胡进思见之大悟,知倧将杀己。是夕拥卫兵废倧,因于义和院,迎钱弘俶立之。

951年,辛亥,后周太祖广顺元年。

僧智蕴,河南人,工画佛像人物。周祖时进《舞锺馗图》,赐紫衣。

954年,甲寅,后蜀广政十七年。

蒲师训奉敕修补吴道子所绘《锺馗像》,后蜀主孟昶虑为祟,即命焚之。

956年,丙辰,后蜀广政十九年。

赵忠义、蒲师训进《锺馗图》,二者锺馗相似,唯挑鬼眼睛的手指不同,后蜀主孟昶请黄筌品评二者优劣。

宋代

960年,庚申,宋太祖建隆元年。

宫廷设置翰林图画院。

965年,乙丑,宋太祖乾德三年。

后蜀亡。黄筌随蜀主归宋,是年卒。《宣和画谱》收录《写锺馗氏图》一。

石恪来到开封,受命画相国寺壁画,后不受国画院之职还乡。工佛道、人物、鬼神,曾作《鬼百戏图》《锺馗小妹图》《锺馗氏图》《锺馗》等。

孟元老《东京梦华录》卷十"十二月"载汴梁风俗:近岁节,市井皆卖门神、钟馗、桃板、桃符,及财门钝驴、回头鹿马、天行帖子。

976年,丙子,宋太宗太平兴国元年。

李雄,北海人,工鬼神,曾入图画院祗侯,后遁还乡。《圣朝名画评》著录有《舞锺馗》。

高益,汲郡人,工道释、人物、鬼神。太宗时任图画院待诏,画相国寺廊壁。《圣朝名画评》著录曾作《锺馗》一轴。

1003年，癸卯，宋真宗咸平六年。

黄休复撰《益州名画录》成书。书中记载了后蜀翰林院，攻画鬼神者，岁末例进《锺馗》，并记录了蒲师训、赵忠义各进一幅锺馗，蜀主请黄筌品鉴。

1048年，戊子，宋仁宗庆历八年。

刘道醇著《圣朝名画评》三卷成书。

1051年，辛卯，宋仁宗皇祐三年。

米芾生。

1072年，壬子，宋神宗熙宁五年。

上令画工摹拓传说中由吴道子画的《锺馗图》，刻成木版，印制成画赐两府辅臣各一本。岁除夜，遣入内供奉官梁楷就东西府给赐锺馗之像。[①]

1074年，甲寅，宋神宗熙宁七年。

郭若虚自叙《图画见闻志》，卷六载"锺馗样"。

1095年，乙亥，宋哲宗绍圣二年。

沈括卒。著有《梦溪笔谈》卷七·象数一纪录庆历中，李道士制锺馗样捕鼠机，卷二十四·杂志一记录了门悬锺馗。补笔谈三记录了唐明皇梦锺馗，令吴道子画梦中锺馗的传说，并提出"锺馗"为"终葵"之说。

1098年，戊寅，宋哲宗绍圣五年，宋哲宗元符元年。

李鹰著《德隅斋画品》成书。书中著录孙知微《雪锺馗》和石恪《鬼百戏图》。

1107年，丁亥，宋徽宗大观元年。

米芾卒。著有《画史》，卷中对程坦、崔白等画家评价不高。元汤垕《画鉴》称程坦，元章时人，善杂画，人物画甚俗，有《锺馗小妹》图二卷传世。

1120年，庚子，宋徽宗宣和二年。

《宣和画谱》20卷成书，著录了黄筌奉旨改锺馗画的故事。

1201年，辛酉，宋宁宗喜泰元年。

梁楷授画院待诏，不受。曾作《锺馗》。

1222年，壬午，宋宁宗嘉定十五年。

龚开（1222—1307）生，喜作锺馗，有作品《中山出游图》传世，现藏美国弗利尔美术馆。

---

① 宋叶梦得《石林燕语》卷五则记载为元丰元年除日（1079年2月4日），神宗禁中忽得吴道子画锺馗像，因使镂版赐二府。

元代（1271—1386）

1300年，庚子，成宗大德四年。

陈琳作《寒林锺馗图》（款），现藏台北"故宫博物院"。

1328年，戊辰，天顺帝天顺元年。

汤垕著《画鉴》完成。

1365年，乙巳，顺帝至正二十五年。

朱德润卒，著有《存复斋集》，著录石恪《锺馗小妹图》。

夏文彦为《图绘宝鉴》作自序。

明代（1368—1644）

1384年，甲子，太祖洪武十七年。

王蒙仿董北苑（源）作《寒林锺馗》。

1385年，乙丑，太祖洪武十八年。

王蒙九月初十卒于秋官狱。

1481年，辛丑，宪宗成化十七年。

朱见深作《岁朝佳兆图轴[①]》，现藏故宫博物院。

1522年，壬午，嘉靖元年。

佚名画工绘《社戏图》，描绘乡村展锺馗画的情景。

1534年，甲午，世宗嘉靖十三年。

文征明作《寒林锺馗》，现藏台北"故宫博物院"。

1567年，丙寅，穆宗隆庆元年。

钱穀作《寒林锺馗》，现藏台北"故宫博物院"。

1572年，壬申，穆宗隆重六年。

钱穀作《岁朝图》，现藏台北"故宫博物院"。

1573年，癸酉，神宗万历元年。

文嘉作《寒林锺馗》，现藏南京博物院。

1580年，庚辰，神宗万历八年。

尤求作《锺馗小妹图》，《钟馗百图》收录，现藏广东省美术馆。

---

① 王阑西、王树村编《钟馗百图》，将此图命名为《柏柿如意》。

1601年，辛丑，神宗万历二十九年。

陆谦贞作《锺馗吹萧图》，现藏上海文物商店。

1606年，丙午，神宗万历三十四年。

李士达作《锺馗图》，美国高居翰先生藏。

1622年，壬戌，熹宗天启二年。

张翀作《寒林锺馗图》，现藏天津市艺术博物馆。

1631年，辛未，思宗崇祯四年。

张宏作《寒林锺馗图》，现藏北京故宫博物院。

1632年，壬申，思宗崇祯五年。

张翀作《锺馗移居图》，现藏南通博物院。

1633年，癸酉，思宗崇祯六年。

张翀作《锺馗》，现藏安徽省博物馆。

1634年，甲戌，思宗崇祯七年。

袁尚统作《锺馗图》，现藏天津市艺术博物馆。

1637年，癸丑，崇祯十年。

中元张穆作《锺馗出猎图》，刘作筹先生藏。

1639年，己卯，思宗崇祯十二年。

张宏作《锺馗图》，常州市博物馆藏。

1640年，庚辰，思宗崇祯十三年。

袁尚统作《寒梅锺馗图》，上海博物馆藏。

1641年，辛巳，思宗崇祯十四年。

张翀作《锺馗图》，《钟馗百图》收录。

清代（1644—1911）

1645年，乙酉，世祖顺治二年。

陈洪绶作《锺进士像》，苏州博物馆藏。

1649年，己丑，世祖顺治六年。

陈洪绶作《唐进士锺公像》，翁万戈先生藏。

1659年，己亥，顺治十六年。

1664年，癸卯，圣祖康熙三年。

陈舒作《锺馗》，吉林省博物馆藏。

高其佩生。

1678年，戊午，圣祖康熙十七年。

黄應作《锺馗图》，福建省博物馆藏。

1682年，壬午，康熙二十一年。

华嵒生于福建上杭县白沙村华家亭布衣之家，原字德嵩，字秋岳，号新
罗山人。

1687年，丁卯，圣祖康熙二十六年。

金农生（1687—1764）。

黄慎生（1687—1768）。

周荃作《锺馗》，天津市艺术博物馆藏。

1698年，戊寅，圣祖康熙三十七年。

何文煌作《锺馗图》，天渊市艺术博物馆藏。

1703年，癸未，康熙四十二年。

高其佩作《锺馗变相图》，故宫博物院藏。

1712年，壬辰，康熙五十一年。

徐方作《锺馗寻梅图》，南京博物院藏。

1713年，癸巳，康熙五十二年。

高其佩作《锺馗降魔图》，辽宁省博物馆藏。

1725年，乙巳，雍正三年。

1726年，丙午，雍正四年。

黄慎作《锺馗》，四川省博物馆藏。

1727年，丁未，雍正五年。

蔡嘉作《锺馗观异图》，扬州博物馆藏。

蔡嘉作《锺馗图》，沈阳故宫博物馆藏。

1728年，戊申，雍正六年。

高其佩作《怒容锺馗》，辽宁省博物馆藏。

黄慎作《锺馗》，扬州私人收藏。

1731年，辛亥，雍正九年。

黄慎作《锺馗》，江苏省美术馆藏。

黄慎作《锺进士》，扬州博物馆藏。

黄慎作《锺馗（戏婴）》，南京博物院藏。

黄慎作《锺馗图》，广州市美术馆藏。

1733年，癸丑，雍正十一年。

罗聘生（1733—1799）。

1734年，甲寅，雍正十二年。

高其佩卒（1659—1734），擅长指画，所作锺馗画甚多。

黄慎作《锺馗图》，上海博物馆藏。

黄慎作《锺馗》，扬州博物馆藏。

李世倬作《锺馗策蹇载酒图》，辽宁省博物馆藏。

1735年，乙卯，雍正十三年。

康焘作《大造化图》，天津市艺术博物馆藏。

1737年，丁巳，乾隆二年。

华嵒作《锺馗赏竹图》，天津市艺术博物馆藏。

1738年，戊午，乾隆三年。

黄慎作《锺馗图》，泰州市博物馆藏。

1739年，己未，乾隆四年。

杨良作《锺馗图》，上海文物商店藏。

1745年，乙丑，乾隆十年。

李方膺作《锺馗图》，浙江省博物馆藏。

1746年，丙寅，乾隆十一年。

郭朝端，郭朝祚作《锺馗》，山西省晋祠文物管理处藏。

1748年，戊辰，乾隆十三年。

裘尊生作《将进酒》，天津市艺术博物馆藏。

1749年，己巳，乾隆十四年。

华嵒作《锺馗嫁妹图》，南京博物院藏。

1751年，辛未，乾隆十六年。

黄彩风作《锺馗》，镇江市博物馆藏。

1752年，壬申，乾隆十七年。

七月，华嵒作《锺馗秤鬼图》，故宫博物院藏。

1753年，癸酉，乾隆十八年。

黄慎作《锺馗》，浙江省鄞县文管会藏。

1755年，乙亥，乾隆二十年。

立春日，清高宗仿唐寅法画《簪花锺馗》，《石渠宝笈继编》著录。

黄慎作《锺馗图》，扬州市博物馆藏。

1756年，丙子，乾隆二十一年。

华喦去世，有多幅《锺馗图》存世，其中一些作品无年款，《午日锺馗》曾收藏清内府，《秘殿珠林石渠宝笈三编》著录，台北"故宫博物院"藏。

傅雯作《锺馗迎福图》，朵云轩藏。

1759年，己卯，乾隆二十四年。

金农作《醉锺馗图》，浙江省博物馆藏。

金农作《醉锺馗图》，中国美术馆藏。

1760年，庚辰，乾隆二十五年。

金农作《醉锺馗图》，上海博物馆藏。

高茳作《指画锺馗图》，天津市艺术博物馆藏。

1761年，辛巳，乾隆二十六年。

金农作《醉锺馗图》，朵云轩藏。

1772年，壬辰，乾隆三十七年。

罗聘作《醉锺馗图》，中国美术馆藏。

1779年，乙亥，乾隆四十四年。

闵贞作《锺馗》，四川大学藏。

1782年，壬寅，乾隆四十七年。

张敔作《锺馗》，吉林省博物馆藏。

1783年，癸卯，乾隆四十八年。

王元勋作《锺馗游猎图》，沈阳故宫博物院藏。

1789年，己酉，乾隆五十四年。

罗聘作《锺馗》，北京文物商店藏。

1792年，壬子，乾隆五十七年。

罗聘作《锺馗醉吟图》，天津市文物公司藏。

1793年，癸丑，乾隆五十八年。

罗聘作《锺馗醉酒图》，中国美术馆藏。

张敔作《锺馗图》，南京博物院藏。

1799年，己未，嘉庆四年。

罗聘（字两峰）卒，擅长画鬼，有多幅锺馗图传世，多无年款。

1802年，壬戌，嘉庆七年。

姜壎作《锺馗出行图》，天津市艺术博物馆藏。

1804年，甲子，嘉庆九年。

汪恭作《锺馗》

1851年，辛亥，咸丰元年。

任熊作《锺馗》，苏州博物馆藏。

1870年，庚午，同治九年。

赵之谦作《锺馗像》，北京故宫博物院藏。

1871年，辛未，同治十年。

陈崇光作《锺馗嫁妹图》，南京博物院藏。

1874年，甲戌，同治十三年。

任颐作《锺馗图》，中央美术学院藏。

任颐和《锺馗读书图》，叶浅予先生旧藏。

1876年，丙子，光绪二年。

任颐作《锺馗图》，中央美术学院藏。

1877年，丁丑，光绪三年。

任颐作《锺馗图》，朵云轩藏。

1878年，戊寅，光绪四年。

任颐作《锺馗像》，常熟市文物管理委员会藏。

任颐作《锺馗醉酒图》，中国美术馆藏。

1879年，己卯，光绪五年。

任薰作《锺馗图》，上海画院藏。

1880年，庚辰，光绪六年。

任颐作《仿金农锺馗图》，中央工艺美术学院藏。

任颐作《锺馗图》，上海工艺品进出口公司藏。

1882年，壬午，光绪八年。

任颐作《锺馗剖鬼图》，天津市艺术博物馆藏。

任颐作《锺馗图》，中央工艺美术学院藏。

1883年，癸未，光绪九年。

胡锡珪作《锺馗像》，北京故宫博物院藏。

胡锡珪作《锺馗》，西泠印社藏。

任预作《锺馗夜游》,《钟馗百图》著录。

1887年，丁亥，光绪十三年。

任颐作《锺馗仕女图》，徐悲鸿纪念馆藏。

1888年，戊子，光绪十四年。

任颐作《背临五代劳之德〈锺馗小妹图〉》，上海工艺品进出口公司藏。

任颐作《朱笔锺馗图》，浙江省博物馆藏。

1891年，辛卯，光绪十七年。

任颐作《锺馗》，河北省博物馆藏。

任颐作《锺馗》，浙江省博物馆藏。

1892年，壬辰，光绪十八年。

任颐作《锺馗》，无锡市博物馆藏。

1893年，癸巳，光绪十九年。

吴俊卿作《美髯锺馗》,《钟馗百图》著录。

1895年，乙未，光绪二十一年。

倪田作《锺进士》,《钟馗百图》著录。

1896年，丙申，光绪二十二年。

任颐卒。字伯年，有大量锺馗画传世。

1897年，丁酉，光绪二十三年。

冬12月，任预作《锺馗图》，浙江省德清县博物馆藏。

1899年，乙亥，光绪二十五年。

倪田作《锺馗》，江苏省美术馆藏。

参考文献

古代文献

1.（东汉）应劭.风俗通义校注 [M].王利器，校注.北京：中华书局，1981.

2.（晋）干宝.搜神记 [M].汪绍楹，校注.北京：中华书局，1979.

3.（宋）李昉.太平广记 [M].上海：上海古籍出版社，1990.

4.（宋）李昉.太平御览 [M].北京：中华书局，1961.

5.（宋）黄休复.益州名画录 [M].何韫若，林孔翼，注.成都：四川人民出版社，1982.

6.（宋）黄休复.茅亭客话 [M] ／／四库全书（文渊阁本）.武汉：武汉大学出版社文渊阁原文电子版，1997.

7.（宋）郭若虚.图画见闻志 [M].黄苗子，点校.北京：人民美术出版社，1963.

8.（宋）沈括.梦溪笔谈 [M].上海：上海古籍出版社，2002.

9.（宋）高承.事物纪原 [M].（明）李果，订；金圆，许沛藻，点校。北京：中华书局，1989.

10.（宋）孟元老.东京梦华录 [M].邓之诚，注.北京：中华书局，1982.

11.（宋）吴自牧.梦粱录 [M] ／／刘坤，赵宗乙.中国古典名著民俗集粹（一）:《梦粱录》（外四种）.哈尔滨：黑龙江人民出版社，2003.

12.（宋）孟元老.东京梦华录（外四种）[M].北京：文化艺术出版社，1998.

13.（宋）周密.武林旧事 [M] ／／刘坤，赵宗乙.中国古典名著民俗集粹（一）：梦梁录（外四种）.哈尔滨：黑龙江人民出版社，2003.

14.（元）秦子晋.三教连相搜神广记 [M].中华再造善本.北京：北京图书馆出版社，2006.

15.（明）顾嗣立.元诗选：初集、二集、三编 [M].北京：中华书局，1987.

16.（明）张丑.清河书画舫 [M]// 四库全书（文渊阁本）.武汉：武汉大学出版社文渊阁，1997.

17.（清）王原祁.佩文斋书画谱：五册 [M].北京：中国书店，1984.

18.（清）蒲松龄.聊斋志异 [M].张友鹤，辑校.上海：上海古籍出版社，1986.

19.（清）董浩.全唐文：全11册 [M].北京：中华书局影印本，1983.

20.（清）纪昀.阅微草堂笔记 [M].上海：上海古籍出版社，1980.

21.（清）厉鄂.南宋院画录 [M]// 画史丛书（四）.上海：上海人民美术出版社，1962.

22.（清）秘殿珠林石渠宝笈（初编、继编、三编）：全12册 [M].北京：北京出版社，2004.

23.（清）三教搜神大全 [M].长沙：长沙师园校刻本，1909.

24.诸子集成：全八卷 [M].长沙：岳麓书社，1996.

专著

1.王国维.鬼方昆夷猃狁考 [M].上虞：罗氏铅印雪党丛刻，1915.

2.于安澜.画史丛书：第一至第四卷 [M].上海：上海人民美术出版社，1963.

3.贾兰坡.中国大陆上的远古居民 [M].天津：天津人民出版社，1978.

4.王梦鸥.礼记今注今译 [M].台北：台湾商务印书馆，1978.

5.马王堆汉墓帛书整理小组.五十二病方 [M].北京：文物出版社，1979.

6.王伯敏.吴道子 [M].上海：上海人民美术出版社，1981.

7.于安澜.画品丛书 [M].上海：上海人民美术出版社，1982.

8.赵朴初.佛教常识答问 [M].北京：中国佛教协会出版，北京法源寺流通处流通，1983.

9.王重民.敦煌遗书论文集 [M].北京：中华书局，1984.

10. 李天麻，王振德 . 历代钟馗画研究 [M]. 天津：天津人民美术出版社，1985.

11. 周积寅 . 中国画论辑要 [M]. 南京：江苏美术出版社，1985.

12. 沈兼士 . 沈兼士学术论文集 [M]. 北京：中华书局，1986.

13. 詹姆斯·乔·弗雷泽 . 金枝 [M]. 北京：中国民间文艺出版社，1987.

14. 奚传绩 . 中外美术史大事对照年表 [M]. 南京：江苏美术出版社，1988.

15. 张紫晨 . 中国巫术 [M]. 上海：上海三联书店，1989.

16. 俞剑华 . 中国古代画论类编：上、下册 [M]. 北京：人民美术出版社，1989.

17. 高国藩 . 敦煌古俗与民俗流变 [M]. 南京：河海大学出版社，1989.

18. 杜斗城 . 敦煌本佛说十王经校录研究 [M]. 兰州：甘肃教育出版社，1989.

19. 尹飞舟 . 中国古代鬼神文化大观 [M]. 南昌：百花洲文艺出版社，1992.

20. 王景琳 . 鬼神的魔力——汉民族鬼神信仰 [M]. 上海：生活·读书·新知三联书店，1992.

21. 赖亚生 . 神秘的鬼魂世界：中国鬼文化探秘 [M]. 北京：中国人民出版社，1993.

22. 林礼明 . 鬼域世界：中国传统文化对鬼的认识 [M]. 厦门：厦门大学出版社，1993.

23.［法］谢耐和，等 . 法国学者敦煌学论文选萃 [M]. 耿昇，译 . 北京：中华书局，1993.

24. 乌丙安 . 中国民间信仰 [M]. 上海：上海人民出版社，1995.

25. 吴孟复 . 中国画论 [M]. 合肥：安徽美术出版社，1995.

26. 庄伯和 . 民俗美术探讨录 [M]. 台北：艺术家出版社，1995.

27. 陶思炎 . 中国纸马 [M]. 台北：东大图书公司，1996.

28. 金维诺，罗世平 . 中国宗教美术史 [M]. 南昌：江西美术出版社，1995.

29. 陈建宪 . 神话解读 [M]. 武汉：湖北教育出版社，1997.

30.［英］E.H. 贡布里希 . 艺术与错觉：图画表现的心理学研究 [M]. 林夕，李本正，范景中，译 . 长沙：湖南科学技术出版社，1997.

31. 林保尧 . 佛教美术讲座 [M]. 台北：艺术家出版社，1997.

32. 陶思炎 . 中国镇物 [M]. 台北：东大图书公司，1998.

33. 朱青生 . 将军门神起源 [M]. 北京：北京大学出版社，1998.

34.［美］太史文（Teiser·S. F.）. 幽灵的节日：中国中世纪的信仰与生

活 [M]. 杭州：浙江人民出版社，1999.

35.［美］韩森（Hansen）. 南宋时期的民间信仰 [M]. 杭州：杭州人民出版社，1999.

36. 鲁迅. 鲁迅辑录古籍丛编：第一卷 [M]. 北京：人民文学出版社，1999.

37. 高国藩. 敦煌俗文化学 [M]. 上海：上海三联书店，1999.

38. 弘学. 佛教图像说 [M]. 成都：巴蜀书社，1999.

39.［俄］李福清（B.Riftin）. 神话与鬼话：台湾原住民神话故事比较研究（增订本）[M]. 北京：社会科学文献出版社，2001.

40. 刘锡诚. 象征——对一种民间文化模式的考察 [M]. 北京：学苑出版社，2002.

41. 陶思炎. 应用民俗学 [M]. 南京：江苏教育出版社，2002.

42. 华嵒研究（朵云57集）[M]. 上海：上海书画出版社，2003.

43. 梁宁建. 当代认知心理学 [M]. 上海：上海教育出版社，2003.

44. 郑尊仁. 锺馗研究 [M]. 台北：秀威资讯科技股份有限公司，2004.

45. 巫鸿. 礼仪中的美术：巫鸿中国古代美术史文编：上、下册 [M]. 上海：生活·读书·新知三联书店，2005.

46. 王卫明. 大圣慈寺画史丛考 [M]. 北京：文化艺术出版社，2005.

47. 陈平原. 神神鬼鬼 [M]. 上海：复旦大学出版社，2005.

48. 蒋述卓. 宗教艺术论 [M]. 北京：文化艺术出版社，2005.

49. 王树村. 中国门神 [M]. 天津：天津人民出版社，2005.

50. 陈茂同. 中国历代衣冠服饰制 [M]. 天津：百花文艺出版社，2005.

51. 于安澜. 画品丛书 [M]. 郑州：河南大学出版社，2015.

期刊／论文

1. 张道一. 锺馗的传说及其艺术 [M] ／／工艺美术论集. 西安：陕西人民美术出版社，1986.

2. 呼林贵. 西安交大西汉墓二十八宿星图与《史记·天官书》[J]. 人文杂志，1989（2）.

3. 李晓东，黄晓芬. 秦人鬼神观与殷周鬼神观比较 [J]. 人文杂志，1989（5）.

4. 刘芳如. 画里说锺馗 [J]. 故宫文物, 1989, 75.

5. 张紫晨. 中国傩文化的流布与变异 [J]. 北京师范大学学报（社会科学）, 1991（2）.

6. 张纵, 赵澄. 流失海外的《十王图》之考释 [J]. 艺术百家, 2003（4）.

7. 刘超. 建国以来鬼戏研究回眸 [J]. 武汉大学艺术学系季刊. 珞伽艺林 .2004（2）.

8. 林春美. 午日锺馗画 [J]. 历史文物（双月刊）, 1996（6）.

9. 石守谦. 雅与俗的焦虑: 文征明、锺馗画与大众文化 [J]. 美术史研究集刊, 2004（16）.

10. 刘屹. 近年来道教研究对中古史研究的贡献 [J]. 中国史研究动态, 2004（8）.

11. 汪晓云. "方相"与"锺馗"的发生学研究 [J]. 民族艺术, 2005（2）.

12. 刘世军. 吴道子《锺馗图》创作时间考 [J]. 江西教育学院学报（社会科学）, 2006, 27（2）.

13. 王宁. 也说"爨"——兼致黄天骥先生 [OL]. 戏剧网 .

图录、画册

1. 王子云. 中国古代石刻画选集 [M]. 北京: 中国古典艺术出版社, 1957.

2. 南京博物院藏画 [M]. 上海: 上海人民美术出版社, 1981.

3. 辽宁省博物馆藏画 [M]. 北京: 文物出版社, 1983.

4. 中国古代书画鉴定组. 中国古代书画目录: 第一至第十册 [M]. 北京: 文物出版社, 1984—1993.

5. 中国美术全集·原始社会至南北朝绘画 [M]. 北京: 人民美术出版社, 1986.

6. 名家画锺馗特集 [M] ／／ 名家翰墨（第29期）. 香港: 名家翰墨出版公司, 1992.

7. 三希堂画宝·人物 [M]. 北京: 中国青年出版社, 1994.

8. 王树村. 广东民间美术 [M]. 广州: 岭南美术出版社, 1996.

9. 中国古代书画图目: 卷一至卷二十三 [M]. 北京: 文物出版社, 1992—2001.

10. 中国绘画全集·战国—唐: 第一卷 [M]. 北京: 文物出版社; 杭州: 浙江人民美术出版社, 1997.

11. 王阑西、王树村. 钟馗百图 [M]. 广州: 岭南美术出版社, 1997.

12. 中国绘画全集·五代宋辽金：第二卷 [M]. 北京：文物出版社；杭州：浙江人民美术出版社，1999.

13. 海外遗珍·绘画 [M]. 台北：台北"故宫博物院"，1985.

14. 海外遗珍·绘画二 [M]. 台北：台北"故宫博物院"，1988.

15. 海外遗珍·绘画三 [M]. 台北：台北"故宫博物院"，1990.

16. 故宫藏画大系：一至十二册 [M]. 台北：台北"故宫博物院"，1993.

17. 季伏昆，孙原平. 金农书画集 [M]. 北京：中国民族摄影出版社，2003.

工具书

1.（汉）许慎. 说文解字 [M]. 北京：中华书局据清同治十二年（1873年）番禺陈昌治刻本影印，1963.

2. 芮逸夫. 云五社会科学大辞典——人类学 [M]. 台北：台湾商务印书馆股份有限公司，1971.

3. 辞海（1979年版）缩印本 [M]. 上海：上海辞书出版社，1980.

4. 杨金鼎. 中国文化史词典 [M]. 杭州：浙江古籍出版社，1987.

5. 李叔还. 道教大辞典 [M]. 杭州：浙江古籍出版社，1987.

6.［日］祖父江孝男，米山俊直，野口武德，等. 文化人类学百科辞典 [M]. 青岛：青岛出版社，1989.

7. 叶大兵，乌丙安. 中国风俗大辞典 [M]. 上海：上海辞书出版社，1990.

8. 王景琳，徐匋. 中国民间信仰风俗辞典 [M]. 北京：中国文联出版社，1992.

9. 丁福保. 佛学大辞典 [M]. 南京：金陵刻经处承印，1993.

10. 李茂肃. 科举文化辞典 [M]. 济南：明天出版社，1998.

11. 徐华龙. 鬼学全书 [M]. 北京：中国华侨出版社，1998.

12. 张道一. 中国民间美术辞典 [M]. 南京：江苏美术出版社，2001.

13. 吴康. 中国神秘文化辞典 [M]. 海口：海南出版社，2001.

14. 佛学电子辞典.

后　记

本书是在十多年前于东南大学攻读博士期间所作论文的基础上修改完成的。回首十多年前的江南求学之旅，颇感充实和温馨。

首先感谢导师陶思炎教授和师母汤小华女士的关爱，他们所给予我的不仅仅是学识和温情。几年来在导师引领下，我进入了民俗艺术研究的殿堂，在艺术研究领域中开启了新的研究方向。无论是从事田野作业、奔波于田间地头，还是在东大梅庵中的授课，导师丰富的学养、缜密的学术态度、儒雅的言谈风度，都令学生受益终生。在论文的选题、撰写和完善过程中，导师不辞辛劳，精心修改，为论文的完成打下坚实的基础。

其次感谢东南大学艺术学系张道一教授，复旦大学万书元教授、孙长初教授，东南大学尹文教授、于向东教授等的指点和帮助，他们的学识和修养拓展了我研究的视野，并帮助我解决了许多学术上的具体问题。

南京博物院前院长梁白泉研究员无私地提供资料，仔细地指导论文；他严谨的治学态度和渊博的学识，正直、善良的人格魅力令后学受益匪浅。我进入博士阶段的学习和研究，与北京师范大学梁玖教授长期的指引、点拨和讨论密不可分，特别感谢他们。

本书在撰写过程中，与学长、台湾"历史博物馆"胡懿勋研究员进行长期讨论，并获得其资料支持，在论文结构的完善和论文的修改等方面，也得到他睿智的导引，并在生活方面特别给予我照顾，特此感谢。对于李立新、李倍雷、朱广宇、龚文等学长的关心和帮助，也非常感谢。

在学习期间，曾得到东南大学艺术学系办公室马小倩老师、张勤老师，南京博物院周玫研究员，四川大学艺术学院黄宗贤教授、李振宇教授，西南大学美术学院陈航教授、张一农老师、刘虎饶黎君、朱沙小玉君，图书馆李弘毅研究员、崔老师，重庆汇博广告公司宋滨川先生，重庆大学建筑学院曹正伟副教授，重庆气象局唐学术邹雪梅君，四川美术学院郑川老师等朋友的热心帮助，令人感动，感谢他们。

在几年学习和生活期间，与几位年兄，景德镇陶瓷学院的吕金泉教授、齐彪老师，长安大学建筑学院王农教授朝夕相处，同甘共苦；同旅美艺术家赵岩女士，赵莉、邱菁、王小璐、李佳女士等朋友交流，丰富和充实了我东南大学的求学之旅。在论文资料搜集和撰写过程中，得到同门李禧、刘克华、侯小春、薛红艳、钟福明、翁利、王会滢、程万里、刘凡、苏金成等师兄、师弟、师妹们的大力协助，一并感谢。

最后感谢多年来支持和关心自己成长的父母和亲人，是他们默默无闻的陪伴，才有此历程。其中家中最坚定支持者彭越君，没有她的后援和牺牲，这个阶段的学习、过程和结果就无从谈起。